# Jesús, el falso mesías

# Jesús, el falso mesías

MiltonAsh

www.librosenred.com

Dirección General: Marcelo Perazolo
Diseño de cubierta: Daniela Ferrán
Diagramación de interiores: Guillermo W. Alegre

Está prohibida la reproducción total o parcial de este libro, su tratamiento informático, la transmisión de cualquier forma o de cualquier medio, ya sea electrónico, mecánico, por fotocopia, registro u otros métodos, sin el permiso previo escrito de los titulares del Copyright.

Primera edición en español - Impresión bajo demanda

© LibrosEnRed, 2011
Una marca registrada de Amertown International S.A.

ISBN: 978-1-59754-656-0

Para encargar más copias de este libro o conocer otros libros de esta colección visite www.librosenred.com

Escribo este libro, acuciado por mi conciencia, para que sirva de beneficio a aquellos que tienen el hábito de la lectura y el interés por esta clase de información y que, siendo creyentes o no pero sí libres para hacerlo, decidan afrontar sin miedo una realidad comprobable con la propia Biblia y las ingenuas ayudas de algunos "eruditos cristianos" que creen aportar pruebas a favor y se les convierten en pruebas en contra: si alguien, al defender su creencia no sabe que los propagadores de esperanzas quiméricas, los que le venden ilusiones indemostrables, se sustentan de mentiras y falsedades, de tergiversaciones, ficciones y argucias, que no maldiga a quien se las descubra; más bien que esté agradecido a quien le demuestra que vive o vivía en el engaño.

Este libro ataca sólo a la mentira, a nada ni a nadie más. Este libro no hace mofa ni ofensa de nadie, a no ser que se sienta ofendido quien no desee conocer una evidencia y prefiera vivir en la inopia y la ficción, prefiriendo y permitiendo que otros le ofendan.

Es probable que temerosos, y devotos recelosos y asustados por la misma esencia de su creencia, no se atreverán a afrontar esa realidad. Como dijo un creyente católico en un Foro de discusión: "No puedo evitarlo; soy así y así quiero morir. Prefiero creer sin comprender, a comprender y no creer". Fue su decisión, que respeto puesto que su vida es suya, pero que no comparto porque no lo quisiera para mí.

Este autor sólo pretende desenmascarar a propagadores de falsas esperanzas que emplean la mentira para conseguirlo, informando debidamente a quien desee estar informado, difundiendo una realidad palpable con la propia Biblia, los aportes de (algunos de) sus propios defensores, y de nada más.

Sea como sea, cada cual está en su derecho de aprovecharlo o no.

*A Ingrid O., para que viva honradamente de su trabajo y se deje de engañar al prójimo con fábulas, inventos y mentiras.*

# Prólogo

Daré una breve definición de *profecía*, *mesiánica* y *mesías*, por si acaso algún lector no sabe exactamente a qué me refiero:
*Profecía*: predicción para un tiempo más o menos distante y futuro, hecha por medio de un profeta por razón de un don sobrenatural o divino.
*Mesiánica*: profecía referente al mesías, su entorno y sus actividades.
*Mesías*: bíblicamente, puesto que otras culturas anteriores a la judía también esperaron a un mesías, es un rey de la dinastía del segundo monarca de Israel, David (hacia 1000 aC), descendiente suyo, prometido por Yahvé (o Jehováh) a su pueblo por medio de sus profetas, con el fin de realizar unos determinados proyectos o planes divinos que sólo él puede llevar a cabo. Creer en él es uno de los principios primordiales del judaísmo. Léase en esta misma página más información sobre el mesías judío en Nota 1 a pie de página (NPP) [1].

---

[1] En hebreo, mesías (mashiaj, con minúscula, no con mayúscula como suelen escribirlo los cristianos, pues no es ni un título ni el nombre de una persona; a pesar de todo, también algunos eruditos judíos lo escriben en mayúscula) significa "ungido", y nada más: el término no significa "salvador" ni nada parecido. Eran ungidos los (algunos) reyes de Israel, y los sumos sacerdotes. Pero no significa que deba hacer milagros, nacer de manera extraordinaria, sacrificarse por la humanidad, morir y resucitar, etc., como presupone el cristianismo y como aplica a su "Cristo" (Mesías, ungido, en griego). Mesías fueron Saúl, David, Salomón, Roboam..., ya

El lector habrá notado que he escrito *"por medio de sus profetas"* y *"el mesías de Israel"*. Y es así porque está anunciado por profetas del pueblo judío y va dirigido a este, no a otro. Su advenimiento aún no se ha producido, siempre según ese pueblo, a pesar de que varias profecías lo anuncian para un tiempo cercano al momento de formularlas.

Como sea que el cristianismo, según él, viene a *completar* el judaísmo y se considera a sí mismo como su *culminación legítima, su consumación, su plenitud*, etc., precisamente por medio de la llegada de ese mesías en la persona de Jesús de Nazaret, buena parte de los sectores cristianos, sobre todo los evangélicos, se ven en la obligación de demostrar ese mesianismo de Jesús por medio de *pruebas irrefutables* y *poderosas evidencias* a causa de que quien debía aceptarlo, el pueblo judío, no lo aceptó, como a otros presuntos mesías, y también a causa de que desde sectores crítico-racionalistas, mayoritariamente ajenos al problema pero sensibles a la parte de la humanidad que lo padece, se difunden argumentos en contra de la veracidad de ese mesianismo cristiano.

Lo notable es que, llegando el verdadero mesías, no serán menester listas de casi un centenar de puntos para demostrarlo. Tal llegada no precisará de pruebas irrefutables ni poderosas evidencias puestas en un papel para prueba y difusión entre sus creyentes, porque la propia llegada, junto con los acontecimientos mundiales que conlleva, será la prueba contundente,

---

que fueron ungidos como reyes de Israel. Lo que distingue a esos mesías con *el mesías* es que este debe cumplir con una serie de requisitos *indispensables, ineludibles e inexcusables* que le hará diferente de los demás, y que, de momento, nadie ha cumplido, aunque se conozcan otros personajes a los que algunos los tuvieron por mesías sin serlo. Y no lo fueron porque no cumplieron con esos requisitos, siendo uno de estos, también *ineludiblemente*, ser rey de Israel, rey auténtico de un reino davídico legítimo, reconocido, y ungido por el sumo sacerdote legal con aprobación de todos los judíos, con el Sanedrín al frente.

evidente e irrefutable de que es el verdadero mesías, según la creencia judía, ciertamente.

Así pues, esos sectores confeccionan una serie de listas con las profecías cumplidas por Jesús para justificar su mesianismo y demostrar la legitimidad del cristianismo, con el fin de que sus prosélitos tengan a qué acogerse cuando son recriminados y objetados, para que sepan qué responder ante esos argumentos contrarios: "Jesús cumplió con todas las profecías, él es el mesías anunciado", no se cansan de repetir, a pesar de esas críticas que mantienen la falsedad del enfoque cristiano. Sin embargo, hasta el momento, esas voces sólo son como acordes aislados que no forman una melodía completa y conexa; sólo son susurros desperdigados y desunidos sin un ajuste final, sin fuerza, porque nadie se ha tomado la molestia de juntar todos los acordes, todos los susurros y, uniéndolo todo, hacer un bien a la humanidad plantando cara a la mentira con una demostración de cabo a rabo del fraude que representan esas listas.

Y lo cierto es que no es un tema menor o insignificante porque es un arma muy apreciada por los exegetas cristianos (EC a partir de ahora) para convencer a las masas, persuadiendo a una ingente cantidad de personas que creen en ellos por fe, o extasiados por sus promesas, grandilocuencia y maneras, los que se limitan a creer sin cuestionarse esa legitimidad, y hablamos de millones de personas, muchos millones, por lo que no lo podemos tener como un problema nimio. La apologética cristiana las tiene como principal arma, o una de las principales, para defender su fe. Su cumplimiento sería la prueba inequívoca de la absoluta verdad de su creencia. Pero de lo que no sé si se da cuenta es del peligro que conlleva esa afirmación ya que si, contrariamente, la prueba es errónea, si fracasa, entonces será la prueba inequívoca de su absoluta falsedad.

Esas listas no son nuevas. Proceden de listados anteriores de apologistas de hace siglos que ya intentaban demostrar el mesianismo de Jesús mediante un procedimiento parecido, probablemente bajo la orientación de escritos de algunos *Padres de la Iglesia*. Así, las listas actuales no tienen un autor primigenio contemporáneo.

El método empleado por los EC para demostrar que Jesús fue el mesías esperado, es simple. Después de presentar la profecía del Antiguo Testamento (AT, los textos judíos), o supuesta profecía, *demuestran* su *cumplimiento* mediante pasajes del Nuevo Testamento (NT, los textos cristianos), haciendo pocos comentarios. Es simple, pero lo es demasiado, precisamente porque dan pocas explicaciones, y en verdad que es una lástima tanta escasez porque cuando las dan se convierten en armas en su contra.

El material alegado del AT no es el original hebreo: se sirven de las traducciones cristianas, es decir, Biblias protestantes puesto que las listas proceden de ese sector cristiano, si bien algunos medios de la Iglesia católica se hacen eco de ellas.

Con el fin de construir esta crítica, armonizando y juntando todos esos acordes y susurros de los que hablaba antes, con buen criterio de método lo más prudente es analizar también los textos judíos, con el fin de comprobar si las traducciones cristianas son fiables o no puesto que, en caso contrario, estaríamos hablando de un absoluto fraude: el fundamento sería falso, los errores no empezarían en interpretaciones posteriores, sino desde la misma base, partiendo de las primeras traducciones cristianas, estando estas "tergiversadas, mal interpretadas, mal traducidas, utilizando contextos sesgados, viendo profecías donde no las hay, interpretándolas a su conveniencia...", tal como afirman los propios eruditos judíos (EJ a partir de ahora) cuando se refieren a la Biblia, y no es necesario recalcar *Biblia cristiana* puesto que a los textos sagrados judíos no se les llama *Biblia*.

Y precisamente es lo que ocurre: analizando los pasajes del AT, como mal llama el cristianismo a los libros judíos, nos damos cuenta del fraude cristiano. Hay que darle la razón a quien la tenga, y es evidente que las Biblias no están traducidas por eruditos ni en hebreo ni en judaísmo. Este es riguroso en este sentido: ninguna de las traducciones de sus textos sagrados es válida para ellos si no está hecha por un reconocido EJ. Su interpretación debe ser por parte de los EJ, nunca de individuos ajenos a su *nación sagrada*, y conocerlas, tanto las traducciones exactas como las interpretaciones judías, es sencillo hoy en día con la tecnología que existe al alcance de la mayoría: el que no las conoce y cree literalmente en lo que enseñan los EC, es simplemente porque no quiere conocerlas.

Pero no sólo con el análisis de los pasajes del AT se demuestra el fraude: no es necesario ni siquiera ir a los textos hebreos para comprobarlo; los mismos pasajes de las Biblias contienen un alarde de contradicciones, errores, etc., que llegan al rubor, y algunos hasta a la hilaridad. Los *cumplimientos* del NT, aportados por ellos mismos como prueba, demuestran también que es un fraude, tanto o más que con las citas del AT, y en casi todas las ocasiones consiguen desacreditar ese mesianismo en lugar de ponderarlo: al profundizar en esos textos, tanto del AT como del NT, lo que en realidad se termina por demostrar es que Jesús de ninguna manera pudo ser el mesías esperado.

Aquí se demostrará que son farsas para engañar a ingenuos, desinformados sobre su propia religión más que otra cosa, o mal informados, que es peor, porque cuando una persona está debidamente orientada, es más difícil que se la engañe; en este caso estaría engañada voluntariamente, poniéndose ella misma una venda en los ojos sin intención de quitársela, siendo entonces otro problema.

Precisamente escribo este libro porque hay muchos desinformados e ingenuos que creen a los pastores-predicadores evangélicos, y no sólo a ellos puesto que la creencia es como un árbol que se compone de muchas ramas: para que sepan cómo se les da gato por liebre, de una manera grosera y torpe, por añadidura, los que deseen saberlo, los que estén interesados *por la verdad* comprobable mediante una Biblia y la historia. El problema es que no todo el mundo quiere saber: hay miedo a afrontar la realidad, la verdad. Se prefiere escuchar sólo lo que se quiere escuchar, problema que está también muy explotado por los mismos que ingenian *la prueba infalible de las profecías mesiánicas*.

Sería conveniente que los lectores estuviesen enterados de otros aspectos de la creencia cristiana, y también de la judía, para poder afrontar el tema del presente libro porque el de las profecías mesiánicas, aunque tal vez el más importante, no es el único. Aquí explico numerosas cosas, mayoritariamente relacionadas con el tema, aunque algunas se escapen un poco del mismo precisamente para que los lectores tengan un concepto más global de esas creencias (judía y cristiana), y también para completar los puntos que los EC exponen con datos sesgados e insuficientes. Basta dejar que los creyentes cristianos de a pie se expresen para comprobar que un porcentaje muy elevado desconoce muchos de los conceptos, dogmas, fundamentos básicos de su creencia y, peor, en ocasiones los que conoce están tergiversados, a veces precisamente por EC que confeccionan listas de profecías mesiánicas deducidas de antiguos apologistas, y de las que no han sabido ver sus errores, repitiéndolos.

Deberían conocer aspectos fundamentales: cómo se formó verdaderamente el cristianismo, probablemente un tema que no les explicaron en sus tiempos de aprendizaje o de primeros conocimientos de la religión; que lo que dijeron que dijo Jesús no es exactamente lo mismo que dijo Pablo, que este montó una religión ajena al judaísmo, y en muchos aspectos contraria al mismo (los EJ lo tienen como uno de los peores antijudíos de la historia). Deberían saber de las disputas entre varios de los primeros seguidores de Jesús, una vez muerto este, dirigidas, y ello es lo importante, al ejercicio del poder en lo que entonces era sólo una secta judía, a las doctrinas fundamentales, que las primeras bases, que fueron varias, no concuerdan con lo que terminó imponiéndose, etc.

Dentro del tema también deberían saber algunas cosas que pocos conocen: por ejemplo, que no es lo mismo *mesías* que *Cristo* (ver Nota 1); que el cristianismo cree en el segundo pero no en el primero, que ambas denominaciones tienen en común la *unción* del personaje, pero nada más, y aun así, el cristianismo unge a su personaje principal de diferente manera que el judaísmo, no siendo reconocido por este como un ungimiento legal; que el judaísmo no *cree* en el mesías como lo hace el cristianismo, sino que *sabe* que existe (antes de llegar, se entiende): el judaísmo sabrá quién es el mesías cuando llegue, mediante las pruebas irrefutables que él mismo aportará por medio del cumplimiento exacto de las verdaderas profecías mesiánicas.

Aquí traslado las profecías que se enseñan como *literalmente cumplidas* por Jesús de Nazaret, otorgándole de esta manera el título de *legítimo Mesías*, haciendo que circulen por ámbitos propagandísticos cristianos, desde sus congregaciones hasta páginas Web, foros de discusión, etc., e incluso, según tengo entendido, son la base de algunos libros cuyos autores son pastores/predicadores evangélicos. Ellos mismos nos las aportan, ellos son los que dicen que son profecías, es decir, ellos son los que nos dicen qué profecías son y su cumplimiento.

Son muchos, tal vez todos y probablemente copiándose unos a otros, los pastores evangélicos que las utilizan (y que están al alcance de cualquiera), si bien no todos siguen exactamente el mismo orden cuando las enumeran, notándose además un cierto desorden entre las diversas listas y entre ellas mismas, en las que en ocasiones de un contexto se van a otro, volviendo después al primero, encontrando puntos tan similares que en realidad son repeticiones: he tenido que trasladar algunos puntos de una parte a otra de las varias listas que conozco, agrupando los que tienen relación, con el fin de presentar una sola, evitando *en lo posible* esas repeticiones.

Respeto la publicación con pasajes de las Biblias protestantes puesto que estas son las que utilizan los evangélicos, aunque, con el fin de darle mayor autoridad y fiabilidad, he insertado algunos comentarios de los biblistas de la *Biblia de Jerusalén*, católica (BJ de ahora en adelante), edición *revisada* de 1998, y de pocas más, mientras que los pasajes insertados por mí son de esa Biblia católica, y unos pocos de la *Vulgata latina* (VL de ahora en adelante), de San Jerónimo. En algunos pasajes el fondo difiere en lo sustancial entre las Biblias católicas y las protestantes, señalándolo cuando ocurre.

Un asunto, problemático, adelantado antes y de vital importancia, es la traducción e interpretación que hacen los EC de los textos hebreos. Ahora bien, por una parte, que esa traducción, en su totalidad o parcialmente, sea errónea, mala, etc., que difiera entre las versiones, no es problema del autor de este libro. Sin embargo, existiendo el problema como en verdad existe, este lo es del cristianismo, y también del judaísmo, siendo el tema mucho más importante de lo que los lectores puedan pensar o de lo que les enseñaron en los círculos cristianos, e incluso de lo que *no* les enseñaron.

En vista de las pésimas traducciones bíblicas de esos textos judíos, hecho evidente actualmente comprobable por cualquiera y tal como veremos en este libro, es natural la posición judía de no querer saber nada de traducciones ajenas.

Así, en muchos puntos de esta lista he creído conveniente mostrar los textos judíos auténticos porque la traducción cristiana es tan pésima que desvirtúa y falsea todo el contexto: ello aportará mayor autoridad, rigor, y también algún problema. Sin embargo, los desatinos de los EC de esas listas, por sí solos y sin la ayuda de los textos hebreos, son suficientes para demostrar su propia invalidez en lugar de su evidencia.

# Introducción

Profecías judías mesiánicas, según el cristianismo, y en muchas ocasiones sólo él y en contra del judaísmo, que Jesús de Nazaret cumplió, también sólo según el cristianismo.
En primer lugar, numerado y en *itálicas*, el anuncio de las profecías; a continuación las propias profecías; después sus *cumplimientos*, siempre según el cristianismo, y por último mis puntualizaciones, tras *Conclusión*, basadas en el análisis de la propia Biblia, apoyado por información de EJ y comentarios de la BJ, a los cuales, insisto, cualquiera puede acceder puesto que no están escondidos ni encerrados bajo llave. Prevengo que la sintaxis y ortografía de esas *profecías* y sus *cumplimientos*, es decir, los escritos de los eruditos cristianos, han sido arregladas sólo por encima, pero sí alineadas correctamente con el fin de presentar una apariencia homogénea, pues esas listas están escritas de manera bastante lamentable.

Las tendencias cristianas que las alegan suelen presentarlas de la siguiente manera, más o menos y haciéndolo entre ellas con algunas variantes:

> *Profecías Mesiánicas*
> *Profecías del Mesías cumplidas en la vida de Jesucristo:*
> *Todas estas profecías fueron hechas centenares, a veces, miles de años que Jesucristo naciera. Aquí hay poderosa evidencia sobre la Divinidad de Jesucristo y su propósito Mesiánico.*
> *Profecías del Mesías y su Cumplimiento.*

Veamos cómo se manipula y miente desde la misma presentación, ya antes de mostrar las profecías. Los textos bíblicos no proceden de *miles de años, como dando a entender una antigüedad que se pierde en el tiempo*, con el fin de darles mayor credibilidad. Y no es un apunte superfluo porque una de las enseñanzas más fraudulentas que los evangélicos imparten en sus congregaciones, aunque desconozco si exactamente en todas, y siempre para realzar y maximizar la figura de Jesús y la nueva religión, es que los escritos del AT son "los más antiguos que existen… y ya se referían a Jesús". Pero lo cierto es que son más recientes y en muchas ocasiones, por no decir en su totalidad, las profecías fueron escritas después de que se produjese el acontecimiento que profetizan, es decir, en realidad no profetizaban sino que relataban hechos pasados, y eso en las que son profecías.

Pruebas y confirmaciones de todo esto se encuentran en mi libro en siete Tomos *La Biblia ante la Biblia, la Historia, la ciencia y la mitología* (*La Biblia ante la Biblia…* a partir de ahora), un análisis crítico de toda la Biblia, versículo a versículo, y del que, obviamente, sólo podré traer aquí algunos pasajes.

# Profecías, cumplimientos y conclusiones

## 1.- NACIDO DE SIMIENTE DE MUJER

Algunas listas lo amplían a: *El Mesías nacería de una mujer o de simiente de mujer.*

Profecía:

"Y pondré enemistad entre ti y la mujer, y entre tu descendencia y su descendencia; ésta te herirá en la cabeza, y tú le herirás en el talón.". Génesis 3:15.

Cumplimiento:

"Mientras él pensaba en esto, he aquí un ángel del Señor se le apareció en sueños y le dijo: "José, hijo de David, no temas recibir a María tu mujer, porque lo que ha sido engendrado en ella es del Espíritu Santo.". Mateo 1:20.
  "Pero cuando vino la plenitud del tiempo, Dios envió a su Hijo, nacido de mujer y nacido bajo la ley.". Gálatas 4:4.
"El que practica el pecado es del diablo, porque el diablo peca desde el principio. Para esto apareció el Hijo de Dios, para deshacer las obras del diablo.". 1ª Juan 3:8.

Conclusión:

¿Y de quién había de nacer sino de una mujer?, se preguntarán ustedes.

Algunos EC argumentan con una burda explicación: "*En su primera venida el Mesías nacido del vientre de una madre, como todo el mundo. Lo interesante en los pasajes de arriba citados es que se hace énfasis en la mujer, no en el hombre. Esto se debe a que Jesús no fue concebido por la unión de un hombre y una mujer, si no por el poder del Espíritu Santo, que cubrió a María con su sombra*".

La explicación no tiene ni pies ni cabeza [2] : parte de varias falsedades, una de ellas la encontraremos en más ocasiones: el mesías sólo debe venir una vez, no hay segunda venida. Esta es una invención cristiana, llamada *Parusía*, una especie de excusa o disculpa con el fin de argumentar que cumplirá lo que no cumplió en la supuesta primera venida, es decir, todo, puesto que no cumplió *nada* de lo que debe cumplir el auténtico mesías *cuando llegue*, no al cabo de miles de años. Ver punto 34.

Una de las increíbles excusas para defender esa Parusía, sacada de la tremenda inventiva cristiana para tapar agujeros, es que "en la primera venida cumplió como *Mesías sufriente*: restauración espiritual de la humanidad que crea en él; en la segunda como *Mesías en gloria y poder* para la restauración de Israel...". Pero bíblicamente la excusa no tiene por dónde cogerse, aunque sí es un buen medio para demostrar que el ingenio cristiano para encontrar supuestas soluciones a problemas irresolubles no tiene límites: son habituales entre los cristianos fundamentalistas despropósitos como afirmar que el judaísmo "no es quién, no tiene autoridad sobre el Mesías,

---

[2] Siempre atendiéndonos a la mayor, y podríamos decir que única, sabiduría interpretativa del judaísmo de sus propios textos sagrados, puesto que a última hora, si usted, señor lector, desea adquirir una bicicleta, ¿dónde se dirige? ¿A una tienda de bicicletas o a una de frigoríficos? Si usted quiere saber de primera mano de cultura polonesa, ¿dónde cree que debería ir? ¿Dónde va usted si desea aprender inglés? Respóndase usted mismo.

o no es relevante la opinión que tengan sobre él": eso quiere decir que quien sabe, tiene autoridad y tiene la opinión relevante es sólo el cristianismo; los que recibieron la revelación, los judíos, no saben nada, no entienden, no tienen autoridad, no vale su opinión, no saben ni de su propio idioma. Tal como algunos lectores deben estar pensando: ¡menos mal que llegaron los cristianos para explicar a los judíos su creencia y profecías... y decirles dónde se equivocan, enseñarles hebreo, etc.!

El mesías esperado, como veremos en el punto correspondiente, no debe venir a sufrir, no existe el *Mesías sufriente*: es otro invento cristiano. Y, por supuesto, lo principal es que la excusa no tiene base bíblica: simplemente sólo tiene que venir una vez, *no existe pasaje alguno en los textos judíos que anuncie la llegada del mesías, deje toda su obra por hacer y por cumplir, y se marche diciendo que volverá*, por muchas vueltas, interpretaciones, rodeos, etc. que se le dé al tema: una prueba más que evidente es que ninguno de los EC ha sido capaz de dar aunque sea un pasaje del AT de tan manoseada, insistida, recurrida y falsa segunda venida, la cual, por si fuera poco, encierra de por sí un elemento que se vuelve en contra de los que la arguyen: el propio Jesús la anunció para tiempo inmediato, para cumplirse en la misma generación a la que se dirigía (Mt 10, 23; 16, 28; 23, 36-39; 24, 1-34; 26, 64; Mc 8, 38; 13, 24-30; Lc 21, 25-32)... incluso Pablo (I Tesalonicenses 4) creía que el regreso de Jesús, la Parusía, es decir, el final de los tiempos, se produciría en sus días, estando él mismo todavía vivo. Ahí comprobamos el valor de esa segunda venida. Ver puntos 21, 29.

Otros EC evangélicos argumentan, si es que se puede decir argumentar: "Génesis 3:15 nos habla de que la simiente de la mujer heriría a la serpiente. Se refiere a la promesa de la llegada del Cristo para vencer a Satanás. Hb.2:14 nos habla de la victoria de Cristo sobre aquella serpiente. La serpiente le hirió, pero no mortalmente. Ga. 3:16 La promesa a Abraham también nos habla de Cristo".

Interpretación cristiana, no judía, y es falsa: el pasaje no se refiere a la promesa del advenimiento del Cristo para derrotar a Satanás, es decir, no es profético, en otras palabras más claras: Génesis 3, 15 no es una profecía.

Estamos aún en el punto 1: no parece un buen comienzo por parte de los EC.

Hebreos 2, 14 habla de una supuesta victoria de Cristo sobre la serpiente (Satanás, según la errónea interpretación cristiana), victoria que es muy difícil de ver. ¿Dónde está esa victoria? En la concepción judía, que el cristianismo tergiversa y cambia a su antojo, no existe la conexión entre la serpiente y Satanás: la serpiente del pasaje de Génesis representa [3] la inclinación del hombre a lo malo, a lo negativo, tendencia que en el *fin de los tiempos* [4], en la llamada *Era Mesiánica*, desaparecerá (Isaías 2, 2-4; 11, 6-8; Ezequiel 37).

El pasaje aludido por los EC, Gálatas 3, 16, también encierra una mala traducción cristiana del texto hebreo (Gn 12, 3; punto 8): una promesa que iba dirigida sólo a los israelitas la convierten en una bendición universal.

---

[3] Las concepciones judías de su propia religión, no obstante, llegan a una fantasía extrema y una imaginación desbordante: la mitología judía está llena de leyendas, imágenes, representaciones e interpretaciones a cual más sorprendente, con el fin de explicar pasajes podríamos decir *inexplicables* del Tanaj ↓. Véase la página 29 de *La Biblia ante la Biblia...*, Tomo I, y sus Notas a pie de página números 6, 8 y 15. También puede adquirir libros sobre *mitología judía*. Se sorprenderá de su increíble fantasía y soluciones pueriles y absurdas, aunque ellos se lo tomen muy en serio, a problemas bíblicos.

[4] Bajo la perspectiva judía, este *fin de los tiempos* o *últimos días* no significa el *fin del mundo*: es el fin de una era, tras la que aparece otra, la *Era Mesiánica* con el advenimiento del mesías. Lo encontramos, entre otros contextos, en Gn 49, 1 ("al cabo de los días"); Dt 4, 30 ("al fin de los tiempos"); Dn 12, 13 ("al final de los días")...

De esta manera, la exégesis cristiana está totalmente fuera de lugar, no concuerda en absoluto con la judía y, como vemos, desde el principio. Como el lector ya debe suponer, no es el único pasaje en que sucede sino el primero de una larga lista.

Naturalmente que toda persona nace de una mujer y no de un hombre: el hombre pone la semilla pero el recién nacido nace de una mujer. No hay alusión alguna en ninguna parte de los textos judíos de que el padre del mesías deba ser un *Espíritu Santo*, una *sombra* que cubra a la madre, ni de que su concepción deba ser fuera de lo normal: el mesías debe ser hijo de padres humanos, no de entes que proyectan sombras reproductoras. Como veremos más abajo del texto, es una idea tomada del paganismo que no tiene conexión alguna con el judaísmo, más bien es su antítesis.

El texto del Génesis no alude en absoluto a que un varón no tendría parte en la concepción: burdo invento fundamentalista cristiano, inaceptable para cualquier judío y para la propia Biblia: la tergiversación cristiana es tal que el pasaje ni siquiera precisa más consideraciones.

Mateo 1, 20: el mesías debe ser hijo de un humano, pero rey de un reino judío davídico legal y terrestre, un reino físico, no celestial, intangible o imaginario. Poco importa si José era o no descendiente de David ↓ ya que no fue el padre de Jesús, lo cual descarta la pretensión de su mesianismo puesto que el auténtico mesías debe ser descendiente *biológico, nacido de tus entrañas* dice la profecía, no adoptivo, del rey David, sin argucias, rodeos, excusas ni inventos.

Dirigido a David: "Y cuando tus días se hayan cumplido y te acuestes con tus padres, afirmaré después de ti la descendencia *que saldrá de tus entrañas, y consolidaré el trono de su realeza...*". II Samuel 7, 12ss.

Siempre aceptando la existencia real de estos personajes, Jesús pudo ser hijo adoptivo de José, la Ley lo contempla: podría ser heredero legal de sus posesiones, pero nunca sería heredero del linaje, de la sangre; nunca podría ser descendiente de David.

No existe una especie de *linaje por adopción* y, por cierto, lo demuestra el propio Pablo gracias a la ignorancia que exterioriza tener de varios aspectos de la vida de Jesús: "... acerca de su Hijo, nacido del linaje de David *según la carne*": Rm 1, 2-3. El propio apóstol cerró la puerta a uno de los *escapes* de los EC. Ver punto 71-A.

Probablemente, algún lector se preguntará que, si no existe descendiente real de David desde hace siglos y más siglos, y su reino fue truncado, es evidente que Jesús no pudo ser el mesías... pero entonces tampoco existe genealogía davídica real. ¿Cuál sería, si acaso, la genealogía del verdadero mesías? Si los judíos esperan aún hoy su llegada, ¿es que existe esa genealogía que va desde esos últimos reyes de Judá hasta nuestros días? Debería existir porque de otra manera, ¿cómo esperan que aparezca ese descendiente real y cumpla con las verdaderas profecías mesiánicas, ya que dos de ellas son, precisamente, ser descendiente de David y ser rey de Israel? *Punto 12.*

Ante la sorpresa de cualquiera que se plantee la cuestión e indague entre los sabios judíos, rabinos o EJ que son los únicos capaces de interpretar correctamente sus textos sagrados, encontrará que saben mucho de todo, hasta de las cosas más inverosímiles, pero no tienen una respuesta coherente de algo tan elemental y fundamental como esta cuestión: "el que cumpla todas las profecías será el mesías". Pero, ¿cómo va a cumplirlas si una de ellas no se puede cumplir? La respuesta es todavía más desalentadora: "rece; rece con mucho fervor... y espere, espere... y cuando el mesías se presente, entonces tendrá la respuesta". Pues sí, eso ya lo sabemos, pero no es el problema planteado. Ante semejantes evasivas, no queda otra opción sino la de pensar que no existe esa genealogía porque si existiese, es evidente que la conocerían. Ver punto 10.

Pero la incertidumbre no radica sólo en esa incógnita. A la importante cuestión: ¿cuáles son los acontecimientos previos a la llegada del mesías, a la implantación de la Era Mesiánica?, la respuesta coherente que se espera también brilla por su ausencia en casi todos los casos: "cada rabino-erudito opina cosas distintas... así que sólo cuando veamos que se desencadenan los hechos y el rey-mesías gobierne *el reino israelita*, sabremos que ha llegado". Pero, en este tema, es sólo una evasiva: saben perfectamente qué dicen los textos proféticos sobre los acontecimientos previos a la llegada del mesías. Sólo alguno de esos EJ se atreve a poner alguna cita, y no entera, con lo que expresan que en realidad sí saben qué ha de pasar:

> "... Y se inspirará en el temor de Yahvé. No juzgará por las apariencias, ni sentenciará de oídas. Juzgará con justicia a los débiles y sentenciará con rectitud a los pobres de la tierra. Herirá al hombre cruel con la vara de su boca, con el soplo de sus labios matará al malvado": Isaías 11, 3-4.

Poca información teniendo en cuenta las muchas citas que hay sobre este tema.

A otra incógnita, a todas luces previsible: ¿cuándo llegará?, una de las respuestas deja perplejo a cualquiera: "no se sabe, y los eruditos dicen que calcularla es una pérdida de tiempo y se puede caer en pecado" [5]. La respuesta se basa en que esa llegada es anhelada continuamente desde hace muchos siglos, pero nunca se produjo, es decir, algo continuo, tanto el deseo como el incumplimiento, hasta que, seguramente cansados de especular, las únicas respuestas que pueden dar son unas evasivas.

---

[5] Mishné Toráh, Iljot Melajim 12, 2; TB Sanedrín 91ab; 97eb, 98ab, 99ab. Concretamente, 97b dice: "Sean destruidos quienes calculan el fin (el comienzo de la Era Mesiánica y con ella la llegada del mesías)".

Gálatas 4, 4: Pablo erró de manera contundente: no hubo *plenitud del tiempo* con la llegada de Jesús de Nazaret y sí, nació de mujer, pero como cualquiera.

I Juan 3, 6: no figura en todas las listas de estas profecías, pero sí es interesante porque, contrariamente a las aspiraciones de esos EC, demuestra claramente la falsedad del mesianismo de Jesús: el verdadero mesías ni debe ser *Hijo de Dios* ni debe aparecer para deshacer las obras de ningún diablo de la manera que lo entiende el NT. Ver puntos 2, 7, 9, 39.

## 2.- NACIDO DE UNA VIRGEN

Profecía:

"Por tanto, el mismo Señor os dará la señal: He aquí que la virgen concebirá y dará a luz un hijo, y llamará su nombre *Emanuel*.". Isaías 7:14.

Cumplimiento:

"Pero no la conoció hasta que ella dio a luz un hijo, y llamó su nombre *Jesús*.".Mateo1:25.

"Así ha hecho conmigo el Señor en los días en que se dignó mirarme para quitar mi afrenta entre los hombres. En el sexto mes, el ángel Gabriel fue enviado por Dios a una ciudad de Galilea llamada Nazaret, a una virgen desposada con un hombre llamado José, de la casa de David. El nombre de la virgen era María. Cuando entró a donde ella estaba, dijo: --¡Te saludo, muy favorecida! El Señor está contigo. Pero ella se turbó por sus palabras y se preguntaba qué clase de salutación sería ésta. Entonces el ángel le dijo: --¡No temas, María! Porque has hallado gracia ante Dios. He aquí concebirás en tu vientre y darás a luz un hijo, y llamarás su nombre Jesús. Este será grande, y será llamado Hijo del Altísimo; y el Señor Dios le dará el trono de su padre David. Reinará sobre la casa de Jacob para siempre, y de su reino no habrá fin. Entonces María dijo al ángel: --¿Cómo será esto? Porque yo no conozco varón. Respondió el ángel y le dijo: --El Espíritu Santo vendrá sobre ti, y el poder del Altísimo te cubrirá con su sombra, por lo cual también el santo Ser que nacerá será llamado Hijo de Dios.". Lucas1:25-35.

Conclusión:

Es una de las profecías más reclamadas para sostener el mesianismo de Jesús, y una de las más fraudulentas, con claras tergiversaciones del texto de Isaías: sacada de contexto, el pasaje dice mucho más y aclara su verdadero significado.

Lo primero que salta a la vista: ¿cómo se puede presentar esta profecía como cumplida si anuncia que el hijo nacido se llamaría Emmanuel y el pretendido mesías se llamó Jesús? Aclaro que los dos nombres no tienen nada que ver entre sí: el primero significa *Dios está con nosotros,* y el segundo *Yahvé salva,* y no tiene nada de extraordinario: muchas personas llevaban ese nombre. Así, increíblemente, *para que se cumpliese la supuesta profecía de Isaías* sobre el nombre del mesías, el ángel del Señor le cambia el nombre y le llama Jesús en lugar de Emmanuel.

¿Venía verdaderamente el ángel de parte de Yahvé? ¿Es que este, y el ángel, no sabían hebreo, o no recordaban con exactitud qué había dicho Isaías?

El pasaje de Isaías se refiere a *"la* joven" y no a "una virgen" como desafortunadamente tradujeron los expositores para su conveniencia, con el fin de adaptarlo a los mitos que prevalecían en el entorno histórico en que nació el cristianismo, y con los que habían de competir: el del hombre-dios, a imitación de otros muchos anteriores, concebido por el dios correspondiente por medio de una mujer virgen mortal y, al ser así, automáticamente el neonato era considerado *hijo de Dios*: una idea pagana que contemplaban varias religiones antes que el cristianismo, idea adaptada con el fin de conseguir fieles adeptos a la nueva religión entre los paganos, aunque no debió ser el único motivo ↓ , y que, mezclada con ideas judías, da como resultado una especie de híbrido monstruoso. Ver punto 56.

Isaías se refería a *la joven*, a una joven determinada, a *Aviyah bath Zekaryau* (Aviyah hija de Zacarías), la joven esposa del rey judío Ajaz (Acaz), y el niño anunciado era Ezequías, sucesor de su padre en el trono de Judá.

La profecía contiene un contexto, burdamente obviado y manipulado por los EC: trata de un acontecimiento concreto, puntual, local e histórico; de ninguna manera anuncia sucesos que acontecerían siglos más tarde y que realizarían *sombras*.

Pero la tergiversación cristiana no termina ahí: el tiempo verbal es erróneo. Debe ser presente ("He aquí que está preñada") y no futuro ("He aquí que concebirá"), y menos un futuro lejano; el auténtico mesías no debe ser *Hijo de Dios* en el sentido que lo presenta el cristianismo, ni debe nacer de manera extraordinaria. Lo hemos visto ya en el primer punto. Y mucho menos debe ser el propio Dios; semejante afirmación es una blasfemia para el judaísmo: Dios no es un hombre.

> "Yahvé no es un hombre": Números 23, 19; I Samuel 15, 29; Job 9, 32.
> "No pongáis la confianza en los nobles, en un humano, incapaz de salvar": Salmo 146, 3.

Ver puntos 5-A, 9, 14-B, 14-C y 71.
Así, la traducción correcta (ver Nota 2) de Isaías 7, 14 según los EJ es: "Por tanto, el mismo Señor os dará la señal: he aquí que está preñada la joven y dará a luz un hijo, y llamarás su nombre Imanu-El".

> El Señor dará la señal; esa señal, no otra.
> Está preñada, ahora, en ese momento.
> Es una joven que está presente cuando el

profeta da la profecía; no es una virgen.
No Hijo, sino hijo.
La joven le pondrá el nombre a su hijo, no alguien después de siglos y más siglos.
Y llamarás su nombre Imanu-El, no Jesús.

Lucas 1, 25-35: no se cumple tampoco la profecía anunciada en el NT, es decir, el supuesto cumplimiento contiene falsas profecías: "El Señor Dios le dará el trono de su padre David. Reinará sobre la casa de Jacob para siempre, y de su reino no habrá fin": Jesús no cumplió con nada de todo eso. Recordemos: no hay Parusía que valga.

El planteamiento cristiano hace pecar al propio Yahvé: este prohibió tener relaciones carnales con una mujer desposada: Ex 20, 14; Lv 20, 10ss; Dt 5, 18; 22, 22; Pr 6, 29,32-35; Jn 8, 1ss.

"No te acostarás con la mujer de tu prójimo, contaminándote con ella": Lv 18, 20. ¿José era el prójimo del Espíritu Santo? ¿Se contaminó este por esa relación?

¿"La sombra" pudo tener relaciones *carnales* con María? ¿Fueron consentidas? Parece ser que sí, fuesen carnales o no: Lc 1, 38... ¿Cómo son las relaciones de las sombras divinas con una niña?

Por el contexto y las costumbres judías, María había de ser una niña, una menor, con edad que podía ya quedar preñada, pero una niña (todas las imágenes cristianas la representan como alguien muy joven). Significativo porque ella y José no vivían aún juntos. ¿Eso qué es legalmente, aunque consintiese?

José tiene dudas: "El hijo de María no es mío", parece que piensa después de Mt 1, 19: "Su marido José, que era justo, pero no quería infamarla, resolvió repudiarla en privado". Los mal pensados, como José, creerán que María, aprovechando que vivía aún en casa de sus padres, tuvo un desliz con *alguien*... humano. De hecho, existe una leyenda, antigua como el cristianismo, que cuenta que el verdadero padre de la criatura fue un romano de nombre Pantera. Indemostrable, desde luego, pero lo mismo que dentro del propio pasaje bíblico puesto que el creyente debe creerlo *porque sí*.

¿Por qué había de ser virgen la madre de Jesús? Leamos un párrafo del Tomo III de mi libro *La Biblia ante la Biblia...*, sobre Isaías 7, 14:

"El cristianismo, al interpretar que *su* mesías había nacido de una virgen, siendo erróneo como es, nos lleva a sospechar que una de las causas es el hecho de su aversión a todo lo que tiene relación con el sexo: el Mesías no podía llevar consigo el pecado que le transmitían sus padres humanos, así que el padre tenía de ser Yahvé, aunque a pesar de todo su madre tuvo que purificarse en el templo después del parto... ¿tal vez porque todos creían que el padre era José, es decir, un mortal?".

Mateo 1, 25: ¿Jesús tenía hermanos? El pasaje de Mateo dice claramente que José *conoció* a María después de tener al primero de sus hijos: "Pero no la conoció *hasta que* ella dio a luz un hijo". Muchos sectores cristianos se empecinan en la eterna virginidad de María, lo cual sólo lleva a desentenderse del judaísmo, aunque su intención parece que sea lo contrario. El tema es importante porque *contradice la teología judía*: el judaísmo participa de la vida, del mundo, el judío no se recluye ni se mantiene célibe y, aunque puede haber judíos solteros, no consideran que sea la mejor opción, no siendo una peculiaridad de los judíos sino un mandato divino: Gn 2, 24. Es sabido que el cristianismo, sobre todo el catolicismo, con sus sacerdotes, monjes, monjas, monasterios, etc., incita al celibato y a una vida retirada, como lo hizo Pablo. Innegablemente, no es práctica mayoritaria, y cada día menos.

Ver punto 9.

## 3.- Nació en Belén de Judea

Profecía:

"Pero tú, Belén Efrata, pequeña para estar entre las familias de Judá, de ti me saldrá el que será Señor en Israel; y sus salidas son desde el principio, desde los días de la eternidad.". Miqueas 5:2 (5, 1 en la BJ).

> Otras traducciones cristianas se refieren a *gobernador* en lugar de Señor, entre ellas la BJ y las *Nueva Versión Internacional* y *Biblia de las Américas*, protestantes. Otras, como la VL, traducen *dominador.*
> También otras Biblias, y también entre ellas la BJ, dicen más claramente "En cuanto a ti, Belén Efratá, la menor entre *los clanes* de Judá…".
> Según los EJ, el hebreo dice *gobernante* y no *Señor.*

Cumplimiento:

"Cuando Jesús nació en Belén de Judea en días del rey Herodes, vinieron del oriente a Jerusalén unos magos.". Mateo 2:1.

Conclusión:

La profecía de Miqueas no se refería al nacimiento *del mesías* ni a una población: los autores del NT entienden mal a Miqueas, por decirlo suavemente, y hasta deben inventarse imposibles viajes, con censos imperiales romanos *de todo el mundo* que no se produjeron (Lc 2, 1), para que Jesús nazca en Belén, Judá (no confundir con la Belén de la tribu de Zabulón, en la Galilea inferior: Josué 19, 15 ↓ ), cuando toda su familia vivía en una supuesta Nazaret (Galilea), *inexistente o completamente insignificante en tiempos del supuesto Jesús.*

Mateo y Lucas hacen que Jesús nazca en el pueblo de Belén de manera muy ¿ingenua? creyendo hacer cumplimiento de una profecía de Miqueas. Pero este profeta se refería *a un clan*, a una familia, que tomaba el nombre de la segunda esposa de Caleb y uno de sus biznietos (Efratá y Belén, respectivamente), y no de una población en concreto. De ahí la puntualización de Belén Efratá: el clan de Belén, el de Efratá.

> "Caleb, hijo de Jesrón, engendró a Yeriot, de su mujer Azubá. Estos son sus hijos: Yéser, Sobab y Ardón. Murió Azubá y *Caleb tomó por mujer a Efratá*, de la que tuvo a Jur... Hijos de Jur, primogénito de Efratá: Sobal, padre de Quiriat Yearín; Salmá, *padre de Belén*... estos son los hijos de *Jur, primogénito de Efratá, padre de Belén*": I Crónicas 2, 18-20,50-51; 4, 4.

El clan estaba establecido en la región del mismo nombre, Belén: I Sam 17, 12; Rut 1, 1-2. Después el nombre pasó al pueblo: Gn 35, 19; Jos 15, 59; Rut 4, 11.

La BJ, p. 1368, dice que "Miqueas estaba pensando en los antiguos orígenes de la dinastía de David" (punto 37), lo mismo que algunos EJ: Miqueas se limitó a mencionar a un clan ↓, a una familia cuyo origen está en Belén, es decir, a esa dinastía davídica. Después añade que "*los evangelistas* reconocerán en Belén Efratá la designación del lugar del nacimiento *del Mesías*". Pero esto no tiene ningún valor: quien debe designar, si acaso, el lugar del nacimiento del mesías es el AT, no el NT, y no lo hace en este pasaje. No se refiere al nacimiento *del mesías esperado* sino a la procedencia del clan de ese mesías, y la prueba principal es que no llegó en el momento histórico *que narra el pasaje*. ↓

Así pues, Miqueas se refería a un gobernador de Israel, que llegaría a ser importante por enfrentarse a Asiria, aludiendo a su tiempo y la amenaza de esa potencia, tal como verificamos en el pasaje si no lo sacamos de contexto, que es lo que hacen (habitualmente) los EC:

> "Por eso él (Yahvé) los abandonará hasta el momento en que *la parturienta dé a luz y el resto de sus hermanos vuelva con los hijos de Israel*. Pastoreará firme con la fuerza de Yahvé, con la majestad del nombre de Yahvé su Dios. Vivirán bien, porque entonces él crecerá hasta los confines de la tierra. Él será la paz. Cuando Asiria invada nuestra tierra, y pise nuestro suelo, le opondremos siete pastores y ocho capitanes. Ellos pastorearán a Asiria con la espada, y al país de Nemrod con el acero. *Él nos librará de Asiria, cuando invada nuestra tierra, y pise nuestro territorio*": Miq 5, 2-5.

La BJ nos ofrece de nuevo un punto de vista muy particular y a todas luces partidista: "Se trata de la madre del Mesías. Miqueas piensa *tal vez* en el célebre oráculo de la "almah" de Is 7, 14...". Se refiere a la frase de Miqueas: "la parturienta dé a luz".

¿Cómo puede estar refiriéndose a la madre del mesías si Miqueas no se está refiriendo *al mesías*? ¿Cómo puede Miqueas referirse al mesías pensando en Is 7, 14 si Isaías tampoco se estaba refiriendo al mesías? ¿Cómo puede referirse a Jesús de Nazaret si dice *y el resto de sus hermanos vuelva con los hijos de Israel*?

Aun siendo una profecía, el texto dice "gobernador o señor *en Israel*". ¿Cuándo fue Jesús gobernador o algo parecido en Israel? Extraordinaria capacidad de visión, y de cómo se transforma un *nada* en algo fundamental para una creencia.

Bien, hasta aquí lo que declaran casi todos los EJ... pero, ¡sorpresa! Algunos explican algo totalmente diferente en cuanto a Miqueas 5: ese gobernador ¡sí era el mesías! ¿En qué quedamos?

Una de las frases más extraordinarias de los (pocos) que admiten esta última versión, dice: "... *de ti me saldrá el que será el gobernante de Israel. Eso descarta toda incertidumbre de la familia del gobernante, y por el contexto podemos afirmar que es el mashiaj que esperamos.*".

Pero precisamente por el contexto hemos visto que se refiere al tiempo de la Asiria imperial, y que el gobernante anunciado había de ser descendiente de David para ser rey, de la familia que anuncia el pasaje, *pero eso no le convierte en el mesías esperado puesto que ninguno de sus reyes lo fue.*

Entonces no llegó *el mesías* puesto que todavía lo están esperando, y sí hubo un gobernante en Israel, que sería de la dinastía davídica, pero no fue *el mesías*: los rabinos que enseñan esta versión deberían explicar, porque no lo hacen, cómo es que el contexto de Miqueas 5 se refiere a una determinada época ya pasada hace siglos y más siglos, se refiere a un gobernador de Israel, que era el mesías, pero este no hizo acto de presencia: no les libró de Asiria, *a pesar de que el texto lo afirma* (¿creció hasta los confines de la Tierra?, ¿vivieron bien los judíos?, ¿llegó la paz?, ¿él les libró de Asiria cuando invadió su tierra?). De paso también deberían explicar, no sólo deben hacerlo los EC, cómo es que todavía esperan a ese mesías si lo era ese gobernante.

Pienso que si aún mantienen esa opinión es sólo por un error o descuido en sus notas. Su interpretación es que la profecía es del auténtico mesías esperado, pero para tiempos venideros, es decir, la profecía se referiría a tiempos futuros, cuando originalmente Miqueas anunciaba al verdadero mesías para su tiempo pero, al no producirse su advenimiento, los EJ deben interpretar otra cosa ↓ . Punto 48.

Obsérvese con ese ejemplo, y con las *Notas* 3, 17, 19, 22 y 29, que los EJ no están exentos de cierto tipo de malabarismos dialéctico-explicativos-exculpatorios de muchos pasajes bíblicos, y que no es sólo patrimonio de los EC: aquellos también tienen más de una opinión, contradictorias entre sí, para explicar determinados pasajes, e incluso no saben cuál es la respuesta adecuada para otros como vamos descubriendo a lo largo del libro. Punto 9.

En lo que sí que estoy de acuerdo es en que, tal como dicen todos los EJ, y haciendo un esfuerzo considerable concediendo que Jesús naciese en Belén, a pesar de que es conocido como "de Nazaret" y no "de Belén", a pesar de que dos evangelistas (Marcos y Juan) no dicen que fuese de Belén y lo presuponen de Nazaret, siendo Marcos el primero en escribir un evangelio; a pesar de que incluso los que lo dicen (Mateo y Lucas) también lo muestran más veces como oriundo de Nazaret o galileo, que de Belén o judío, y deben montar situaciones increíbles (viajes, censos) para demostrarlo; incluso que su padre (José) fuese descendiente del rey David, aunque en realidad no fuese su verdadero padre... no son pruebas suficientes para declararlo mesías de Israel por la sencilla razón, alegada aquí hasta la saciedad, de que no cumplió con ninguna de las profecías que debe cumplir el auténtico mesías, ni fue ungido como tal.

El cumplimiento alegado (Mateo 2, 1: "Nacido Jesús en Belén... unos magos que venían de Oriente... ") es una manipulación más de Mateo: ¿dónde anuncian los textos judíos que al mesías le adorarían magos? ↓ ¿Dónde anuncian que el mesías sería o debe ser adorado?

Por otra parte, la explicación de una de las listas dice que los sacerdotes y escribas, respondiendo a Herodes, sabían que el mesías había de nacer en Belén. Pero olvidan algo importante: el texto está escrito por Mateo, no por los sacerdotes y escribas.

En el pasaje, Mateo sitúa el nacimiento de Jesús diez o doce años antes que Lucas, cuando Herodes aún vivía, es decir, no más tarde del 4 aC que es la fecha del fallecimiento del rey idumeo.

Ver puntos 5B y 37.

## 4.- El tiempo de llegada

A)

Profecía:

"El cetro no será quitado de Judá, ni la vara de autoridad de entre sus pies, hasta que venga Siloh [6] ; y le obedecerán los pueblos.". Génesis 49:10.

> Nota del EC: "El cetro el cual es el símbolo de gobierno fue quitado en esos tiempos cuando Judea pagaba sus primeros impuestos a Roma. En esos tiempos en Belén de Judea. Jesús nació. Siloh llegó. Lucas 2:1".

"[24] Setenta semanas están determinadas sobre tu pueblo y sobre tu santa ciudad, para terminar con la transgresión, para acabar con el pecado, para expiar la iniquidad, para traer la justicia eterna, para sellar la visión y la profecía, y para ungir el lugar santísimo. [25] Conoce, pues, y entiende que desde la salida de la palabra para restaurar y edificar Jerusalén *hasta el Mesías Príncipe*, habrá *siete semanas, y sesenta y dos semanas*; y volverá a ser edificada con plaza y muro, pero en tiempos angustiosos. [26] Después de las sesenta y dos semanas, el Mesías será quitado y no tendrá nada; y el pueblo de un gober-

---

[6] Siloh, o Siló: el mesías esperado.

nante que ha de venir destruirá la ciudad y el santuario. Con cataclismo será su fin, y hasta el fin de la guerra está decretada la desolación. [27] Por una semana él confirmará un pacto con muchos, y en la mitad de la semana hará cesar el sacrificio y la ofrenda. Sobre alas de abominaciones vendrá el desolador, hasta que el aniquilamiento que está decidido venga sobre el desolador.". Daniel 9:24-27. Todas las versiones de la Biblia protestante más conocidas dan esa traducción del versículo 25. En el versículo 26, la mayoría de las traducciones (Reina- Valera 1960 y 1995; Reina-Valera Antigua; Biblia de las Américas...) dicen más exactamente "se quitará la vida al Mesías", en lugar de "el Mesías será quitado" de esta traducción que nos ofrecen los EC.

> Nota del EC: ""Semana" en hebreo significa "siete" y se interpreta como períodos de 7 años de duración. Se dice en EZE.4:6.(Escrito antes de Daniel) que una semana simboliza 7 años, así que el profeta afirma que en "siete" semanas y sesenta y dos semanas o cuatrocientos ochenta y tres años el Mesías haría la redención del pecado y *sus otras obras*.".
> Veamos la traducción de la BJ, p. 1320: "... [25] Entérate y comprende: Desde que se dio la orden de reconstruir Jerusalén, *hasta la llegada de un príncipe ungido*, pasarán *siete semanas y sesenta y dos semanas*; y serán reconstruidos calles y fosos, aunque en tiempos difíciles. [26] Pasadas las sesenta y dos semanas matarán al ungido sin culpa y un príncipe que vendrá con su ejército destruirá la ciudad y el santuario. Su fin será un cataclismo y hasta el final de la guerra durarán los desastres anunciados".

Cumplimiento:

"Pero Jesús, lanzando un fuerte grito, expiró.". Marcos 15:37.
 "Aconteció en aquellos días que se promulgó un edicto de parte de Augusto César, que todo el mundo fuera empadronado.". Lucas 2:1. "Y diciendo: El tiempo se ha cumplido, y el reino de Dios se ha acercado. ¡Arrepentíos y creed en el evangelio!". Marcos 1:15.
 "He aquí, había en Jerusalén un hombre llamado Simeón, y este hombre era justo y piadoso; esperaba la consolación de Israel, y el Espíritu Santo estaba sobre él. A él le había sido revelado por el Espíritu Santo que no vería la muerte antes que viera al Cristo del Señor. Movido por el Espíritu, entró en el templo; y cuando los padres trajeron al niño Jesús para hacer con él conforme a la costumbre de la ley, Simeón le tomó en sus brazos y bendijo a Dios diciendo: Ahora, Soberano Señor, despide a tu siervo en paz conforme a tu palabra; porque mis ojos han visto tu salvación que has preparado en presencia de todos los pueblos: luz para revelación de las naciones y gloria de tu pueblo Israel.". Lucas 2:25-32. "En la misma hora acudió al templo y daba gracias a Dios, y hablaba del niño a todos los que esperaban la redención en Jerusalén.". Lucas 2:38. "Como el pueblo estaba a la expectativa, y todos especulaban en sus corazones si acaso Juan sería el Cristo.". Lucas 3:15.

Conclusión:

Génesis 49, 10: el EC evangélico responsable de la nota comete un grave error, por decirlo otra vez suavemente: el cetro no es sólo *el símbolo de gobierno* sino la corona de rey, de un auténtico reino terrenal, continuación del reino de David, truncado, repito de nuevo, por los caldeos y que nunca más volvió a resurgir. El EC algo debe decir ante tamaña ausencia de reino y lo justifica con un disparate: Siloh llegó, pero ¿qué pueblos obedecieron a Jesús?

Otro error, histórico, cuando dice: "fue quitado en esos tiempos cuando Judea pagaba sus primeros impuestos a Roma". El cetro davídico fue quitado mucho antes, como acabo de decir; no existía cetro davídico desde siglos antes de la ocupación romana.

Daniel 9, 24-27: según los EJ, ese pasaje de Daniel es uno de los peor traducidos por los EC protestantes, y precisamente es uno de los más usados por estos para defender el mesianismo de Jesús; sólo la traducción católica de la BJ es algo más fiel al hebreo.

Versículo 25: no es lo mismo "hasta el Mesías Príncipe" (traducción protestante) que "hasta la llegada de un príncipe ungido" (hebreo y traducción de la BJ)... puesto que los reyes eran ungidos pero no todos los reyes fueron *el mesías*, en realidad no lo fue ninguno. Por tanto, el pasaje sólo predice a *un ungido*, a un mesías, no *al ungido rey mesías*... aunque pronto veremos que en realidad predice a *dos* ungidos.

En esta ocasión las explicaciones de la BJ concuerdan "casi" todas con las de los EJ, siendo, como en otras ocasiones, honestos en declarar abiertamente lo que ya sólo los líderes fundamentalistas evangélicos enseñan sobre este pasaje de Daniel:

> "Los Padres más antiguos de la Iglesia no concuerdan sobre la identidad de este príncipe ungido, como tampoco en la afirmación de que el versículo 26 se refiera a la muerte de Jesús. Algunos remetían la última semana al *fin de los tiempos*. Ese ungido del versículo 26 se puede identificar, con Teodoción, con el sumo sacerdote Onías III (II Macabeos 4, 30-38), depuesto hacia 175 y asesinado por gente de Antíoco Epífanes: él sería también el príncipe de la alianza de 11, 22... "; BJ, p. 1320.

Vemos que los Padres antiguos de la Iglesia (entre ellos Teodoción, siglo II dC), no sabían a quién se referían los judíos al nombrar a ese ungido, y sospechaban que el "quitado" del versículo 26 no era Jesús: aparte de que hay dos ungidos en el texto y no uno, ¿tal vez lo correcto hubiese sido preguntárselo a un rabino? ↓

Pero no terminaron las malas traducciones en aquel versículo: ahora, tanto protestantes como católicos traducen "siete semanas y sesenta y dos semanas", lo cual es erróneo. El hebreo dice "siete semanas; y después sesenta y dos semanas", quedando patente que "y" no es lo mismo que un " ; " y a continuación "y después".

La versión cristiana cambia completamente el significado original: este refiere a dos períodos de tiempo diferentes, con una separación entre ellos (*con lo que se refiere a dos hechos diferentes*, es decir, *a dos ungidos*, hecho fundamental que los EC convierten en un único período de tiempo, más largo, y aludiendo *al mesías*), mientras que el texto de los EC suma el 7 con el 62 (el "y" del texto cristiano en sustitución del punto y coma), convirtiendo el resultado, 69 semanas, en 483 años, que es la explicación que da el EC, la cual, consecuentemente, es no sólo falsa, pues no había que sumar los dos datos (7 más 62), sino también sesgada ya que sólo da una parte de la explicación para forzar el texto y llegar así al tiempo de Jesús, *demostrando* de esta manera que este era el mesías profetizado por Daniel.

Los EC dicen que haciendo esa suma y convirtiendo las semanas en años, llegamos a los 483 años… ¿483 años de qué? Se supone que con ese número y otro, hay que hacer alguna operación aritmética para llegar al advenimiento del personaje al que han convertido en el mesías, y ese otro número no puede ser la fecha de la redacción del texto puesto que hoy se sabe que es de haci a 165 aC ↓ . Así, ¿cómo llegamos al año que *supuestamente* Jesús se dio a conocer, es decir, hacia el 28 ó 30 dC? Es lo que no explica el EC.

Deberé, consecuentemente, explicarlo yo puesto que de otra manera el lector no se enterará ni de lo que quiere decir el brillante intérprete de los textos judíos en sus aclaraciones: la cuenta de esos 483 años empezó en el año 455 aC, con lo que saldrían esos 28 ó 30 años dC, según explican en otras partes pero que obvian aquí.

¿Por qué 455? Porque es la fecha en que el rey persa Artajerjes ordenó reconstruir Jerusalén, dando el pasaje de Nehemías 2, 1-8 como prueba.

"En el mes de Nisán, el año veinte del rey Artajerjes, siendo yo [Nehemías] encargado del vino, tomé vino y se lo ofrecí al rey... Si le place al rey y estás satisfecho de tu siervo, envíame a Judá, a la ciudad de las tumbas de mis padres, para que yo la reconstruya... El rey me lo concedió...": Nehemías 2, 1ss.

> El mes de Nisán del año 20 del rey persa Artajerjes corresponde a marzo-abril del año 445 aC, puesto que empezó su reinado en el 465 al reemplazar en el trono a su padre, Jerjes I. Corroborado por la BJ, p. 537, y cualquier libro de historia.

Pero hay un desfase de 10 años: la fecha que da Nehemías 2, 1 no es 455 sino 445, luego no concuerda con el 28 ó 30 dC: sería el 38 ó 40, es decir, cuando Jesús, siempre supuestamente, ya estaría muerto, resucitado y elevado a los cielos.

Otro dato llama la atención, aparte de que sabemos que el cómputo de esa fecha parte del antecedente falso de 483: ¿por qué esa *demostración* de la fecha de la llegada del mesías no la da el NT sino sólo esos EC? Así es: no hay ningún pasaje del NT que aluda a Daniel 9, 24-27 [7] como fecha profética para

---

[7] Exceptuando Mateo 24, 15. Pero en este se alude a la tribulación de

de alguna manera llegar al advenimiento del mesías; es sólo asunto de los EC, pastores, predicadores, líderes y "Ministros", es decir, *no es bíblico*, lo dan por su cuenta y riesgo, lo cual lleva al colmo del atrevimiento. Véanse las citas del supuesto *cumplimiento en el NT* que han insertado ellos mismos: ninguna alusión al pasaje de Daniel puesto que no existe.

Hay más: habría que preguntar a esos EC por qué llegan, aunque sea haciendo trampas, al año 28 ó 30, y no al 32, 33 ó 34, que en realidad sería el de la muerte de Jesús, con la redención que anuncian y *sus otras obras*, obras que no hizo.

Y más, demostrando la poca preparación de esos EC: en realidad no fue Artajerjes quien dio la primera autorización para reconstruir Jerusalén; fue Ciro, años antes:

> "En el año primero de Ciro, rey de Persia... Yahvé me ha encargado que le edifique un templo en Jerusalén, en Judá. Quien de entre vosotros pertenezca a su pueblo, ¡sea su Dios con él y suba!": II Crónicas 36, 22-23.
>
> "Yo [Yahvé] soy el que dice a Ciro: Tú eres mi pastor y darás cumplimiento a todos mis deseos, cuando digas de Jerusalén: "Que sea reconstruida", y del santuario: "¡Echa los cimientos!"": Isaías 44, 28.

Estos dos pasajes demuestran que fue Ciro (hacia 538-537 aC) y no Artajerjes quien dio la primera orden. Pero también

---

Jerusalén, dando como profecía a Daniel 9, 27, aplicándolo a la *abominación de la desolación*, hecho que tampoco concuerda con ese pasaje de Daniel, pero para nada a los datos de 9, 24-26 que son el tema del punto. Es más, de esta manera, Mateo 24, ya que alude al versículo 27, desaprovecha la ocasión de argumentar los versículos anteriores, cosa muy extraña precisamente en Mateo el cual alude constantemente a todo lo que huela a profecías del AT, incluso aunque no lo sean, demostrando que no había profecía en ellos y que, en consecuencia, es sólo un ardid de los fundamentalistas cristianos reproductores de las listas que analizamos en este libro.

demuestran que su orden, *atribuida a Yahvé*, no fue cumplida hasta que Artajerjes se lo concedió a Nehemías casi un siglo después.

Si hacemos con Ciro el cálculo de los 483... nos sale el año 53 ó 54 aC, allá por cuando Cleopatra todavía no era reina de Egipto, o Craso murió en Carrhae.

¿Aún más? Pues sí, hay más: tanto las versiones cristianas que dicen "se quitará la vida al Mesías", "el Mesías será quitado", como "matarán al ungido" (BJ), son erróneas puesto que el hebreo dice "el ungido será quitado", no muerto, y no se refiere al mesías. Reléase la explicación anterior de la BJ, en su página 1320, sobre este pasaje de Daniel: con la misma hemos comprobado que, al menos los EC de esa Biblia, católica, no creen que el texto se refiera ni al mesías ni a Jesús.

¿Más? La traducción de la BJ que acierta en "al ungido", y no "al Mesías", yerra después al traducir "sin culpa": el hebreo dice "*y no tendrá nada*", esta vez como las traducciones protestantes. Pero el dato hebreo es ambiguo y poco cierto: ese segundo ungido ↓ falleció... luego "no tuvo nada". Es evidente que como fallecido, no tuvo nada. Por tanto, parece como si quisiese testificar, o al menos es discutible, que después de su muerte no hubo continuidad en su reinado o en su dinastía, desapareciendo el trono, quedando vacante, o que aconteció una catástrofe inmediata. Pero eso es falso puesto que su esposa, Salomé Alejandra, mantuvo la dinastía asmonea, continuando el sacerdocio mediante su hijo Hircano II, pasando su reinado de 9 años con el beneplácito de los judíos en un período de prosperidad, continuando después la dinastía y el sacerdocio por medio de su otro hijo, Aristóbulo II. Él, el segundo ungido, verdaderamente, no tuvo nada, pero como cualquier fallecido.

Y, a fin de cuentas, ¿a quién se refiere el texto hebreo con sus dos ungidos, según los EJ? Veamos:

> El ungido de las 7 semanas es Ciro, el rey persa. El de las 62 semanas es Alejandro Janeo (Jonatán de verdadero nombre), rey y sumo sacerdote judío de la dinastía asmonea, que no tenía nada que ver con la davídica.

Los EJ hacen otras cuentas, las lícitas, y les salen de esta manera:

> Partiendo de la destrucción del templo por Nabucodonosor II, y no de la del decreto de Ciro o del de Artajerjes: 586 aC.
> Separando las semanas (el importante ; en lugar de la y), no juntándolas como hacen los EC:
>> Siete semanas son 49 años.
>> Sesenta y dos semanas son 434 años.
>> 586 menos 49 igual a 537, año de la ascensión de Ciro al trono de Persia.
>> 537 menos 434 igual a 103, año de la ascensión de Alejandro Janeo.

¿Listo? Lo siento, no. También los EJ cometen errores: Ciro no ascendió al trono de Persia en 537 aC. Dos años antes ya había conquistado Babilonia, en el 539 (algunas fuentes dan el 538), y anteriormente había derrotado al Imperio medo, a Lidia, Frigia, Troya, etc.: Ciro II el Grande, hijo de Cambises I, ascendió al trono en el 550 aC [8]. En el 537 sólo le quedaban 8 años de vida: falleció en el 529, sustituyéndole su hijo Cambises II, conquistador de Egipto.

Por otra parte, la mención de Alejandro Janeo como rey y sumo sacerdote parece indicar una elevada condición humana, pero nada más lejos de la realidad: recriminado por los fariseos por usar el título de rey sin ser de la dinastía davídica, con

---

[8] Rey de Persia desde 550 aC, aunque antes, en 559, ya había sucedido a su padre, Cambises I, cuando este falleció, como rey en el trono de la ciudad elemita de Anshan, como vasallo de los medos.

él empezaron las intrigas familiares en la dinastía asmonea. Casado con la antigua esposa de su hermano fallecido, Aristóbulo. Guerrero incansable, conquistador de ciudades y territorios, hizo asesinar a otro hermano suyo, castigó severamente a los fariseos de Jerusalén "por medio del terror", dice Flavio Josefo (*Antigüedades judías*, 11), muriendo durante el sitio a la fortaleza de Ragaba.

Obsérvese también la denominación que recibe Ciro, rey de Persia, un guerrero que para nada tenía a Yahvé como Dios: *ungido de Yahvé*, equiparándolo con el sumo sacerdote de la dinastía asmonea. Un extranjero, ¿ungido de Yahvé? Un sumo sacerdote asmoneo, ¿ungido de Yahvé? Isaías 41, 1ss; 44, 28a; 45, 1ss. Nota 3.

En ese último pasaje isaiánico, es decir, perteneciente a Isaías, podemos leer en el Tomo III de *La Biblia ante la Biblia...*:

> "*Así dice Yahvé a su Ungido Ciro, a quien he tomado de la diestra para someter ante él a las naciones y desceñir las cinturas de los reyes, para abrir ante él los batientes de modo que no queden cerradas las puertas. Yo marcharé delante de ti y allanaré las pendientes. Quebraré los batientes de bronce y romperé los cerrojos de hierro... A causa de mi siervo Jacob y de Israel, mi elegido...*". Is 45, 1ss.
>
> "Es un oráculo real de entronización, como los de los Salm 2, y 110. Ciro es llamado "por su nombre", y recibe el título de "Ungido de Yahvé", que estaba reservado a los reyes de Israel, *y se convirtió en título del rey-salvador esperado.*
>
> *La paradoja* está en que este título se da aquí a un soberano extranjero *que no conocía a Yahvé. Este oráculo es extrañamente paralelo a un*

*texto babilónico, el "cilindro de Ciro", en el que Marduc, que no es un dios persa, ha "nombrado el nombre de Ciro y le ha llamado al dominio sobre toda la tierra".* Este texto, redactado por los sacerdotes de Babilonia, fue escrito, como el oráculo del Segundo-Isaías, en el momento de la marcha victoriosa de Ciro, el 538": BJ, p. 1144. Es decir, ya sabían que Ciro iba a salir victorioso. Así es muy fácil profetizar.

"... extrañamente paralelo a un texto babilónico, el *cilindro de Ciro,* en el que Marduc, que no es un dios persa, *ha nombrado el nombre de Ciro y le ha llamado al dominio sobre la tierra".* El pasaje de Isaías no es más que una copia de un texto babilónico: Yahvé hizo lo mismo que ya había hecho Marduc, imitándole.

En resumen: el pasaje de Daniel no se refiere *al mesías esperado sino a dos ungidos,* siendo una interpretación forzada y manipulada de los EC, *a espaldas del propio NT,* lo cual tiene una gravedad añadida, para hacerlo coincidir con el tiempo de la llegada de Jesús, y para más irrisión, ni siquiera así consiguen su propósito.

El libro de Daniel, como el de Salmos ↓ , ni siquiera figura como profético en el canon de los libros sagrados judíos: los propios EJ admiten que de profético tiene muy poco, que describe más sobre visiones que sobre profecías, y que fue escrito en la época de los Macabeos, hacia 165 aC, por alguien que se lo adjudicó al profeta Daniel que vivió muchos siglos antes. En la actualidad está admitido también por *casi* todos los EC.

Marcos 15, 37: sólo aparece en una lista. *Jesús expiró.* Pero ya los primeros Padres de la Iglesia sospecharon que el pasaje no se refería a Jesús.

Lucas 2, 1: no se tienen noticias de que César Augusto ordenase tal empadronamiento: es una invención del autor del

Evangelio de Lucas con el fin explicado ya de que Jesús naciese en Belén, empadronamiento que, sospechosamente, no aparece en ningún otro pasaje del NT.

Los pasajes de Marcos y Lucas sólo son relatos evangélicos que demuestran falsedades: el Reino no se acercó, los pueblos no fueron salvados, ni hubo gloria para Israel sino todo lo contrario.

B)

Profecía:

"Entonces las naciones andarán en tu luz, y los reyes al resplandor de tu amanecer. Una multitud de camellos te cubrirá, dromedarios de Madián y de Efa; todos ellos vendrán de Seba. Traerán oro e incienso, y proclamarán las alabanzas de Jehovah.". Isaías 60:3,6.

Cumplimiento:

"Jesús nació en Belén de Judea, en días del rey Herodes. Y he aquí unos magos vinieron del oriente a Jerusalén.". Mateo 2:1. "Cuando entraron en la casa, vieron al niño con María su madre, y postrándose le adoraron. Entonces abrieron sus tesoros y le ofrecieron presentes de oro, incienso y mirra.". Mateo 2:11.

Conclusión:

Isaías 60, 3,6: ¿Qué naciones anduvieron en su luz? ¿Qué reyes al resplandor de su amanecer? Leyendo todo el contexto de Isaías 60 se entiende que se refiere a Israel como nación y no al mesías, en una pretensión precipitada del autor al anunciar el restablecimiento del reino mesiánico al regreso del Exilio de Babilonia, restablecimiento que no se produjo. Ese capítulo de Isaías pertenece al llamado *Trito-Isaías*, capítulos 56 a 66, y no son del auténtico profeta llamado Isaías sino de algún discípulo de no se sabe quién de tiempo ulterior, cuando sucedió ese regreso, es decir, tiempo después de acontecidos los sucesos que el verdadero Isaías pudo observar.

Los presentes que traerán las naciones aludidos en el versículo 6 se refieren a ese regreso, presentes que nadie trajo.

Imposible trasladar aquí todo lo que comento en el Tomo III de *La Biblia ante la Biblia...* sobre el libro de Isaías. Veamos un par de líneas: "La perspectiva, la esperanza, el cumplimiento de las profecías es, pues, para el regreso del exilio: pero nada se cumplió". Lo que comenta el autor del Trito-Isaías no tiene que ver nada con la situación de Judea en el siglo I dC de Mateo 2.

El EC sigue cometiendo errores y escondiendo pasajes, como ya hizo de este tema en el punto 3: sólo informa del pasaje de Mateo, pero se olvida de Lucas que le contradice en cuanto al tiempo de llegada: Mateo la sitúa unos diez o doce años antes de Lucas, en situaciones "históricas" inventadas y falseadas.

## 5.- Personajes vinieron a adorarle

A)

Profecía:

"Los reyes de Tarsis y de las costas traerán presentes; Los reyes de Sabá y de Seba ofrecerán dones." Salmos 72:10.

Cumplimiento:

"Cuando Jesús nació en Belén de Judea en días del rey Herodes, vinieron del oriente a Jerusalén unos magos, diciendo: ¿Dónde está el rey de los judíos, que ha nacido? Porque su estrella hemos visto en el oriente, y venimos a adorarle. Cuando entraron en la casa, vieron al niño con María su madre, y postrándose le adoraron. Entonces abrieron sus tesoros y le ofrecieron presentes de oro, incienso y mirra.". Mateo 2: 1,2,11.

Conclusión:

La cita del salmo 72 está sacada de contexto (obsérvese la longitud: una línea y media), además de que no dice nada de adorar. Ese salmo dice: "Defenderá a los humildes del pueblo, salvará a la gente pobre y aplastará al opresor... Durará tanto como el sol... Florecerá en sus días la justicia, prosperidad hasta que no haya luna. Desde un mar a otro dominará, desde el río hasta el extremo de la tierra. Ante él se postrarán sus enemigos y lamerán el polvo sus rivales; los reyes de Tarsis y las islas traerán consigo tributo. Los reyes de Sabá y Seba todos pagarán impuestos; ante él se postrarán todos los reyes, *servíranle las naciones...* Fin de las oraciones de David, el hijo de Jesé".

Tal como indica la BJ, p. 744, es [supuestamente] el rey David el que dedica ese salmo a su hijo Salomón, y es inaplicable a Jesús: el propio Jesús dijo -o se le atribuye- que había venido a hacer lo contrario:

> "... de la misma manera que el Hijo del hombre no ha venido a ser servido, sino a servir": Mt 20, 28.

• Es el primer Salmo que encontramos en las listas de los EC. Sobre ellos ↑ debo aclarar que, como el libro de Daniel, en el canon de los libros sagrados judíos no están entre los proféticos: el libro de los Salmos figura entre los "hagiógrafos", los "Escritos". Es más, tampoco en la Biblia está entre los proféticos sino en la sección de Lírica.

• Los EJ explican que los Salmos no tienen valor profético, y que los atribuidos a David no son suyos, sino que en los que parecen contener una revelación del futuro, es que su verdadero autor vivió lo que narra como hecho pasado o actual. Bien, en realidad un fraude porque, ¿cómo va a saberlo el ingenuo creyente al que no se lo explica nadie sino, al contrario, se le mantiene en la ignorancia creyendo que sus EC son poseedores de infinita sabiduría bíblica?

Sobre la adoración a Jesús: varias listas insisten sobre que Jesús fue adorado, "con lo que *se demuestra su divinidad*: él era Dios". Blasfemo para el judaísmo. Puntos 2, 9, 14-B y 14-C.

Algunas citas para documentar esta posición, según los EC:

> "… le adoraron, diciendo. Verdaderamente eres Hijo de Dios": Mt 14, 33.
>
> La BJ no traduce "le adoraron", sino "se postraron", lo mismo que en Mt 8, 2; 9, 18; 14, 33; 15, 25. Excepto en 14, 33, también en la Biblia protestante Reina-Valera (1995) leemos postrar, que no es lo mismo que adorar.
>
> Lo mismo ocurre en Jn 9, 39: según los autores de estas listas, dice "le adoró", pero la BJ dice "se postró".

Pero, insistiendo, que fuese verdaderamente adorado, como corresponde a Dios, no es positivo para el cristianismo, si bien crea demostrar lo contrario, siendo para él uno de los puntos clave para sus demostraciones: los EC van contra sus propios intereses, consciente o inconscientemente, como ya avisé en el Prólogo. No puede ser la culminación del judaísmo quien blasfema contra él, es decir, contra Yahvé.

Los reyes pagarán impuestos a Salomón.

De nuevo el supuesto cumplimiento del NT es inaceptable: habla de magos y no de reyes.

B)

Algunas listas añaden: *"El nacimiento del Mesías sería anunciado por una estrella".*

Profecía:

"Lo veo, mas no ahora; lo contemplo, mas no de cerca: saldrá estrella de Jacob, se levantará cetro de Israel, y herirá las sienes de Moab y destruirá a todos los hijos de Set.". Números 24:17.

Cumplimiento:

"¿Dónde está el rey de los judíos que ha nacido?, pues su estrella hemos visto...". Mateo 2:2.

Conclusión:

Algunos textos judíos antiguos interpretaban a una estrella como símbolo del mesías, y el pasaje de Números refleja la esperanza mesiánica judía, pero nada que aplicar a Jesús: léase todo el pasaje de Números 24. No había cetro real en su tiempo. ¿Cuándo hirió las sienes de Moab y destruyó a todos los hijos de Set? *En el cumplimiento de Mateo no lo pone.*

## 6.- Muerte de inocentes

Profecía:

"Así ha dicho Jehovah: "Voz fue oída en Ramá; lamento y llanto amargo. Raquel lloraba por sus hijos, y no quería ser consolada por sus hijos, porque perecieron.". Jeremías 31:15.

Cumplimiento:

"Entonces Herodes, al verse burlado por los magos, se enojó sobremanera y mandó matar a todos los niños varones en Belén y en todos sus alrededores, de dos años de edad para abajo, conforme al tiempo que había averiguado de los magos. Entonces se cumplió lo dicho por medio del profeta Jeremías, diciendo: Voz fue oída en Ramá; grande llanto y lamentación. Raquel lloraba por sus hijos, y no quería ser consolada, porque perecieron.". Mateo 2:16-18.

Conclusión:

Una de las profecías *cumplidas* más forzadas: uno de tantos versículos sacados de contexto. Leyendo todo el pasaje se entiende perfectamente a qué se refería Jeremías: a su tiempo y a las desgracias que sufre su pueblo, en absoluto a hechos que deban acontecer con la llegada del mesías.

Ramá era tierra de Benjamín y no tenía que ver nada con Belén: Jeremías se refiere a Raquel, esposa de Jacob, al que le dio a Efraín, Manasés, José y Benjamín, y de Ramá que es en donde estaba enterrada Raquel (¿o reposa "en el camino de Efratá, que es Belén"? Gn 35, 19). "Raquel lloraba por sus hijos", evidente alusión a esas desgracias que padecían los hijos de Raquel. I Samuel 10, 2.

A los EC parece que no les importa en absoluto que la llegada de su mesías esté relacionada, forzosamente, con una profecía sobre asesinato de niños de hasta 2 años de edad: ¿era imprescindible que esa profecía, si lo fuese, se cumpliese? ¿Era justo y necesario que Dios, infinita bondad, omnipotente, anunciase el asesinato de niños como profecía por el nacimiento del mesías?

Punto breve, pero importante pues evidencia que a esos EC, y también a Mateo pues es el que dio el pasaje como profecía cumplida, no les importan los medios para llegar a la meta que se han propuesto, ni sienten rubor alguno en mostrarlos públicamente.

## 7.- El Mesías llamado a salir de Egipto

Profecía:

"Cuando Israel era muchacho, yo le amé, y de Egipto llamé a mi hijo." Oseas 11: 1.

Cumplimiento:

"Estuvo allí [Egipto] hasta la muerte de Herodes, para que se cumpliera lo que dijo el Señor por medio del profeta, cuando dijo: "De Egipto llamé a mi hijo".". Mateo 2:15.

Conclusión:

Hasta los comentaristas de las Biblias, incluso protestantes, admiten que no se refiere al mesías cuando dice "hijo" sino a Israel, tal como lo hacen también en los pasajes de Isaías cuando este alude al *hijo de Yahvé*.

El pasaje de Oseas describe la llamada *edad de oro de Israel*, su estancia en el desierto, y para ese profeta la verdadera historia de Israel comienza con la salida de Egipto; de ninguna manera describe algo vinculado al mesías.

Aunque el verdadero mesías tuviese que ver algo con Egipto, sería irrelevante: son otras las obras ineludibles que debe hacer.

## 8.- SIMIENTE (HIJO) DE ABRAHÁN, ISAAC Y JACOB

Profecía:

"Yo haré de ti una gran nación. Te bendeciré y engrandeceré tu nombre, y serás bendición. Bendeciré a los que te bendigan, y a los que te maldigan maldeciré. Y en ti serán benditas todas las familias de la tierra.". Génesis 12:2-3.

"Entonces Dios dijo a Abraham: --No te parezca mal lo referente al muchacho ni lo referente a tu sierva. En todo lo que te diga Sara, hazle caso, porque a través de Isaac será contada tu descendencia.". Génesis 21:12.

"En tu descendencia serán benditas todas las naciones de la tierra, por cuanto obedeciste mi voz.". Génesis 22:18.

"Le dijo Dios: "Tu nombre es Jacob, pero no se llamará más tu nombre Jacob. Tu nombre será Israel." Y llamó su nombre Israel. También le dijo Dios: "Yo soy el Dios Todopoderoso. Sé fecundo y multiplícate. De ti procederán una nación y un conjunto de naciones; reyes saldrán de tus lomos. La tierra que he dado a Abraham y a Isaac, te la daré a ti; a tus descendientes después de ti, les daré la tierra.". Génesis 35:10-12.

"Yo lo veré, pero no ahora; lo contemplaré, pero no de cerca: Una estrella saldrá de Jacob, se levantará un cetro de Israel. Aplastará las sienes de Moab y los cráneos de todos los hijos de Set.". Números 24:17.

Cumplimiento:

"Libro de la genealogía de Jesucristo, hijo de David, hijo de Abraham.". Mateo 1:1.

"Abraham engendró a Isaac; Isaac engendró a Jacob; Jacob engendró a Judá y a sus hermanos.". Mateo 1:2.

"Sucedió que, cuando se cumplieron los días de este ministerio, él se fue a su casa.". Lucas 1:23.

"Reinará sobre la casa de Jacob para siempre, y de su reino no habrá fin. Entonces María dijo al ángel: ¿Cómo será esto? Porque yo no conozco varón.". Lucas 1:33-34.

"Ahora bien, las promesas a Abraham fueron pronunciadas también a su descendencia. No dice: "y a los descendientes", como refiriéndose a muchos, sino a uno solo: y a tu descendencia, que es Cristo.". Gálatas 3:16.

"Ciertamente no socorrió a los ángeles, sino que socorrió a la descendencia de Abraham.". Hebreos 2:16.

"Por la fe Abraham, cuando fue probado, ofreció a Isaac: el que había recibido las promesas, ofrecía su unigénito, habiéndosele dicho: «En Isaac te será llamada descendencia», porque pensaba que Dios es poderoso para levantar aun de entre los muertos, de donde, en sentido figurado, también lo volvió a recibir.". Hebreos 11:17-19.

*"Y si vosotros sois de Cristo, ciertamente descendientes de Abraham sois, y herederos según la promesa."*. Gálatas 3:29.

Conclusión:

Lo que indican los textos judíos es que el mesías debe ser descendiente de Abraham. ¿Y?

Abraham engendró a Isaac; ¿Isaac engendró a Jacob? ↓ ... todos personajes míticos de los que nada se sabe fuera de los textos del AT, lo mismo que otros, como Moisés y, por supuesto, Adán, Eva, Abel, Caín...: ni una mención en ninguna otra parte. Una mitología puesta como base de la verdad suprema, introducida por el judaísmo pero aceptada por el cristianismo. Punto 17.

Esa puntualización no es en absoluto gratuita: el lector debe tener presente que los relatos sobre esos personajes, que los EC (y el Tanaj, AT, NT) nos presentan como genuinos sin discusión ni prueba alguna, no tienen ningún sostén histórico; si acaso sólo algunos datos que a grandes rasgos sí son históricos, pero en absoluto los personajes que tratamos, ni otros fundamentales para la creencia, aunque hoy sí se sabe que *héroes* de otras culturas, *muy anteriores a los relatos bíblicos*, se describen en ellas con rasgos sorprendentemente parecidos.

Para aclaraciones más amplias, que no puedo trasladar aquí por su extensión, remito a los lectores a mi libro *La Biblia ante la Biblia...*: sección I.2.1: *La historicidad de los textos bíblicos*; más I.2.2; I.2.3, y pasajes concretos de todo el Tomo I. También II.1.1: *Los Patriarcas*; más II.1.2; II.4.1, etc., del Tomo II, y otros pasajes de los Tomos III y IV, confirmado todo por historiadores, además de por las Biblias, principalmente la BJ.

El conjunto de la profecía se basa en *el cumplimiento de la promesa de Yahvé a Abraham*: pero esa promesa es un fraude. Sobre Génesis 12, 3: "... y serán benditas en ti todas las familias de la tierra". Punto 1.

Traslado aquí la explicación que escribí en las páginas 204-205 del primer Tomo de La *Biblia ante la Biblia...*:

> "¿Por qué deben ser bendecidos todos los linajes de la Tierra por medio de Abrán? La segunda parte del versículo parece fuera de contexto (¿un añadido?) puesto que la elección de Abrán por parte de Yahvé era para cumplir la promesa de Gn 9, 25ss (la sumisión de Canaán en manos de Sem), la cual no tiene que ver nada con bendiciones universales.
> La BJ lo explica:

BJ, p. 26: "*En sentido estricto*, 'Por ti se bendecirán todos los linajes de la tierra' significa: 'las gentes se dirán Bendito seas como Abrán'. Pero Ecli 44, 21, la traducción de los LXX y el NT *han entendido*: 'En ti serán benditas todas las naciones'".

En efecto, ni fuera de contexto ni añadiduras en esta ocasión. Simplemente, el cristianismo, por medio del libro del Eclesiástico (apócrifo para judíos y protestantes), la traducción de los LXX y el NT *entendió* lo que le convino, como otras veces.

Pero en esta ocasión el error (¿error?) es muy grave. El texto judío sólo se refiere a su pueblo; de ninguna manera a *todas las naciones.*

Con esta traducción *mal entendida*, el cristianismo toma para sí una trascendencia, relevancia y, sobre todo, herencia judía que esta no le concede.

Este versículo número 3, mal traducido, contradice al anterior, el dos: "De ti haré una nación grande y te bendeciré. Engrandeceré tu nombre; y sé tú una bendición".

Sólo se refiere a la nación israelita (llamada así sólo posteriormente) y a Abrán, sólo ellos son bendecidos.

Véase también Gn 48, 20. El contexto de Jer 4, 2 [→ Tomo IV] hace pensar que no se refiere a una confirmación de Gn 12, 3. Por el contexto y porque en el texto original judío no se lee lo mismo, como ha dicho la BJ.

Según esta, pues, la bendición a la humanidad entera parte de un error de traducción y el texto *estricto* sólo implicaba a Abrán y a su pueblo".

Justamente: la promesa es una falsedad; no hubo promesa fuera del pueblo elegido.

Números 5, 17 ya nos lo encontramos en el punto 5B: ¿qué aplicar a Jesús?

En cuanto a los pasajes del NT no es menor la gravedad: ¿cómo es posible que estuviesen escritos por judíos? ¿Mateo y Pablo no eran judíos? ¿Desconocían su propia religión... o es que la estaban traicionando a propósito?

Probablemente el más extraordinario es Gálatas 3, 29: es falso que el que sea de Cristo sea descendiente de Abraham. El judaísmo no lo admite, ni siquiera como broma o metáfora.

*Punto 10.*

## 9.- Hijo de Dios (Hijo amado)

Profecía:

"Yo declararé el decreto: Jehovah me ha dicho: "Tú eres mi hijo; yo te engendré hoy.". Salmo 2:7.

"Honrad al Hijo, para que no se enoje y perezcáis en el camino, pues se inflama de pronto su ira. ¡Bienaventurados todos los que en él confían!". Salmo 2, 12.

"Sucederá que cuando se cumplan tus días para que vayas a estar con tus padres, yo levantaré después de ti a un descendiente tuyo, que será uno de tus hijos, *y afirmaré su reino. El me edificará una casa, y yo estableceré su trono para siempre. Yo seré para él, padre; y él será para mí, hijo. Y no quitaré de él mi misericordia, como la quité de aquel que te antecedió. Lo estableceré en mi casa y en mi reino para siempre, y su trono será estable para siempre.*". 1ª Crónicas 17:11-14.

"He aquí mi siervo a quien yo sostengo, mi elegido en quien se complace mi alma. He puesto mi espíritu sobre él: dictará ley a las naciones". Isaías 42, 1.

Cumplimiento:

"Y he aquí, una voz de los cielos decía: "Este es mi Hijo amado, en quien tengo complacencia.". Mateo 3:17.

"Respondió Simón Pedro y dijo: --¡Tú eres el Cristo, el Hijo del Dios viviente!". Mateo 16:16.

"Todavía estaba hablando, cuando una nube luminosa los cubrió con su sombra y de la nube salió una voz que decía: «Este es mi Hijo amado, en quien me complazco; escuchadle.»". Mateo 17, 5.

"Vino una nube haciéndoles sombra, y desde la nube una voz decía:

"Este es mi hijo amado; a él oíd." Y de inmediato, mirando alrededor, ya no vieron a nadie más con ellos, sino sólo a Jesús.". Marcos 9:7-8. "Entonces de la nube salió una voz que decía: "Este es mi Hijo, el Escogido. A él oíd.". Lucas 9:35.

"Le dijeron todos: Entonces, ¿eres tú Hijo de Dios? Y él les dijo: Vosotros decís que yo soy.". Lucas 22:70.

"Yo le he visto y he dado testimonio de que éste es el Hijo de Dios.". Juan 1:34.

"Le respondió Natanael: Rabí, ¡tú eres el Hijo de Dios! ¡Tú eres el rey de Israel!". Juan 1:49.

"Pero Dios le levantó de entre los muertos. Y él apareció por muchos días a los que habían subido con él de Galilea a Jerusalén, los cuales ahora son sus testigos ante el pueblo. Nosotros también os anunciamos las buenas nuevas de que la promesa que fue hecha a los padres, ésta la ha cumplido Dios para nosotros sus hijos, cuando resucitó a Jesús; como también está escrito en el Salmo segundo: Mi hijo eres tú; yo te he engendrado hoy.". Hechos 13:30-33.

Conclusión:

Uno de los puntos principales para demostrar el fraude cristiano, y probablemente el principal para los judíos en su aversión al cristianismo: este, y el NT, según ellos, es idolátrico, mítico, antisemita, una herejía suprema.

Lo que anuncia el Salmo 2 no fue cumplido en absoluto por Jesús. El texto aportado por los EC está sesgado, como de costumbre, omitiendo partes importantes. El pasaje completo dice:

> "Yahvé: "Yo mismo he consagrado a mi rey, en Sión, mi monte santo". Haré público el decreto de Yahvé: Él me ha dicho: "Tú eres mi hijo, hoy te he engendrado. Si me lo pides, te daré en herencia las naciones, en propiedad la inmensidad de la tierra; los machacarás con cetro de hierro, los pulverizarás como vasija de barro". Por eso, reyes, pensadlo bien, aprended la lección, gobernantes de la tierra. Servid a Yahvé con temor, temblando besad sus pies; no sea que se irrite y os perdáis, pues su cólera se inflama en un instante. ¡Dichoso quien se acoge a él!". Salmo 2, 6-12. BJ, p. 679-680.

¿Yahvé consagró rey a Jesús *en Sión*? ¿Cuándo? Si Jesús fue engendrado... no podía ser Dios.

Lo que sí demuestra el pasaje es que Yahvé es iracundo, da miedo y hay que servirle con temor ↓ : Yahvé, mediante su rey-mesías, implantará sus decretos por medio del terror y de su cólera, hecho fundamental que es pasado por alto por los EJ en sus explicaciones relacionadas con el mesías, y sobre todo en su advenimiento. Ver punto 3.

¿Qué aplicar a Jesús de ese pasaje? Es evidente que nada, además de que ya sabemos que los Salmos no son proféticos. Punto 5. Absolutamente blasfemo para el judaísmo: presentar a un hombre como *Hijo de Dios*, y más el propio Dios, es la mayor blasfemia que se pueda cometer: esta irreverencia e irreconciliable contradicción teológica con el judaísmo, junto con todas las demás tergiversaciones, malas traducciones, etc., a la vista de este, convierten al cristianismo en una idolatría perversa, un camino directo a la perdición eterna.

> "Así dice Yahvé: Maldito quien se fía del hombre, y hace de la carne su apoyo": Jeremías 17, 5. Salmo 146, 3-4.

Es tremendamente importante puesto que el cristianismo en sí pretende ser la continuación legítima del judaísmo, es decir, el cumplimiento de sus profecías, su culminación, como ya se dijo en el Prólogo, completándolo e incluso reemplazándolo (sobre todo en el llamado *nuevo pacto*. Punto 71). Pero con el planteamiento de las mismas, como estamos viendo, no sólo no las cumple sino que representa todo lo contrario: literalmente blasfemando, como una especie de antijudaísmo supremo, la máxima herejía. Por ello, de ninguna manera puede ser la culminación del judaísmo. Este considera a sus libros sagrados completos, inmodificables, como su creencia; no deben tener ninguna continuidad: precisamente la llegada del verdadero mesías, en ese momento y no al cabo de milenios, debe representar esa culminación, en modo alguno una escisión, que es lo que representó el cristianismo.

Algunas tendencias cristianas, desechando la divinidad de Jesús, admiten a este sólo como mesías. Sigue siendo erróneo: no lo era, independientemente de su divinidad o sólo humanidad. Para el judaísmo continúa siendo idolatría: adorar a un dios falso.

Puntos 2, 5-A, 14-B y 14-C.

La profecía de I Crónicas incluye lo mismo que las anteriores que anunciaban el reino eterno, *por siempre*, de David: "*Lo estableceré en mi casa y en mi reino para siempre, y su trono será estable para siempre*". Pero ese reino, repito, fue destruido por los caldeos y nunca más volvió a levantarse. Por tanto, no la puede cumplir nadie, ni Jesús tampoco, por supuesto: en su tiempo ni había reino davídico desde hacía seiscientos años, ni él fue rey. Punto 13.

Otro tanto ocurre con Isaías 42, 1: el siervo de Yahvé es Israel, como se comprobará en la crítica a las profecías de Isaías 40; 53…

Las citas del NT, por supuesto e insistiendo de nuevo, sólo intentan justificarse a sí mismas y logran, eso sí, contradecir los pasajes del AT en los cuales no se encuentra rastro alguno de que el mesías deba ser *Hijo de Dios* o el propio Dios, si acaso *hijo* de Dios, pero en el sentido de como supuestamente lo somos todos:

> "Yahvé lo ha visto y, en su ira, ha desechado a sus hijos y a sus hijas...": Dt 32, 18-20.

> "¿No sois vosotros para mí como hijos de cusitas, oh hijos de Israel? ¿No hice subir a Israel del país de Egipto, como a los filisteos de Caftor y a los arameos de Quir?": Am 9, 7; Is 19, 22-25.

En una de esas citas, a Jesús se le llama Rabí, Maestro, y también en alguna más. Pero, ¿era Jesús Maestro en la Ley judía como para que se le pudiese atribuir ese título? A lo largo de este libro se demuestra que no, que o bien desconocía esa Ley (Toráh), o no la aplicaba, o bien los autores de los textos le hacen decir y hacer cosas contrarias a la misma. No podía ser llamado Rabí porque no lo era, y ello podría ser otro indicio de la impericia sobre judaísmo de los autores del NT: para serlo hay que tener un título, recibir una ordenación, de la que no hay rastro en el NT, aparte de que, entre otras cosas, la soltería no es bien vista en la sociedad judía. Pero no podía serlo más exactamente porque la vida que llevaba no correspondía a la de un verdadero Rabí, *un Maestro judío para los judíos*, nada de su conducta [9] hace presumir que lo fuese, y llamarle así sería, en consecuencia, un fraude, una ilegalidad, incluso una burla.
*Puntos 25, 34, 35 y 36.*

---

[9] La conducta de Jesús de Nazaret, siempre según los textos del NT puesto que no hay otros, está desarrollada en su totalidad en los Tomos V, VI y VII de mi obra mencionada varias veces *La Biblia ante la Biblia...* En los puntos 34, 35 y 36 del presente libro, expongo una parte de esa conducta, pero como comprenderán los lectores, es imposible trasladar aquí más material del que se ofrece en esos Tomos.

## 10.- El Mesías sería descendiente de Boaz y Ruth

Profecía:

"Sea tu casa como la casa de Fares, el hijo de Tamar y Judá, gracias a la descendencia que de esa joven te dé Jehová. Así fue como Booz (Boaz) tomó a Rut y se casó con ella. Se unió a ella, y Jehová permitió que concibiera y diera a luz un hijo. Y las mujeres decían a Noemí: «Alabado sea Jehová, que hizo que no te faltara hoy pariente, cuyo nombre será celebrado en Israel; el cual será restaurador de tu alma, y te sostendrá en tu vejez; pues tu nuera, que te ama, lo ha dado a luz; y ella es de más valor para ti que siete hijos». Tomando Noemí al niño, lo puso en su regazo y lo crió. Y le dieron nombre las vecinas, diciendo: «¡Le ha nacido un hijo a Noemí!» Y le pusieron por nombre Obed. Este fue el padre de Isaí, padre de David.". Ruth 4:12-17.

Cumplimiento:

"... hijo de Jesé, hijo de Obed, hijo de Booz.". Lucas 3, 32; Mateo 1, 5-6.

Conclusión:

Sólo algunas listas contienen este punto, y los pasajes dados por los EC están incompletos, con lo que si no se explica el lector no sabrá a qué atenerse... ¿tal vez no está todo por la serie de incoherencias señaladas a renglón seguido? Con toda seguridad: es uno de los puntos más importantes en los que a esos EC se les vuelven en contra sus propias *pruebas* del mesianismo de Jesús.

El pasaje de Ruth dice: "Sea tu casa como la casa de Fares, el hijo de Tamar y Judá, gracias a la descendencia que de esa joven te dé Jehová. Así fue como Booz tomó a Rut y se casó con ella". El mesías, descendiente de esos personajes.

Veamos qué pasó con los antepasados de Boaz y Ruth (punto 8).

El punto contiene varias incongruencias, de las más importantes del AT, escondidas por los EC, y que no se pueden pasar por alto. Ruego al lector la máxima atención:

Farés, hijo de Tamar y Judá. Este se casó con una cananea (Gn 38, 1ss). Leamos en la página 298 del Tomo I de mi libro *La Biblia ante la Biblia*...:

> BJ, p. 56: Gn 38: "Tradición yahvista relativa a los orígenes de la tribu de Judá. Judá, que vive separado de sus hermanos, *se ha aliado con los cananeos. De su unión con su nuera Tamar* han salido los clanes de Peres (Fares) y de Zéraj. Peres es antepasado de David (Rut 4, 18ss), y por medio de éste, del Mesías (Mt 1, 3; Lc 3, 33). *Así se afirman la mezcla de sangre en Judá* y la diferencia de su destino con el de las otras tribus". Ver más abajo del texto y la Nota 10.
>
> El mesías llevará sangre cananea, por llevarla sus antepasados a partir de Peres (Farés), hijo de Judá. El caso no tendría ningún problema si no fuese porque poco después Yahvé prohibió estos emparejamientos, *Noé había maldecido a los cananeos*, y Esdras y Nehemías cogían monumentales rabietas porque su pueblo santo

> había mezclado su santa sangre con la gentil:
>
>> "No tomes a sus hijas (cananeas) para tus hijos": Ex 34, 16; Gn 24, 3, 9, 37-38; 28, 1; Dt 7, 3; Jos 23, 7; Esd 9-10; Ne 10, 31; 13, 23ss.
>>
>> "¡Maldito sea Canaán...!": Gn 9, 25-27.
>>
>> Esdras 9, 4ss; Nehemías 9-10-13.

Que Yahvé diese los mandamientos ↓ *después* no es una excusa, y encierra cuestiones que sólo se pueden responder por medio de despropósitos: ya Abrahán intentó no mezclarse con cananeos. Abrahán envió a un siervo a tierra de sus parientes, de su hermano Najor, para buscar allí una esposa para su hijo Isaac, con el fin de evitar esa mezcla: Gn 24, 3,9. ¿Por qué si el mandamiento no existía en tiempo de los patriarcas? ¿Por qué no se le dio la Toráh (Nota 19) a Abrahán en lugar de a Moisés cuatrocientos años más tarde? Y recordemos que los habitantes de Sodoma y Gomorra fueron castigados sin haberles sido dada ninguna ley. El hecho encierra otro despropósito: con el fin de no mezclarse con cananeos, se cometió incesto, es decir, todavía peor delito. Ver Nota 22.

La elegida para casarse con Isaac fue Rebeca, su sobrina.

> "Ninguno de vosotros se acercará a una consanguínea": Lv 18, 6.
>
> "No descubrirás la desnudez del hermano de tu padre...": Lv 18, 14.

Pero no fue Isaac el primero en cometer incesto; él mismo era hijo del incesto: su padre y su madre, el propio Abrahán, y Sara, eran hermanos: Gn 12, 11-13.

> "Pero es que, además, es cierto que es hermana mía, hija de mi padre, aunque no de mi madre, y vino a ser mi mujer": Gn 20,12. Los hijos del mismo padre o de la misma madre, son hermanos, no hermanastros. ↓

### Relación incestuosa que Yahvé bendijo...

"Dijo Dios a Abrahán: 'A Saray, tu mujer, no la llamarás más Saray, sino que su nombre será Sara. Yo la bendeciré, y de ella también te daré un hijo. La bendeciré y se convertirá en naciones'": Gn 17, 15-16.

### ... y que después prohibió:

"Ninguno de vosotros se acercará a una parienta suya próxima para descubrir su desnudez... *ni la de su hermana por parte de padre o de madre...*": Lv 18, 6, 9...; 20, 17; Dt 17, 22.

Pero la madeja se va enredando: ¿era Isaac realmente hijo de Abrahán? No, según este pasaje:

"*Yahvé visitó a Sara como había dicho, e hizo por ella lo que había prometido*. Concibió Sara y dio a Abrahán un hijo en su vejez, en el plazo predicho por Dios. Abrahán puso al hijo que le había nacido y que le trajo Sara el nombre de Isaac": Gn 21, 1-3.

Isaac no llevaba los genes de Abrahán, lo cual lo complica todo. El pasaje se asemeja a la concepción de Jesús: interviene la divinidad para la concepción de Isaac.

Una clara conclusión es que, al igual que José con Jesús, Abrahán no es verdaderamente el padre de Isaac, lo cual lleva a la consecuencia principal: es Ismael, y otros, y no Isaac quien lleva la auténtica y verdadera semilla de Abrahán... *la línea por la que debe llegar el mesías, Isaac, no lleva la semilla de Abrahán*. Punto 17.

Nos falta el antepasado más próximo a Judá, su padre: Jacob (Israel), nieto de Abrahán e hijo de Isaac. También cometió incesto: casado con sus sobrinas-primas Lía y Raquel, que a la vez eran también sobrinas de la propia madre de Jacob, Rebeca: Gn 29, 21-30.

"Ninguno de vosotros se acercará a una parienta suya próxima para descubrir su desnudez... ni a una mujer juntamente con su hermana": Lv 18, 6; 18, 18.

Jacob, de su esposa menos amada (Gn 29, 30-31), Lía, tuvo a Judá (Gn 29, 35), hijo, pues, de varias generaciones de incestos.

Como hemos visto antes, Judá engendra a Farés de una cananea (Gn 38, 1ss; 46, 12; I Cro 2, 3), Tamar, por medio de engaños de ella, que además había sido su nuera por dos veces (esposa de Er y Onán, hijos de Judá, ejecutados por Yahvé en extrañas circunstancias), y estaba "en espera" (es decir, no era libre [10]) de casarse con otro hijo (Selá) de Judá, todavía menor de edad: los tres hijos eran de la también cananea Bat Súa (I Cro 2, 3).

"No descubrirás la desnudez de tu nuera": Lv 18, 15.

Farés, por tanto, es medio cananeo por serlo su madre, y heredero de un sin fin de incestos: de él saldrá la línea que lleve al mesías. El hecho tiene su trascendencia porque "la pureza indescriptible de Jesús, descendiente de los *venerables* patriarcas", es uno de los argumentos más apreciados por los pastores, ministros, etc. evangélicos, y porque, bíblicamente, Farés es hijo del pecado.

Pero los problemas no han hecho más que empezar: siguiendo la línea de Farés, llegamos a Salmón (Salmá; Rut 4, 20-21; I Cro 2, 11; Mt 1, 4-5; Lc 3, 33).

"Por medio de Judá y su estancia entre los cananeos, se afirman la mezcla de sangre en Judá y la diferencia de su

---

[10] Tanto es así, que Judá, cuando se entera que Tamar está en cinta y no sabiendo que era él el padre, ordena que sea quemada (Gn 38, 24), "castigándola por adúltera puesto que estaba bajo la autoridad de Judá al estar prometida a su hijo Selá por la ley del levirato: Dt 25, 5; Lv 20, 10...", BJ, p. 57. Pero hay una incongruencia y un anacronismo, prueba de que la redacción de estos documentos fue muy posterior a la época que narran: la ley del levirato no fue dada hasta mucho después de estos supuestos hechos, como indica la misma BJ.

destino con el de las otras tribus", dice la BJ, p. 56, como hemos visto antes.

Consecuentemente, los descendientes de Judá estuvieron conviviendo con los cananeos, puesto que ellos mismos tenían sangre cananea y seguían casándose con mujeres cananeas. Salmón (Salmá) era medio cananeo, o casi del todo puesto que le separaban seis generaciones de Judá: desde ahora nos encontramos con que las leyes de Yahvé ya habían sido dadas.

Y Salmón se casó con Rahab (o Rajab), también cananea, y prostituta en Jericó en tiempos de la invasión de Canaán por parte de las huestes de Josué, que eran las del Señor, la cual ayudó a Josué por medio de mentiras a arrasar Jericó en un baño de sangre ↓ . Jos 2, 1ss; Mt 1, 5. ¿Dejó Rahab la prostitución cuando se casó con Salmón? Ante ese antecedente, ¿podía estar seguro Salmón que los hijos que le diera serían suyos?

Y, por cierto, no es otra Rahab, como podrían creer algunos recelosos: el propio NT contiene pasajes, además del de Mateo, que confirman que es la meretriz de Jericó, lo confirman y la justifican:

> *"Esta extranjera se ha convertido entre los Padres en imagen de la Iglesia"*, llega a decir la BJ, p. 250.
> La LB (La Biblia, Editorial Herder, 1975), p. 241, dice: "Es figura de las naciones gentiles que se convierten". Pero las naciones de Canaán no se convirtieron.
> "Rajab se salvó por su fe": Hb 11, 31, y "... fue justificada *por sus obras*": Sant 2, 25.
> Sus obras fueron ayudar al invasor hebreo a matar a *todos* los habitantes de Jericó, ofreciéndoselos a Yahvé en anatema, es decir, en ofrenda:

> "Yahvé dijo a Josué: "Mira, yo pongo en tus manos a Jericó y a su rey... cuando suene el cuerno de carnero, todo el pueblo *prorrumpirá en un gran alarido* y el muro de la ciudad se vendrá abajo... *La ciudad será consagrada como anatema a Yahvé, con todo lo que haya en ella*; únicamente Rajab, la prostituta, quedará con vida, así como los que con ella estén en su casa"", y las murallas de Jericó se desplomaron y dejaron entrar a las hordas de Yahvé a sangre y fuego: "Y entregaron al anatema, *al filo de la espada*, cuanto había en la ciudad: *hombres y mujeres, niños y ancianos*, y hasta el ganado mayor y menor, y los asnos... luego prendieron fuego a la ciudad con todo lo que contenía... y *Yahvé estuvo con Josué*, cuya fama se extendió por toda la tierra": Jos 6, 2ss.

Tal vez sería lícito preguntar a los EJ si esa traducción es correcta o no. Tal vez, en lugar de asesinar a *todos* los habitantes de Jericó, y de todas las demás ciudades, Josué y sus turbas les regalaron flores, y los cristianos lo han tergiversado con una de sus habituales *malas traducciones.*

De Salmón y Rahab nació Booz (o Boaz), bisabuelo de David, vamos a suponer que hijo legítimo de Salmón.

Llegamos por fin al planteamiento de la profecía de los EC: Booz tuvo a Obed de la moabita Rut (Rut 2, 2,5-7; 4, 10,12ss).

> "No será admitido en la asamblea de Yahvé... ni el amonita ni el moabita, ni aun en la décima generación, nunca jamás": Dt 23, 3-4.

"No buscarás jamás mientras vivas su prosperidad ni su bienestar": Dt 23, 7.

Los moabitas, descendientes de Moab, nacido del incesto de Lot (sobrino de Abrahán) con su hija mayor (Gn 19, 37).

Veamos ahora los descendientes de los protagonistas de este punto planteado por los EC, hasta Josías, rey de Judá, todos antepasados del mesías cristiano: Obed, cananeo, medio o nada hebreo, moabita, padre de Isaí (Jesé), y este padre de David (aunque el padre de rey judío es Quis en I Sam 17, 12).

David, culpable del pecado de adulterio, y asesinato: con centenares de esposas y concubinas, no le pareció suficiente y, después de acostarse con Betsabé y dejarla embarazada, ordenó la muerte del esposo de esta, su general Urías, hitita, y después se desposó con ella. II Sam 11. Betsabé le dará a Salomón, del que debe continuar la línea genealógica del mesías:

"No cometerás adulterio": Ex 20, 14.

"...ni codiciarás la mujer de tu prójimo": Ex 20, 17.

*"Si un hombre comete adulterio con la mujer de su prójimo, serán castigados con la muerte: el adúltero y la adúltera"*: Lv 20, 10ss

*"Los hijos de los adúlteros no alcanzarán la madurez, la descendencia de unión ilegítima desaparecerá"*: Sab 3, 16.

"Así también la mujer que ha sido infiel a su marido y le ha dado como heredero el hijo de otro hombre. Primero, ha desobedecido a la ley del Altísimo, segundo, ha faltado a su marido, tercero, se ha prostituido en adulterio al tener hijos de otro hombre. A ésta la llevarán ante la asamblea, *e investigarán sobre sus hijos. Sus hijos no echarán raíces, sus ramas no darán frutos.* Dejará un recuerdo maldito, y su infamia no se borrará": Ecli 23, 24-27.

De estos dos últimos pasajes, sólo los católicos deben hacer caso pues proceden de los libros de Sabiduría y Eclesiástico, ambos apócrifos para judíos y protestantes.

Pero, estos últimos, por si no habían tenido suficiente con el bloque de Ex 20 y Lv 20, no tienen de qué preocuparse: otros pasajes pueden sustituir a los de Sab y Ecli:

David no era sabio: "La sabiduría... te librará de la mujer ajena": Proverbios 2, 16.

"Los labios de la extraña destilan miel... pero termina siendo amarga como el ajenjo... sus pies se precipitan a la muerte... aleja de ella tu camino... no vayas a entregar tu honor a otros... Por poco llego a la ruina total en medio de la asamblea reunida... ¿Por qué apasionarte de una extraña y caer en brazos de una desconocida... Sus propios delitos atrapan al malvado, preso en las redes de su pecado. Morirá por falta de corrección, por su gran insensatez se perderá": Proverbios 5, 2-23.

"... te protegerán de la mujer perversa... no te dejes seducir por su hermosura... Pues la prostituta se contenta con una hogaza de pan, pero la casada va a la caza de una persona de valía... Igual le sucede al que se acerca a la mujer del prójimo: nadie que la toque quedará impune... Pero el adúltero es un insensato; quien así actúa arruina su vida; tendrá que soportar palos e insultos y no podrá enmendar su infamia": Proverbios 6, 24-33.

David no guardaba los mandatos de Yahvé: "Conserva mis palabras y guarda en tu interior mis mandatos... para que te proteja de la mujer ajena": Proverbios 7, 1,5.

Como vemos en la cita de Lv 20, 10ss, Yahvé no cumplió con su propia ley: debió ejecutar al adúltero y a la adúltera, a David y a Betsabé.

Salomón, hijo de estos. Tuvo mil mujeres a su disposición, entre esposas y concubinas. Se casó con una hija del faraón de Egipto, y amó a muchas otras mujeres extranjeras (I Re 11).

Roboán, hijo y sucesor de Salomón. Hijo de Naamá, amonita (I Re 14, 21; II Cro 12, 13):

"No será admitido en la asamblea de Yahvé... ni el amonita ni el moabita, ni aun en la décima generación, nunca jamás": Dt 23, 3-4.

"No buscarás jamás mientras vivas su prosperidad ni su bienestar": Dt 23, 7.

Los amonitas, descendientes de Ben Amí, nacido del incesto de Lot (sobrino de Abrahán) con su hija menor (Gn 19, 38).

Roboán, adúltero, como su padre y abuelo: una de sus esposas era Maacá, hija de Absalón, la cual le dio a su sucesor, Abías. I Re 15, 2; II Cro 11, 18-22. A tener en cuenta, por no repetirlo cada vez, que los harenes pasaban de rey a rey, de padre a hijo.

Abías, hijo de Roboán. Como hemos visto, su madre era Maacá, hija de Absalón, tercer hijo de David y hermano de Salomón, por tanto tío-abuelo de Abías... siendo Maacá tía de Abías... ¿o la madre de Abías era Micaía, hija de Uriel? II Cro 13, 2.

Asá, hijo de Abías. Su madre era ¡Maacá, hija de Absalón... la madre de su padre, Abías! I Re 15, 10; II Cro 15, 16.

Nada que decir de Josafat, hijo de Asá.

Jorán, hijo de Josafat. Casó con Atalía, hija de Omrí y hermana de Ajab, ambos reyes de Israel, el Reino del Norte. II Re 8, 18; II Cro 21, 6. Mató a todos sus hermanos (II Cro 21, 2-4).

Ocozías, hijo de Jorán y Atalía. II Re 8, 26; II Cro 22, 2. Lamentablemente olvidado por Mateo en su genealogía de Jesús (Mt 1, 8). Asesinado, él, sus hermanos y sus hijos, excepto uno: Joás. Atalía pasó a reinar en su lugar: *seis años sin rey davídico*. II Re 11, 3. ↓

Joás, hijo de Ocozías. También olvidado por Mateo.

Amasías, hijo de Joás. Lo mismo: Mateo se olvidó de tres reyes de Judá.

Ozías, hijo de Amasías. Por fin Mateo encuentra a un rey de Judá: según el evangelista, Ozías era hijo de Jorán, en realidad el padre de su bisabuelo. Mt 1, 8. Punto 12. ¿Mateo era judío? Ozías, a pesar de hacer lo recto a los ojos de Yahvé, este le contagió con lepra.

Jotán, hijo de Ozías. Llamado Joatán por Mateo; deben ser el mismo.

Ajaz, hijo de Jotán. Encontramos por fin al rey judío del tiempo del profeta Isaías y su profecía de 7, 14. Punto 2. Hizo lo malo a los ojos de Yahvé y este envió a los asirios contra él a modo de castigo.

Ezequías, hijo de Ajaz. Destinatario de la profecía de Is 7, 14, en la cual se le anunciaban grandes proyectos (punto 14-C), terminó por someterse a los asirios.

Manasés, hijo de Ezequías. Continuó sometido a los asirios, hizo lo malo a los ojos de Yahvé, tanto que todas las desgracias posteriores de Judá se le achacan a él por haber encendido la cólera de Yahvé: este enviará a los caldeos, no contra el culpable, Manasés, sino contra sus descendientes y todos los judíos. II Re 21, 1-16.

Amón, hijo de Manasés. Tan malo como su padre, murió asesinado.

Y llegamos a Josías, hijo de Amón. Ver punto 12.

Así pues, la propia Biblia nos dice que Jesús de Nazaret, considerado el mesías por los cristianos, es fruto de constantes incestos, descendiente de alguien que no llevaba los genes de Abrahán, medio judío, medio cananeo, medio moabita, medio amonita y que, por tanto, no podría ser admitido en su propia asamblea.

En el Tomo I, páginas 302-303, de *La Biblia ante la Biblia...*, añado unos comentarios. Son los siguientes, entre otros:

> "No deja de asombrarnos *una de las Biblias*, la LB, p. 296, que, en un intento de arreglar las cosas, parece que acaba por conseguir lo contrario: "Rut, de origen moabita, fue la

abuela de David, antepasado de Jesús". Fue su bisabuela. Continúa diciendo: "A pesar del Dt 23, 3-5, la ley no prohibía expresamente tales matrimonios". Los versículos aludidos han salido hace un momento y dicen que los moabitas no pueden ser aceptados *jamás* en la asamblea del Señor. Esto, efectivamente, no prohíbe el matrimonio de un hebreo con una moabita. Sin embargo, parece que reseña sólo ciertas partes del texto: en Is 16, 12-13 se lee: "Y aunque Moab se presente y se canse en los altos, aunque vaya a su templo a orar, no logrará nada. Tal es la palabra pronunciada hace tiempo por el Señor contra Moab. Ahora dice el Señor: En tres años, como los de un jornalero, será humillado el glorioso poderío de Moab, con todo su enorme bullicio, y los que queden serán bien escasos, débiles e impotentes".

La cuestión no es si un hebreo pueda estar casado o no con una moabita: la cuestión es que de esa unión nacerán hijos prohibidos, hijos que no deberían entrar en la asamblea del Señor *jamás*. *Esa Biblia* sigue diciendo, en otro contexto (Ne 13, 7, p. 535): "Tobías era ammonita y, como tal, no podía habitar en el templo". A Tobías, enemigo de Nehemías, se le prohíbe entrar en el Templo por ser ammonita. En los versículos hace poco aludidos de Dt 23, 3-4 se nombra también a los ammonitas, aparte de los moabitas. Ahora sí ve que los ammonitas no pueden entrar en él a pesar de que cuando habla de Rut, que certifica que es amonita, no hace referencia a ello.".

Ver los puntos 1, 7, 8 y 12.

## 11.- DE LA CASA DE DAVID, DE LA LÍNEA DE ISAÍ/JESÉ -EL PADRE DE DAVID-

Profecía:

"He aquí vienen días, dice Jehovah, en que levantaré a David un Retoño justo. Reinará un Rey que obrará con inteligencia y que practicará el derecho y la justicia en la tierra.". Jeremías 23:5.

"Con verdad juró Jehovah a David, y no se apartará de ello: *Del fruto de tu cuerpo* pondré sobre tu trono.". Salmo 132:11.

"Y cuando tus días sean cumplidos, y duermas con tus padres, yo levantaré después de ti a uno de tu linaje, *el cual procederá de tus entrañas, y afirmaré su reino. El edificará casa a mi nombre, y yo afirmaré para siempre el trono de su reino.*". 2 Samuel 7:12-13.

"En aquel día el retoño de Jehovah será hermoso y glorioso, y el fruto de la tierra será el orgullo y el esplendor de los sobrevivientes de Israel. Acontecerá que el que se quede en Sión, como el que sea dejado en Jerusalén, será llamado santo; todos los que estén inscritos para la vida en Jerusalén. Así será cuando el Señor lave la inmundicia de las hijas de Sión, y elimine la sangre de en medio de Jerusalén, con espíritu de juicio y con espíritu consumidor. Entonces sobre todo lugar del monte Sión y sobre sus asambleas, Jehovah creará nube y humo de día, y resplandor de fuego llameante de noche. Porque sobre todos habrá una cubierta de gloria, y habrá de día un cobertizo para dar sombra ante el calor abrasador, y para refugio y protección de la tormenta y del aguacero.". Isaías 4:2-6.

Cumplimiento:

"Al comenzar su ministerio, Jesús tenía como treinta años. El era (según se creía) hijo de José.". Lucas 3:23.

"Hijo de David, hijo de Isaí, hijo de Obed, hijo de Boaz, hijo de Salá, hijo de Najsón.". Lucas 3:32.

"Entonces él gritó diciendo: ¡Jesús, Hijo de David, ten misericordia de mí! Los que iban delante le reprendían para que se callase, pero él clamaba con mayor insistencia: ¡Hijo de David, ten misericordia de mí!". Lucas 18:38-39.

"Libro de la genealogía de Jesucristo, hijo de David, hijo de Abraham.". Mateo 1:1.

"Mientras Jesús pasaba de allí, le siguieron dos ciegos clamando a gritos y diciendo: --¡Ten misericordia de nosotros, hijo de David!". Mateo 9:27. "Entonces una mujer cananea que había salido de aquellas regiones, clamaba diciendo: --¡Señor, Hijo de David, ten misericordia de mí! Mi hija es gravemente atormentada por un demonio.". Mateo 15:22.

"Y he aquí dos ciegos estaban sentados junto al camino, y cuando oyeron que Jesús pasaba, clamaron diciendo: ¡Señor, Hijo de David, ten misericordia de nosotros! La gente les reprendía para que se callasen, pero ellos gritaron aun más fuerte diciendo: --¡Señor, Hijo de David, ten misericordia de nosotros!". Mateo 20:30-31.

"Las multitudes que iban delante de él y las que le seguían aclamaban diciendo: --¡Hosanna al Hijo de David! ¡Bendito el que viene en el nombre del Señor! ¡Hosanna en las alturas!". Mateo 21:9.

"Pero los principales sacerdotes y los escribas se indignaron cuando vieron las maravillas que él hizo, y a los muchachos que le aclamaban en el templo diciendo: --¡Hosanna al Hijo de David!". Mateo 21:15.

"Habiéndose reunido los fariseos, Jesús les preguntó diciendo: ¿Qué pensáis acerca del Cristo? ¿De quién es hijo? Le dijeron: De David. El les dijo: Entonces, ¿cómo es que David, mediante el Espíritu, le llama Señor? Pues dice: Dijo el Señor a mi Señor: "Siéntate a mi diestra hasta que ponga a tus enemigos debajo de tus pies." Pues, si David le llama Señor, ¿cómo es su hijo? Nadie le podía responder palabra, ni nadie se atrevió desde aquel día a preguntarle más.". Mateo 22:41-46.

"Y cuando oyó que era Jesús de Nazaret, comenzó a gritar diciendo: ¡Jesús, hijo de David, ten misericordia de mí! Muchos le regañaban para que se callara, pero él gritaba aun más fuerte: ¡Hijo de David, ten misericordia de mí!". Marcos 10:47-48.

"Después de quitarlo, les levantó por rey a David, de quien dio testimonio diciendo: "He hallado a David hijo de Isaí, hombre conforme a mi corazón, quien hará toda mi voluntad. De la descendencia de David, conforme a la promesa, Dios trajo para Israel un Salvador, Jesús.". Hechos 13:22-23.

"Acerca de su Hijo, nuestro Señor Jesucristo, que era del linaje de David según la carne, que fue declarado Hijo de Dios con poder, según el Espíritu de santidad, por la resurrección de entre los muertos.". Romanos 1:3-4.

"Yo, Jesús, he enviado a mi ángel para daros testimonio de estas cosas para las iglesias. Yo soy la raíz y el linaje de David, la estrella resplandeciente de la mañana." (Apocalipsis 22:16.)

"Porque es evidente que nuestro Señor nació de la tribu de Judá, sobre la cual Moisés no dijo nada en cuanto al sacerdocio.". Hebreos 7:14.

Conclusión:

"Reinará un Rey que obrará con inteligencia y que practicará el derecho y la justicia en la tierra". ¿Cuándo cumplió esto Jesús? El galileo no podía ser el retoño anunciado por Isaías y Jeremías: ¿cuándo fue rey? ¿Cuándo practicó el derecho y la justicia en la Tierra? ¿Parusía? No, gracias. Punto 1.

El mesías debe ser descendiente directo, *del fruto de tus entrañas*, de David, en efecto. ¿Cómo pudo serlo Jesús si José no era su padre? ¿Cómo pudo serlo Jesús incluso si José hubiese sido su padre, carpintero y no rey? *¡Los cumplimientos contradicen los anuncios!*

Ver puntos 1, 11, 27, 36, 71-A, y el siguiente.

## 12.- El Mesías sería descendiente de Zorobabel

Profecía:

"En aquel día, dice Jehová de los ejércitos, *te tomaré*, Zorobabel, hijo de Salatiel, siervo mío, dice Jehová, y te pondré como anillo de sellar, *porque yo te he escogido*.". Hageo 2:23.

Cumplimiento:

"... Jeconías engendró a Salatiel, y Salatiel a Zorobabel. Zorobabel engendró a Sadoc, Sadoc a Aquim, y Aquim a Eliud...". Mateo 1:12ss.

Esta genealogía dada por los EC evangélicos es errónea. El texto de Mateo 1, 11-18 en la BJ dice: "Josías engendró a Jeconías y a sus hermanos, cuando a la deportación a Babilonia. Después de la deportación a Babilonia, Jeconías engendró a Salatiel, Salatiel engendró a Zorobabel, *Zorobabel engendró a Abiud, Abiud engendró a Elequín, Elequín engendró a Azor, Azor engendró a Sadoc, Sadoc engendró a Ajín, Ajín engendró a Eliud*, Eliud engendró a Eleazar, Eleazar engendró a Matán, Matán engendró a Jacob, y Jacob engendró a José, el esposo de María".

La lista de los EC se salta las líneas en itálicas, convirtiendo a Sadoc en hijo de Zorobabel cuando era hijo de su biznieto, según Mateo.

> Aclaro que las Biblias protestantes más importantes (las Reina-Valera, de diferentes años, la Biblia de las Américas...) traducen lo mismo que la BJ, y no sé exactamente de dónde se sacaron los EC la versión que dan. No obstante, ese error no es lo más importante del punto que tratamos.

"... hijo de Joana, hijo de Resa, hijo de Zorobabel, hijo de Salatiel, hijo de Neri, hijo de Melqui...". Lucas 3:23-28.

Conclusión:

Uno de los fraudes más notables, tanto que sólo figura en una lista.

Pero, ¿qué pasó desde David, punto anterior, hasta Zorobabel?
Vamos por partes:
Según Mateo, Jesús era descendiente de Salomón, hijo de David, que reinó; según Lucas, de Natán, otro hijo de David (II Sam 5, 14), que no reinó, lo cual es irreconciliable ↓, no sólo entre Mateo y Lucas sino también con el AT: sólo tendría posibilidades el pasaje de Mateo puesto que, aunque con errores de bulto ↓, al menos en un principio sigue la línea real davídica: Salomón, Roboán..., que es la que debe seguir el mesías. Por su parte, Lucas indica a Natán, Matatá... que no reinaron, y empieza con unos datos sospechosos: "Tenía Jesús, al comenzar, *unos* treinta años. *Se creía* que era hijo de José...": Lc 3, 23. ¿Unos? ¿Se creía? ¿Lucas no lo sabía? ¿Quién le informaba?

Mateo da su genealogía empezando por Abrahán, hasta José. Lucas lo hace al revés: empieza por José y termina con Yahvé mismo. Los dos nombran a José; de María no dicen nada ni el uno ni el otro, pero no sólo no coinciden a partir de Salomón-Natán, sino que tampoco concuerdan con el final: según Mateo, el padre de José era Jacob; según Lucas, un tal Helí... ni en el principio, ni en el final, ni en el resto.

Mateo y Lucas tampoco coinciden exactamente con los descendientes de Judá hasta Jesé, padre de David, y la inclusión de Zorobabel (Nota 15) *en las dos genealogías* de Jesús es espectacular, superando el disparate: si Mateo parte de Salomón y Lucas de Natán, nunca podría estar Zorobabel en las dos genealogías, si acaso sólo en la que da Mateo. En la de este, leemos: "… Jeconías, Salatiel. Zorobabel, Abiud…". En la de Lucas: "Nerí, Salatiel, Zorobabel, Resá…". Siendo supuestamente Zorobabel descendiente de los reyes judíos (Jeconías), ¿quién es el Nerí de Lucas que ocupa el lugar del Jeconías de Mateo? ¿Por dónde sigue después la genealogía que lleva al mesías? ¿Por Abiud o por Resá? Ver punto 10.

Ante tales discrepancias, algunos EC argumentan que Lucas da la genealogía de Jesús a través de su madre, María. Pero la excusa es insostenible: aparte de que Lucas nombra a José y no aparece María por ninguna parte, el linaje sólo se puede transmitir por línea paterna, y tal excusa sólo demuestra bien la inopia de quien la exponga, bien que quien la expone espera encontrar ignorancia bíblica en quien le escucha.

> "Haced el censo de toda la comunidad de los israelitas, por clanes y por familias, contando los nombres de todos los varones, uno por uno": Núm 1, 2.
>
> "… y reunieron a toda la congregación el día primero del mes segundo. Entonces fueron registrados por familias y según las casas de sus padres, anotando uno por uno los nombres de los de veinte años para arriba.": Núm 1, 18. Traducción de la Reina-Varela 1995. La BJ es más desleal al hebreo, escondiendo (¿a propósito?) que la línea de una genealogía judía es sólo por línea paterna y que a ningún judío se le ocurriría darla por línea materna: "La gente

fue registrada por clanes y familias, anotando uno por uno...". Por el contrario, la VL es más fiel: "Y congregaron toda la multitud el primer día del mes segundo, haciendo su alistamiento por linajes, por casas, por familias, *y cabezas*, tomando el nombre...". Por su parte, el hebreo dice: "...Y se registraron según sus clanes *y sus casas paternas*, conforme a la lista de los nombres, uno por uno...".

"Saldrá un vástago del tronco de Jesé": Is 11, 1. Jesé, *padre* de David ↓ .

Una vez más, los autores del NT exteriorizan su desconocimiento de las costumbres judías: la genealogía de Lucas no sirve, es falsa, tanto si se refiere a José como a María, de ninguna manera puede ser la del mesías. Esa ignorancia es muy grave, suponiendo que sea sólo ignorancia.

Precisando:

El mesías debe ser descendiente del rey judío David, vía su hijo Salomón, siempre por medio de la corona real, es decir, rey del trono davídico.

El padre de un niño judío le transmite el linaje, no la madre.

El linaje de la madre no cuenta.

Los niños adoptados no heredan el linaje, la sangre, del padre: este es sólo su padre adoptivo, putativo.

Consecuentemente, para que un varón de la tribu de Judá fuese descendiente de David, primero había de ser hijo biológico de su padre (no adoptivo), condición que por sí sola no prueba la realeza del individuo: había de descender de hijos *biológicos* de David que reinaron en Judá. Por tanto, la genealogía que da Lucas no sirve de nada: parte de una línea de descendientes de David que no reinó, la de Natán y no la de Salomón, y no podía dar la genealogía de María porque sólo es válida la del padre.

La propia narración del NT dice que José no era el padre de Jesús.

E incluso siéndolo, tenemos que la línea davídica real que da Mateo, además de errónea, estaba maldita por Yahvé: Mateo sigue la línea de Jeconías, pero ningún descendiente suyo podía sentarse en el trono de Israel ↓ y, en consecuencia, ninguno puede ser el mesías. Esto, ni más ni menos, convierte a Jesús en algo así como *maldito para el judaísmo y maldito para Yahvé*, es decir, en idolatría, precisamente lo que argumentan los EJ.

Por si algún lector lo desea ver aún más claro:

En el punto anterior hemos visto detalles de cada rey: David, Salomón, Roboán, Abías, Asá, Josafat, Jorán, Ocozías, (Atalía), Joás, Amasías, Ozías, Jotán, Ajaz, Ezequías, Manasés, Amón, Josías, genealogía real davídica y con la que, como ya he dicho, no concuerda la de Mateo. Hijos de Josías:

> Juan (llamado también Johanan o Jojanán, y también Joacaz en varios manuscritos),
> Joaquín [11] (Eliaquín),

---

[11] Hay que ir con sumo cuidado con estos nombres: a esos reyes se les conocía por varios apodos, y no todas las Biblias coinciden al nombrarlos: en algunas encontraremos que a Joaquín, hijo de Josías, se le llama Joaquim; a Jeconías, hijo de Joaquín, también se le llama tanto Joaquín como Joaquím. Para no confundirnos, en el presente libro siempre son nombrados de la siguiente manera: Josías, Joaquín, su segundo hijo, y

Sedecías (Sedequías, Matatias, Matanías) y Salún [12] (Salúm). I Cro 3, 15.

Con el rey Josías llega el problema de la sucesión en el trono de David, aunque antes ya hubo un vacío antiprofético de seis años entre Ocozías y Joás, desconocidos por el inspirado Mateo, vacío ocupado por la madre del primero, Atalía. ↑

Para la genealogía del mesías sólo interesa Joaquín, según los EJ. Veamos:

- Juan, más conocido por Joacaz [13], fue llevado preso a Egipto por el faraón Necó, que había matado a su padre, Josías (punto 57). Murió en Egipto, continuando la dinastía davídica Eliaquín, su hermano. II Re 23, 31ss; II Cro 36, 1ss. ¿Por qué no continuó la dinastía por medio de un hijo del rey, de Joacaz, como había pasado siempre desde Salomón? Se supone que porque no tenía, habrían muerto o porque el faraón Necó lo decidió así (II Re 23, 34): los textos no dicen que tuviese, y Necó designó rey a Eliaquín, cambiándole el nombre por Joaquín. Pero, ¿un rey de veintitrés años no tenía descendientes? Poco probable, más

---

Jeconías, hijo de Joaquín y nieto de Josías.

[12] Este Salún no tiene relación con el del mismo nombre de II Reyes 15: éste fue rey de Israel, el Reino del Norte. Tampoco con el de 22, 14, un subalterno, así como tampoco con los de I Crónicas 2, 40-41; 4, 25; 5, 38-39; 7, 13; 9, 17,31; Esd 2, 42; 7, 2; 10, 24,42; Ne 3, 12,15; 7, 45; Jer 32, 7; 35, 4.

[13] Joacaz, primer hijo de Josías, ambos reyes de Judá, y hermano mayor de Joaquín y Sedecías. No confundir con el otro Joacaz, también rey, pero de Israel: II Reyes 13. Tampoco tiene que ver nada con el Joacaz mencionado en II Crónicas 34, 8.

teniendo en cuenta que los reyes heredaban los harenes de sus antecesores. II Samuel 3, 7; BJ, p. 354. ↓

• Joaquín falleció en Jerusalén (II Reyes 24, 6; Jer 22, 19)... ¿o fue llevado a Babilonia donde murió? (II Crónicas 36, 6). Subió al trono su hijo Jeconías.

• Jeconías, el maldecido por Yahvé como veremos más abajo del texto, fue sucedido en el trono por su tío Sedecías, hermano de Joaquín, cuando Jeconías fue deportado a Babilonia por el rey caldeo Nabucodonosor II. Sedecías fue también exiliado a Babilonia, después de que los caldeos le arrancaran los ojos y degollaran a todos sus hijos si bien, aunque hubiese quedado alguno con vida, que no consta en ninguna parte, no podrían optar legítimamente al trono davídico puesto que la línea sucesoria legal correspondía a Jeconías, todavía vivo en Babilonia. Pero, ¿por qué le relevó en el trono un tío suyo en lugar de un hijo? Se supone que porque no tenía hijos... o porque el rey caldeo Nabucodonosor II designó a su tío a dedo (II Re 24, 17), algo así como había hecho Necó antes con Joaquín. Según II Re 24, 8, Jeconías tenía 18 años cuando empezó a reinar, y lo hizo durante 3 meses. Para un rey, siempre pendiente de tener dispuesta la sucesión y de la espada de Damocles en la cabeza, 18 años eran muchos años, suficientes como para haber tenido ya descendientes: ¿no tenía hijos cuando fue deportado a Babilonia? Los textos no los nombran, pero es poco probable que aún no tuviese ninguno: tenía mujeres (II

Reyes 24, 15), el harén mencionado antes ↓, y no había TV ni PlayStation... claro que si hacemos caso a II Crónicas 36, 9, no tenía 18 años sino sólo 8, y entonces sí que es difícil que tuviese hijos por muchas mujeres que hubiesen en su harén. El contexto, si es así, mostraría a un Yahvé maldiciendo a perpetuidad a un niño por su maldad.

- La lista del linaje de Jeconías de I Crónicas 3 es postexílica.
- Salún: según otros pasajes, no era ningún hijo de Josías sino otro apodo de Joacaz: Jer 22, 11; EB (*Enciclopedia de la Biblia*, Ed. Aguado, 1968), página 156. Sin embargo, algunos EJ opinan que era un apodo de Jeconías, y aún otros, que lo era de Sedecías. El caso es que no era otro hijo de Josías como dice I Cro 3, 15. Su paralelo II Cro 36 no nombra a ningún Salún.
- Sólo quedarían con vida los supuestos hijos de Jeconías, deportado a Babilonia, único rey del que podía seguir la línea davídica: pero la maldición de Yahvé impide que un descendiente suyo, suponiendo que los hubiera, suba al trono davídico.
- ¿Entonces? Evidentemente, no sirve la genealogía de Mateo, pero tampoco otra cualquiera que proceda de Jeconías (y sólo podría proceder de ese rey): a esta cuestión, los EJ sólo tienen una respuesta, una nueva evasiva (ver punto 1): "Es cierto, hay pasajes en que Yahvé niega a los descendientes de Jeconías el honor de sentarse en el trono de David, nunca jamás ninguno de ellos podrá hacerlo:

Jeremías 22, 24-30; 36, 30. Pero también es cierto que hay otros pasajes que dicen "... *no apartaré de él* [de Salomón y su descendencia] *mi amor*, como lo aparté de Saúl, a quien quité de delante de mí. *Tu casa y tu reino permanecerán para siempre ante ti; tu trono estará firme, eternamente*": II Samuel 7, 12-16; "... daré a su hijo [Roboán] una tribu [Judá] para que a David mi siervo le quede siempre una lámpara en mi presencia en Jerusalén...": I Reyes 11, 30-39; "He fundado tu estirpe para siempre, he erigido tu trono de edad en edad": Salmo 89, 4-5,29-30; 18, 51; "Yahvé ha jurado a David, verdad que no retractará: Un fruto de tu seno sentaré en tu trono": Salmo 132, 11; ó "Mirad que vienen días en que confirmaré la buena palabra que dije a la casa de Israel y a la casa de Judá. En aquellos días y en aquella sazón haré brotar para David un Germen justo, que practicará el derecho y la justicia en la tierra... No le faltará a David quien se siente en el trono de la casa de Israel": Jeremías 33, 14-17. Véase también Zc 4, 1-14; 6, 13. En estas citas, entre otras similares, se basan para la esperanza: pero no hacen otra cosa que contradecir las anteriores, y lo de "vienen días" y "en aquellos días", tiene su chiste: escritos de hace muchos siglos, bastante más de dos mil años. En otras palabras: tampoco tienen argumentos ni pruebas coherentes para justificar esa esperanza. Sobre ella, ver la Nota 25. Para redondear el problema, la BJ, p. 1211, dice que ese pasaje del libro de Jeremías... no es de Jeremías: ¿alguien añadió lo que estimó conveniente para el beneficio del pueblo judío, es decir, para que continuase esa esperanza? ¿Será verdad, o es una *mala interpretación* cristiana?

• Pero nos encontramos con otro posible problema: retomando el caso de la sucesión, por dos veces (Joacaz y Jeconías), los reyes de Judá no fueron hijos del antecesor: hemos visto que a Joacaz le relevó no un hijo sino un hermano, y a Jeconías, un tío. Son los únicos casos: desde David, y exceptuando el caso de Atalía, siempre un hijo había reemplazado a su padre en el trono davídico. ¿Podría ser suficiente como para que la dinastía se truncase y no se cumpliese la profecía de II Samuel 7? Lo más sospechoso es que ningún rabino o EJ, que yo sepa, dice una palabra sobre el particular.

Pero poco importa si los últimos reyes de Judá tuvieron o no descendencia porque el caso principal es que, habiéndola o no, no continuó el reino ni hubo rey, y Jeremías profetizó de Jeconías que no tendría hijos que se sentasen en el trono de David...

"Por mi vida -oráculo de Yahvé-, aunque fuese Jeconías, el hijo de Joaquín, rey de Judá, un sello en mi mano diestra, de allí lo arrancaría. Yo te pondré en manos de los que buscan tu muerte, y en manos de los que te atemorizan: en manos de Nabucodonosor, rey de Babilonia, y en manos de los caldeos; y te arrojaré a ti y a la madre que te engendró a otra tierra donde no habéis nacido, *y allí moriréis*. Pero a la tierra a donde anhelan volver, *no volverán*. ¿Es algún trasto despreciable, roto, este individuo, Jeconías?; ¿quizá un objeto sin interés? Pues entonces, ¿por qué han sido arrojados *él y su prole*, y echados a una tierra, que no conocían? ¡Tierra, tierra, tierra!, oye la palabra de Yahvé. Así dice Yahvé: Inscribid a este hombre: *"Un sin hijos, un fracasado en la vida"; porque ninguno de su descendencia tendrá la suerte de sentarse en el trono de David y de ser jamás señor en Judá"*. Jeremías 22, 24-30.

"Por tanto, así dice Yahvé a propósito de Joaquín, rey de Judá: No tendrá quien le suceda en el trono de David y su propio cadáver yacerá tirado, expuesto al calor del día y al frío de la noche. Yo castigaré sus culpas y las de su linaje y sus siervos, y traeré sobre ellos y sobre todos los habitantes de Jerusalén y los hombres de Judá todo el mal que les dije, sin que hicieran caso": Jeremías 36, 30-31.

Este pasaje encierra otro error o falsa profecía, como se prefiera: se refiere a Joaquín (versículo 1 del pasaje), pero este sí tuvo un hijo que le sucedió en el trono: Jeconías. Por cierto: Yahvé es quien traerá el mal.

Por ende, las profecías de *reino eterno* y *rey para siempre* no se cumplieron. El hecho conlleva a que el reino no debía suprimirse, y se suprimió.

Y ese es el dato más importante para comprobar los errores de las genealogías de Jesús: la única que tenía posibilidad, la de Mateo, incluye a Jeconías como su antecesor (Mt 1, 12), ¡del que ninguno de sus hijos podría sentarse en el trono de David! El hecho demuestra una vez más el escaso conocimiento del judaísmo que tenían los autores del NT, y que tienen los EC que se atreven a mostrar en sus listas pasajes que se les vuelven en contra: ¿para qué continúa Mateo su lista después de Jeconías? ¿No sabía que las personas que iba poniendo no reinaron? ¿No sabía que no había ningún reino davídico en Judea desde hacía 600 años? Es más, ¿Mateo no sabía que Jeconías era nieto de Josías y no su hijo? Mt 1, 11.

Vemos en este punto que según el profeta Ageo [Hageo], y Zacarías, Yahvé había escogido a Zorobabel, a la vuelta del exilio de Babilonia, para cumplir en él las profecías...

> "Yahvé dirigió la palabra por segunda vez a Ageo, el día veinticuatro del mes, en estos términos: Habla a Zorobabel, gobernador de Judá y dile: Voy a sacudir los cielos y la tierra. Volcaré los tronos de los reyes y destruiré el poder de los reinos paganos, volcaré los carros de guerra con sus aurigas, y serán abatidos caballos y caballeros, cada uno por la espada de camarada. Aquel día –oráculo de Yahvé Sebaot- te tomaré a ti, Zorobabel, hijo de Sealtiel, siervo mío –oráculo de Yahvé- y te haré mi anillo de sello, pues tú eres mi elegido, oráculo de Yahvé Sebaot": Ageo 2, 20-23.
>
> "Aquel día tomaré a Zorobabel", no otro día: por lo tanto, si Zorobabel no fue tomado ningún día, la profecía es falsa. Punto 39.
>
> Zacarías va más lejos y hasta corona a Zorobabel: "... tomas la plata y el oro, haces una corona, la pones en la cabeza *del sumo sacerdote Josué, hijo de Josadac*, y le hablas de esta manera: Así dice Yahvé Sebaot: Éste es el hombre llamado Germen [14] : debajo de él habrá germinación (y edificará el templo de Yahvé). Él edificará el templo de Yahvé; *llevará las insignias reales,*

---

[14] Germen, designación del mesías, llegará a ser nombre propio en esos pasajes de Zacarías. Ver Jeremías 23, 5, e Isaías 4, 2.

*y se sentará dominador en su trono*; habrá un sacerdote a su derecha, y un consejo de paz entre ambos...": Zacarías 6, 9-15.

El pasaje encierra, por añadidura, una prueba de los amaños a que han estado sometidos los textos, a conveniencia de quien dominaba en el momento determinado: el texto original diría primitivamente el nombre de Zorobabel, en lugar de "sumo sacerdote Josué", "a causa de la promoción del sacerdocio en Jerusalén", es decir, a causa de que los sacerdotes quisieron llevarse los loores para sí cambiándolo una vez Zorobabel desapareció sin haber cumplido nada y eran ellos los que tenían el gobierno en Judá. Así lo exponen también la BJ, p. 1392, y la Reina-Valera 1995.

Como demuestra la historia, todo falso: la profecía no se cumplió, nadie reinó en Judá. Y como demuestra el texto, los sacerdotes que amañaron el pasaje no eliminaron las pruebas a favor de Zorobabel y en contra de su sacerdote Josué: los versículos 12-15 demuestran que se refería a Zorobabel y no a un sacerdote: Zc 4, 6b-10, mientras que en el pasaje de 3, 8, el Germen se diferencia de los sacerdotes. Ag 2, 23.

... pero el supuesto nieto de Jeconías pasó sin pena ni gloria: ni se cumplió lo que anunció Yahvé de sacudida de los cielos y la Tierra, ni la destrucción de los tronos reales, ni se cumplieron en Zorobabel las promesas mesiánicas, *puesto que a él escogió y no a un descendiente*; a él había de tomar, y no lo tomó, si bien es difícil entender cómo había de tomarlo si ni Yahvé tomó medidas para restaurar el reino, ni Zorobabel reinó (fue gobernador de Judá, subordinado a los persas: Ag 1, 1,14; 2, 2,21), a pesar de la falacia de Zacarías: el anuncio de este punto 12 dice *que el mesías sería descendiente de Zorobabel, pero no es lo que anuncia la profecía de Ageo*, es decir, el propio anuncio de este punto es una falsedad: el elegido era Zorobabel y no un descendiente.

Los cumplimientos del NT sólo advierten que Zorobabel fue hijo de tal o cual, pero ni una palabra de que reinase ni él ni un descendiente suyo, precisamente porque no reinó y su supuesto linaje se perdió en la oscuridad. Ver el Tomo II, II.2.7, sección dedicada a Esdras en *La Biblia ante la Biblia...* para más información sobre Zorobabel.

En segundo lugar tenemos una espectacular contradicción en las genealogías escritas por Mateo y Lucas, a partir del hijo de David que llevaría al mesías, pero también en el punto fundamental de Zorobabel: gracias a las genealogías contradictorias, *no complementarias*, de Jesús según Mateo y Lucas, ahora tenemos que hacer de adivinos: ¿Quién era el padre de Zorobabel? ¿Y su ascendencia? ¿Y su descendencia? ¿Su abuelo era Jeconías o Nerí? ¿Su hijo era Abiud (¿Sadoc?) o Resá?

Y la verdad es que nada de todo eso, sino todo lo contrario: Zorobabel no era hijo de Sealtiel, sino sobrino, hijo de Pedayas, un hermano de Sealtiel:

> "Hijos de Jeconías, *el cautivo*: *Sealtiel*, Malkirán, *Pedayas*, Senasar... *Hijos de Pedayas*: *Zorobabel*...": I Crónicas 3, 17-18.

Ante semejante caos, nada menos que de la genealogía del proclamado como mesías, se debería ir a los pasajes del AT donde diesen la genealogía auténtica de Jeconías... pero nos encontramos con dos problemas: 1.- Sólo tenemos la anterior de Crónicas, sin trascendencia alguna: el triste halo de Zorobabel, por cierto, de nombre persa [15] lo mismo que otros que

---

[15] Zorobabel, "retoño de Babel", es decir, "hijo de Babilonia", extraño nombre, persa y no hebreo, para poner al, nada menos, nieto del rey judío Jeconías, y el que debía recibir la unción de Yahvé por ser su elegido, según los profetas Ageo y Zacarías, los cuales no acertaron en sus vaticinios.

supuestamente regresaron de Babilonia, se pierde en los pasajes del AT, no encontrando rastro de ella en la posteridad ↓ ; 2.- Aunque existiesen descendientes notables de Zorobabel, no serviría de nada puesto que hemos quedado que ningún descendiente de Jeconías podía sentarse en el trono de Judá, según la decisión del propio Yahvé en la profecía de Jeremías, por lo que ninguno de sus descendientes puede ser el mesías. Consecuentemente, ¿de qué sirven las genealogías dadas por Mateo y Lucas si ningún descendiente de Zorobabel podía ser rey de Israel, sea hijo de Sealtiel o su sobrino, sea su hijo Abiud o Resá? Por cierto, ¿Abiud? ¿Mateo nombra a un tal Abiud? Así es: "Zorobabel engendró a Abiud". ¿Cuál Abiud? Veamos la nula notoriedad de la descendencia de Zorobabel mostrada en el AT, siguiendo el mismo pasaje anterior de Crónicas:

> "Hijos de Pedayas: Zorobabel y Semei. Hijos de Zorobabel: Mesulán, Jananías y Selomit, hermana de ellos…": I Crónicas 3, 19.
>
> ¿Qué pasó con Abiud? ¿Dónde está ese hijo de Zorobabel, cuyo nombre no aparece ni siquiera entre sus nietos ni biznietos?
>
> El descendiente de Zorobabel por el que se debe llegar al mesías, según Mateo… no existió.

Los EJ insisten sobre el error de Mateo, a todas luces no importante sino trascendental: Zorobabel fue sobrino de Sealtiel y no su hijo, como afirma ¿el judío? Mateo. Pero nos encontramos con que en los textos judíos también existe ese error: "… a Zorobabel, hijo de Sealtiel": Esdras 3, 2; 5, 2; Ageo 1, 1,12.14.

También insisten sobre otro de los crasos errores de Mateo: no existe la línea genealogía que da para llegar al mesías… pero, ¿existe alguna? Ellos la desconocen.

Ver los puntos 1, 7, 39.

## 13.- Sería rey

*Heredero del trono de David*, añaden algunas listas.

A)

Profecía:

"Lo dilatado de su imperio y la paz no tendrán límite, sobre el trono de David y de su reino, confirmándolo en juicio y en justicia desde ahora y para siempre. El celo de Jehová de los ejércitos hará esto". Isaías 9, 7; ¿Daniel 2, 44-45; 7, 13-14?

"¡Yo he instalado a mi rey en Sión, mi monte santo!". Salmo 2:6.

"He aquí vienen días, dice Jehovah, en que levantaré a David un Retoño justo. Reinará un Rey que obrará con inteligencia y que practicará el derecho y la justicia en la tierra.". Jeremías 23:5.

"¡Alégrate mucho, oh hija de Sión! ¡Da voces de júbilo, oh hija de Jerusalén! He aquí, tu rey viene a ti, justo y victorioso, humilde y montado sobre un asno, sobre un borriquillo, hijo de asna.". Zacarías 9:9.

Cumplimiento:

"Le dijo entonces Pilatos: ¿Luego, eres tú, Rey?, respondió Jesús: Tú dices que yo soy Rey. Yo para esto he nacido, y para esto he venido al mundo, para dar testimonio a la verdad. Todo aquel que es de la verdad, oye mi voz". Juan 18, 37.

"Pusieron sobre su cabeza su acusación escrita: ESTE ES JESÚS, EL REY DE LOS JUDÍOS.". Mateo 27:37.

"Decid a la hija de Sión: "He aquí tu Rey viene a ti, manso y sentado sobre una asna y sobre un borriquillo, hijo de bestia de carga". Mateo 21:5.

"Jesús será grande, y será llamado Hijo del Altísimo. El Señor Dios le dará el trono de David, su padre; reinará sobre la casa de Jacob para siempre y su Reino no tendrá fin.". Lucas 1:32-33.

Conclusión:

En efecto: el mesías debe ser rey, pero rey auténtico de un reino verdadero y terrenal, de la dinastía davídica.

Jesús no fue rey ni tuvo reino alguno: si acaso, fue víctima de escarnio y burla con corona de espinas incluida, y anunciando que su reino no era de este mundo cuando el reino del auténtico mesías sí debe ser un reino de este mundo: ¿cuándo la paz sin límite anunciada por Isaías en el versículo que muestran los EC? ¿Cuándo fue llamado Jesús *Hijo del Altísimo*? ¿Cuándo le fue dado el trono de David? ¿Desde cuándo reina en la casa de Jacob, para siempre? ¿Cuándo empezó ese reinado, que no tendría fin? ¿Dónde está? Pienso que no es necesario recordar lo de la Parusía del punto 1; sería demasiado repetitivo.

Es más, el verdadero mesías debe estar casado y tener hijos para poder continuar el reino davídico. Ez 46, 16-17. Nada se le puede aplicar a Jesús según los textos del NT.

En 9, 6-7, Isaías se refiere a Salomón.

El pasaje de Juan demuestra claramente que Jesús no era el mesías: este no debe venir a dar testimonio de la "verdad" que anuncia el NT.

Con Mateo 27, 37 se intenta demostrar que Jesús era rey de los judíos: pero la cita demuestra que la inscripción fue puesta en la cruz precisamente como mofa porque no lo fue.

El pasaje de Zacarías anuncia a un rey-héroe: justo y victorioso. Con el fin de darle cumplimiento en Jesús, Mateo dice que Jesús era rey, lo cual no es cierto, y que era manso. ¿Cuándo fue victorioso Jesús? El rey-mesías anunciado por los profetas puede ser humilde, pero no se le puede aplicar lo de manso: debe venir a implantar el reino de Yahvé *en la Tierra*, y no precisamente regalando flores:

> "... Si me lo pides, te daré en herencia las naciones, en propiedad la inmensidad de la tierra; *los machacarás con cetro de hierro, los pulverizarás como vasija de barro*": Salmo 2, 8-9. BJ, p. 679: "Se presenta aquí al Rey-Mesías en su *papel tradicional* de guerrero".

La conclusión es que lo que los profetas judíos *anunciaron fue la llegada de un mesías-caudillo triunfante, y no de un sufriente redentor-profeta-sacerdote-Dios, que es como se proclama a Jesús.*

Por otra parte, la cita de Zacarías está sacada de contexto en la que, aunque se refiriese al mesías esperado, no hay nada que aplicar a Jesús. Contexto completo, que es lo que evitan los EC:

> "Acamparé junto a mi Casa como guardia contra quien pasa o quien viene; no pasará junto a ellos el opresor, porque ahora vigilo con mis ojos. ¡Exulta sin freno, Sión, grita de alegría, Jerusalén! Que viene a ti tu rey: justo y victorioso, humilde y montado en un asno, en una cría de asna. Suprimirá los carros de Efraín y los caballos de Jerusalén; será suprimido el arco de guerra, y él proclamará la paz a las naciones. Su dominio alcanzará de mar a mar, desde el Río al confín de la tierra. Por la sangre de tu alianza, libraré a tus cautivos de la fosa vacía, sin agua. Volved a la fortaleza, cautivos

de la esperanza; hoy mismo, os lo anuncio, el doble te he de devolver. *He tensado como un arco a Judá, lo he cargado con las flechas de Efraín. Voy a incitar a tus hijos, Sión, contra tus hijos, Yaván ↓ , te transformaré en espada de guerrero. Yahvé aparecerá junto a ellos, saldrán como relámpagos sus flechas*; (el Señor) Yahvé tocará el cuerno y avanzará en los torbellinos del sur...". Zacarías 9, 8ss.

Los evangelistas sesgan los escritos judíos y sólo contemplan frases sueltas sin tener en cuenta el contexto: ¿cuándo suprimió Jesús los carros de Efraín y los caballos de Jerusalén? ¿Cuándo suprimió el arco de guerra y proclamó la paz a las naciones? El texto, según algunos EJ, no se refiere al mesías esperado, evidentemente. ↓

Mateo (21, 2,7) ni siquiera es capaz de entender correctamente las palabras de Zacarías, dándoles una correlación que no es exacta: Zacarías no señaló a ese "rey" como "Rey", es decir, habló de *un rey* y no *del rey*, diciendo de él que sería victorioso, evento que no se puede aplicar a Jesús: Mt 21, 3-5.

Yaván: hijo de Jafet (Gn 10, 2-4), es decir, los griegos: "A partir de éstos se poblaron las islas de las gentes", dice el versículo 5.

Como en otros muchos pasajes, el presente se basa en mitología y "adaptaciones", aplicando a Yahvé gestas de otras culturas, hecho que, naturalmente, no explican ni judíos (¿no lo saben?) ni "Ministros" evangélicos. Pero la BJ, p. 1394-5, sí explica este clamoroso fraude: "El oráculo de Zc 9 alude a una conquista (probablemente la acción de Alejandro Magno después de Issos, 333), *interpretada como una acción de Yahvé* y que preludiará la era mesiánica", añadiendo: "Yaván, los griegos. El imperio persa se derrumbó entonces bajo los golpes de Alejandro". Es decir, está describiendo una época posterior a

Zacarías en unos 200 años, y falsificando un hecho histórico. Muy grave.

Los israelitas nunca dominaron a los griegos, ni siquiera con la ayuda prometida por Yahvé en ese pasaje, con lo que se quedó sin tocar el cuerno ni avanzar en los torbellinos del sur: todo fue un invento del autor que, por cierto, no era el profeta Zacarías. Debo dar de nuevo las gracias a los incalificables EC por ofrecer la oportunidad de enunciar la auténtica verdad, y también a la BJ por su, en algunas ocasiones, honestidad. Leamos de nuevo a la BJ, p. 1092, cuando hace la presentación del libro de este profeta: "El libro de Zacarías se compone de dos partes muy distintas: 1-8 y 9-14... El conjunto 1-8, bien fechado y de pensamiento homogéneo *es ciertamente auténtico*; lleva, sin embargo, las huellas de una revisión, hecha por el profeta mismo o por sus discípulos. Por ejemplo, los anuncios universalistas de 8, 20-23 han sido añadidos después de 8, 18-19, que constituye una conclusión... La segunda parte, 9-14, es del todo diferente. Las piezas no tienen fecha y son anónimas. Ya no se habla de Zacarías ni de Josué ni de Zorobabel ni de la construcción del Templo. El estilo es diferente y utiliza con frecuencia los libros anteriores, sobre todo Jeremías y Ezequiel... Estos capítulos han sido compuestos con gran probabilidad en los últimos decenios del siglo IV aC, después de la conquista de Alejandro. A pesar de los esfuerzos últimamente renovados para probar su unidad, debemos admitir que son heterogéneos...".

El rey descrito en el pasaje, pues, era Alejandro Magno, el rey de Yaván, al que Yahvé promete poner en cintura enviándole las flechas de Judá y Efraín en vista de las conquistas imparables del macedonio: con su pueblo no pasaría como con el Imperio persa. Pero Yahvé, como dije antes, se quedó sin enviar ninguna flecha. Al contrario, Judea estuvo sometida a los Lágidas [16] hasta 200 aC, mientras esos herederos de Ale-

---

[16] Lágidas, por el macedonio Lago, padre de Ptolomeo I Sóter, general

jandro establecían judíos por aquí y por allá: Ptolomeo I en Egipto y Seleuco I en Antioquia. BJ, p. 1855.

Los EC sostienen también que Is 62, 11 se cumple en Mt 21, 1-10, relacionándolo con Zc 9, 9. Isaías había dicho: "Mirad que Yahvé hace oír hasta los confines de la tierra: Decid a la hija de Sión: Mira que viene tu salvación; mira, su salario le acompaña, y su paga le precede".

¿Qué salvación para la hija de Sión (Jerusalén) representó Jesús? ¿Qué recompensa, qué paga? La religión montada sobre la figura de Jesús tuvo que hacer adeptos fuera de Jerusalén, e incluso fuera de Israel, si quiso subsistir. Jesús no fue rey de Jerusalén ni de ninguna otra parte; sólo podemos considerar esas palabras como las proclamadas por una chusma muy olvidadiza, que al cabo de poco tiempo no recordó a Jesús sino como rey de nada. ↓

B)

Algunos panfletos evangélicos añaden un paralelo a este punto, relacionado con la supuesta realeza de Jesús: *"Entrada triunfal en Jerusalén montado en un asno"*.

Profecía:

"De la boca de los pequeños y de los que todavía maman has establecido la alabanza frente a tus adversarios, para hacer callar al enemigo y al vengativo.". Salmo 8:2.

"¡Oh Jehovah, sálvanos, por favor! ¡Oh Jehovah, haznos prosperar! ¡Bendito el que viene en el nombre de Jehovah! Desde la casa de Jehovah os bendecimos.". Salmo 118:25-26.

---

de Alejandro y fundador de la dinastía Ptolomaica.

"¡Alégrate mucho, oh hija de Sión! ¡Da voces de júbilo, oh hija de Jerusalén! He aquí, tu rey viene a ti, justo y victorioso, humilde y montado sobre un asno, sobre un borriquillo, hijo de asna.". Zacarías 9:9.

Cumplimiento:

"Trajeron el borriquillo a Jesús, y echando sobre él sus mantos, hicieron que Jesús montara encima. Y mientras él avanzaba, tendían sus mantos por el camino. Cuando ya llegaba él cerca de la bajada del monte de los Olivos, toda la multitud de los discípulos, gozándose, comenzó a alabar a Dios a gran voz por todas las maravillas que habían visto. Ellos decían: --¡Bendito el rey que viene en el nombre del Señor! ¡Paz en el cielo, y gloria en las alturas!". Lucas 19:35-38.

"Los discípulos fueron e hicieron como Jesús les mandó. Trajeron el asna y el borriquillo y pusieron sobre ellos sus mantos, y él se sentó encima de ellos. La mayor parte de la multitud tendió sus mantos en el camino, mientras otros cortaban ramas de los árboles y las tendían por el camino. Las multitudes que iban delante de él y las que le seguían aclamaban diciendo: --¡Hosanna al Hijo de David! ¡Bendito el que viene en el nombre del Señor! ¡Hosanna en las alturas! Cuando él entró en Jerusalén, toda la ciudad se conmovió diciendo: ¿Quién es éste?". Mateo 21:6-10.

"Al día siguiente, cuando oyeron que Jesús venía a Jerusalén, la gran multitud que había venido a la fiesta tomó ramas de palmera y salió a recibirle, y le aclamaban a gritos: ";Hosanna! ¡Bendito el que viene en el nombre del Señor, el Rey de Israel!" Habiendo encontrado Jesús un borriquillo, montó sobre él, como está escrito: No temas, hija de Sión. ¡He aquí tu Rey viene, sentado sobre una cría de asna! Sus discípulos no entendieron estas cosas al principio. Pero cuando Jesús fue glorificado, entonces se acordaron de que estas cosas estaban escritas acerca de él, y que estas cosas le hicieron a él.". Juan 12:12-16.

Conclusión:

Sobre los Salmos ver punto 5.
  Salmo 8, 2: ¿?
  Salmo 118: léase el contexto y se comprobará que no es una visión del futuro, no hace profecía de nada, sino que expresa el gozo de los judíos al visitar el Santuario en un día de fiesta, título que precisamente da la BJ al salmo: "En la fiesta de las Tiendas".
  "¡Bendito el que viene ["el que entra", dice la BJ] en el nombre de Jehovah! Desde la casa ["Casa", dice la BJ] de Jehovah os bendecimos"... si es que hasta lo dice: el que va, o el que entra, en la casa de Jehovah, en su santuario. ¿Dónde está el mesías?
  Zacarías 9, 9. El texto (montado sobre un asno) es un simbolismo, que hay que relacionar con la expresión anterior "humilde": no montaría sobre un caballo, sino sobre un asno, por su humildad.
  Tanto en la sección A como en la B de este punto 13, los EC nos han ofrecido sesgado el pasaje de Zacarías. Leyendo el pasaje entero se viene abajo el montaje "exegético evangélico", como hemos visto en 13-A.
  ¿Entrada triunfal? A los pocos días los mismos que le aclamaron pidieron su muerte.
  En Jn 12, 1-18 no hay entrada en Jerusalén, ni triunfal ni de ninguna otra manera.
  Ver punto anterior.

## 14.- El Mesías sería llamado Señor

A) El mesías sería llamado Señor.
B) La mayoría de las tendencias cristianas, no todas, sostienen más directamente que el mesías sería el propio Dios.
C) Otras que sería Dios y hombre.
D) Todas, o casi todas, en consecuencia, que sería el creador de todo.
Las cuatro secciones están relacionadas.

**14-A) El mesías sería llamado Señor.**

Profecía:

"(Salmo de David) Jehovah dijo a mi señor: "Siéntate a mi diestra, hasta que ponga a tus enemigos como estrado de tus pies.". Salmo 110:1. "En sus días será salvo Judá, e Israel habitará seguro. Y este es el nombre con el cual será llamado: 'Jehovah, justicia nuestra.'". Jeremías 23:6.

Cumplimiento:

"Dijo el Señor a mi Señor: "Siéntate a mi diestra hasta que ponga a tus enemigos debajo de tus pies.". Mateo 22:44.
   "David mismo dijo mediante el Espíritu Santo: Dijo el Señor a mi Señor: "Siéntate a mi diestra, hasta que ponga a tus enemigos debajo de tus pies.". Marcos 12:36.
   "El les dijo: --¿Cómo dicen que el Cristo es hijo de David? Porque el mismo David dice en el libro de los Salmos: Dijo el

Señor a mi Señor: "Siéntate a mi diestra, hasta que ponga a tus enemigos por estrado de tus pies." Así que David le llama "Señor"; ¿cómo es, pues, su hijo?". Lucas 20:41-44.

"Que hoy, en la ciudad de David, os ha nacido un Salvador, que es Cristo el Señor.". Lucas 2:11.

"Porque David no subió a los cielos, pero él mismo dice: El Señor dijo a mi Señor: "Siéntate a mi diestra.". Hechos 2:34. "Dios la ejerció en Cristo cuando lo resucitó de entre los muertos y le hizo sentar a su diestra en los lugares celestiales, por encima de todo principado, autoridad, poder, señorío y todo nombre que sea nombrado, no sólo en esta edad sino también en la venidera.". Efesios 1:20-21.

Conclusión:

El Salmo 110 no se refiere al mesías: el que habla es Yahvé y con "mi señor" se refiere al por un tiempo señor de David, Saúl, aunque no falta quien dice que se refería al propio David al que Yahvé le anuncia victorias sobre sus enemigos, y no implica tiempo futuro.

En cuanto al pasaje de Jeremías, verdaderamente un auténtico alarde de ceguera profética por parte de los EC: "En sus días será salvo Judá, e Israel habitará seguro. Y este es el nombre con el cual será llamado: 'Jehovah, justicia nuestra.'", dice Jeremías. ¿En el tiempo de Jesús fue salvo Judá, e Israel habitó seguro, o más bien estaban los israelitas bajo el dominio extranjero? ¿Desde cuándo en los días de Jesús existía un Judá y un Israel? ¿Cuándo fue llamado Jesús "Jehová, justicia nuestra"?

**14-B) Sería el propio Dios.**

Profecía:

"Tomé luego mi cayado Gracia y lo quebré, para romper el pacto que había concertado con todos los pueblos. El pacto quedó deshecho ese día, y así conocieron los pobres del rebaño que me observaban que aquella era palabra de Jehová.". Zacarías 11:10-11b.

"Yo les dije: Si os parece bien, dadme mi salario; y si no, dejadlo. Entonces pesaron mi salario: treinta piezas de plata. Jehová me dijo: Échalo al tesoro. ¡Hermoso precio con que me han apreciado! Tomé entonces las treinta piezas de plata y las eché en el tesoro de la casa de Jehová.". Zacarías 11, 12-13b.

Cumplimiento:

Jesús: "... y el que me ve, ve al que me envió.". Juan 12:45.
Jesús "Yo soy el camino, la verdad y la vida; nadie viene al Padre sino por mí.". Juan 14:6.

Conclusión:

Véanse los puntos 2, 5-A, 9 y la sección siguiente: blasfemo para el judaísmo. Es absurdo aspirar a un cumplimiento partiendo de una premisa inaceptable.

Los pasajes de Zacarías no tienen relación alguna con ese supuesto cumplimiento de Juan: para redondear el tema, Juan 14, 6 en lugar de aseverar que era el propio Dios, dice lo contrario, desmarcándose del Padre: por él se llega al Padre; no que él sea el Padre.

Viendo el *carácter* de Yahvé según el AT, encuentro poco entendible el afán del cristianismo en demostrar que Jesús era ese mismo Yahvé. Pienso que no le hacen ningún favor.

**14-C) Sería Dios y hombre.**

Profecía:

"Porque un niño nos ha nacido, hijo nos ha sido dado, y el principado sobre su hombro. Se llamará su nombre "Admi-

rable consejero", "Dios fuerte", "Padre eterno", "Príncipe de paz".". Isaías 9, 6.
"En sus días será salvo Judá, e Israel habitará seguro. Y este es el nombre con el cual será llamado: 'Jehovah, justicia nuestra.'". Jeremías 23:6.

Cumplimiento:

"El Padre y yo uno somos.". Juan 10:30.

"Indiscutiblemente, grande es el misterio de la piedad: Dios fue manifestado en carne, justificado en el Espíritu, visto por los ángeles, predicado a los gentiles, creído en el mundo, recibido arriba en gloria.". I Timoteo 3, 16.

Conclusión:

Véanse los puntos 2, 5-A, 9 y la sección anterior: blasfemo para el judaísmo. Así se derrumba la ambición de cumplimiento cristiano.

¿Cuándo fue llamado Jesús "Padre eterno", "Príncipe de paz", cuando precisamente dijo que no había venido a traer paz sino espada? ¿Dónde está el pasaje del Tanaj [17] donde dice que "*Jesús* es la paz"? ¿Cuándo trajo paz a Israel?

---

[17] *Tanaj* es el conjunto de los libros sagrados judíos que los cristianos llaman *Antiguo Testamento*, denominación arbitraria e incluso ofensiva y humillante para los judíos: expresado de esa manera denota que hay uno nuevo, lo cual es inadmisible para el judaísmo bajo cualquier punto de vista. Se compone de tres bloques de libros: la Torah ↓, Nebihim (los Profetas) y Ketubim (los Escritos sagrados): siempre según la creencia judía ↓, el primer bloque fue dictado directamente por Yahvé a Moisés: el autor de cada letra es Yahvé, y Moisés el que la escribió. Los otros dos fueron revelados a profetas, o inspirados a escribas. Hago constar que no es lo mismo dictar que inspirar: lo que escribió Moisés fue exactamente, letra a letra, lo que le iba diciendo Yahvé. El resto del material fue inspirado: Yahvé estableció unos temas, esquemas, límites, etc., pero los que lo escribieron lo hicieron a su estilo. He dicho que "siempre según la creencia

Jesús: "No penséis que he venido a traer paz a la tierra. No he venido a traer paz, sino espada": Mateo 10, 34; Mc 13, 12; Lc 12, 49-50, 51-53.

"Les dijo (Jesús): «Pues ahora, el que tenga bolsa que la tome, y lo mismo alforja, y el que no tenga, que venda su manto y se compre una espada»": Lc 22, 36.

Sobre Isaías 9, 6, el lector que posea el Tomo III de *La Biblia ante la Biblia...*, puede examinar: "Por otra parte, y según informan los rabinos judíos, información que está al alcance de cualquiera, la traducción cristiana, que es la que tratamos en esta crítica (Job 19, 26), es tendenciosa, tergiversada, inexacta, mala, etc....": el texto de Isaías está incompleto. Este continúa diciendo:

"Grande es su señorío, y la paz no tendrá fin sobre el trono de David y sobre su reino, para restaurarlo y consolidarlo por la equidad y la justicia. Desde ahora y hasta siempre, el celo de Yahvé Sebaot hará eso".

Omitido por los EC, pero nadie debería extrañarse. *El celo de Yahvé* hará la paz, no el mesías. De todas maneras, ese contexto de Isaías refleja también las argucias y malabarismos dialécticos de los EJ, mencionados ya: el texto también dice "Desde ahora y hasta siempre", y la palabra *ahora* denota un lapso de

---

judía", por supuesto: ahora, más bien desde hace más de un siglo, se sabe que la Toráh (el Pentateuco) no es de una sola autoría: se encuentran en ella cuatro fuentes principales, más otras menores [la del cap. 14 de Génesis, Melquisedec ↓, es una de estas], escritas mucho más tarde y a lo largo de mucho más tiempo del que pudo vivir el ¿egipcio o inventado? Moisés, intercalándose tres, sobre todo dos, entre sí, contradiciéndose en multitud de ocasiones, siendo Esdras el compilador final, para conformar una *entidad e historiografía judías*. Punto 8. Véase el Tomo I de *La Biblia ante la Biblia...*, sobre todo las páginas 14, 16 y las secciones I.1: *Pentateuco; Prólogo*, y I.2.1; I.2.2 y I.2.3. Para Esdras, ver el Tomo II, II.2.7.

tiempo de principio de algo, lo mismo que *siempre* denota un espacio de tiempo que no terminaría.

Eso fue dicho siglos antes del tiempo de Jesús, y profetizado para cumplirse en el tiempo en que se formuló: los tiempos verbales en hebreo están en pretérito o en presente, por tanto, se refería a un acontecimiento de la época: *desde ahora*, desde ese momento iba a restaurar y consolidar el reino, mediante Ezequías, el hijo de Ajaz, y *hasta siempre*. Pero como no se cumplió, los EJ, como de otros muchos pasajes, tienen que prolongar el tiempo de la profecía y llevarla a donde más les convenga. Ver puntos 2, 10, 11 y 12.

En la misma página continúo diciendo: "Siempre según los exegetas judíos, que algo deben saber sobre su lengua y sobre el particular, probablemente más que los interpretativos y partidistas exegetas cristianos, Isaías se estaba refiriendo, como en todo el contexto, a Ezequías, el hijo de Ajaz anunciado en 7, 14: según aquellos, darle al rey esos atributos no era un problema teológico porque no se estaba diciendo que era Dios encarnado, siendo esos nombres o atributos unas señales de lo que Yahvé haría con Ezequías".

En el Tomo V de ese libro hay más información sobre este tema.

Otros pasajes del NT contradicen los señalados aquí por los EC, y en alguno de ellos es el propio Jesús el que habla: Mateo 3, 16-17; 10, 32-33; 11, 27; 16, 17; 23, 9; 26, 39,64; 28, 19; Marcos 14, 62; Juan 1, 14,33; 6, 66; 8, 18,42,49-50; 10, 18. Pablo hace muchas veces una distinción clara entre Dios y Jesús: Romanos 1, 1ss; I Corintios 1, 3; 11, 3; 15, 27-28; Gálatas 4, 4ss..., también otros autores del NT: Hebreos 1, 3-4,8; 3, 1ss; Santiago 1, 1; I Pedro 1, 3; 3, 22; I Juan 1, 1-3; II Juan 1, 3; Judas 1, 25; Apocalipsis 1, 4-5...

> "Jesús le dijo: ¿Por qué me preguntas acerca de lo bueno? Uno solo es el Bueno [Dios].". Mateo 19, 17; 27, 46.

"¿Por qué me llamas bueno? Nadie es bueno sino sólo Dios.". Marcos 10, 18; 15, 34; 16, 19; Lucas 18, 19.

"... porque el Padre es más grande que yo... y que obro según el Padre me ha ordenado.". Juan 14, 28,31.

"Subo a mi Padre y vuestro Padre, a mi Dios y vuestro Dios... como el Padre me envió, también yo os envío.". Juan 20, 17,21.

"El Dios de Abrahán, de Isaac y de Jacob, el Dios de nuestros padres ha glorificado a su siervo Jesús": Act 3, 13. Sólo la BJ, p. 1598, escribe *siervo*; todas las demás Biblias, incluida la VL, p. 1092, dicen Hijo.

"La cabeza de Cristo es Dios.". I Corintios 11, 3.

... y Jesús será sometido a Dios: I Corintios 15, 28.

"Él es imagen de Dios invisible, Primogénito de toda la creación": Col 1, 15.

"Amaste la justicia y aborreciste la iniquidad: por eso te ungió, ¡oh Dios!, tu Dios con óleo de alegría entre tus compañeros": Hb 1, 9.

"Convenía, en verdad, que Aquel (Yahvé) por quien es todo y para quien es todo, llevara muchos hijos a la gloria, perfeccionando mediante el sufrimiento al (Jesús) que iba a guiarlos a la salvación": Hb 2, 10.

Repito que los supuestos cumplimientos que nos ofrece el NT no pueden ser tomados en serio: es lo que escribieron unos autores partidistas que intentaron que se cumpliesen profecías en un personaje que ni conocieron personalmente ni puede probarse su existencia real -y aun probándose, no se podría demostrar que hubiese cumplido estrictamente con lo que afirman esos textos los cuales son, además, fantasiosos, antijudíos, fuera de toda lógica y razón-, y no son corroborados por nadie.

Punto 39.

## 14-D) Sería el creador de todo.

Profecía:

"Desde el principio tú [¡Dios mío!] fundaste la tierra, y los cielos son obra de tus manos. Ellos perecerán, mas tú permanecerás; y todos ellos como una vestidura se envejecerán, como un vestido los mudarás y serán mudados; pero tú eres el mismo y tus años no se acabarán.". Salmo 102:25-27b.

Cumplimiento:

"Todas las cosas por medio de él fueron hechas, y sin él nada de lo que ha sido hecho fue hecho.". Juan 1:3.

Conclusión:

Salmo 102: *"Oración de un afligido. Oración del que sufre, cuando está angustiado y delante de Jehová derrama su lamento."*. El salmista se dirige a Jehová, en ningún momento al mesías: a ningún judío se le ocurriría dirigirse al rey davídico llamándole Dios.

El v 27 está inspirado en Isaías 51, 6-8, y se encuentran citados en Hebreos 1, 10-12.

Isaías 51: *"Palabras de consuelo para Sión"*. La BJ dice: *"Elección y bendición de Israel"*. Justamente, se refiere a Israel y no al mesías.

El Salmo 102, 26 es una contradicción de otros pasajes en los que se proclama que los cielos y la Tierra no perecerán: Deuteronomio 4, 40; Salmo 37, 29; Eclesiastés 1, 4...

## 15.- EL MESÍAS SERIA UN PROFETA

A)

Profecía:

"Les levantaré un profeta como tú, de entre sus hermanos. Yo pondré mis palabras en su boca, y él les hablará todo lo que yo le mande.". Deuteronomio 18:18.

Cumplimiento:

"Y las multitudes decían: Este es Jesús el profeta, de Nazaret de Galilea.".Mateo 21:11.
   "El temor se apoderó de todos, y glorificaban a Dios diciendo: ¡Un gran profeta se ha levantado entre nosotros! ¡Dios ha visitado a su pueblo!". Lucas 7:16.
   "Le dijo la mujer: --Señor, veo que tú eres profeta.". Juan 4:19.
   "Entonces, cuando los hombres vieron la señal que Jesús había hecho, decían: --¡Verdaderamente, éste es el profeta que ha de venir al mundo!". Juan 6:14.
   "Entonces, cuando algunos de la multitud oyeron estas palabras, decían: "¡Verdaderamente, éste es el profeta!". Juan 7:40.

Conclusión:

El pasaje del Deuteronomio no se refiere al mesías: todo el contexto reclama al pueblo judío y su entorno.

Varios de esos textos del NT pretenden haber cumplido con la profecía *porque la multitud decía que Jesús era un profeta*. ¿Quién es *la multitud* para decidir quién es profeta?

Según los EJ, el mesías esperado podría tener el espíritu de la profecía ↓. Pero hay un problema: no existen los profetas desde el tiempo de Malaquías: este fue el último de los profetas, con su muerte terminó el profetismo judío, hecho que también desconocían los autores del NT y, al parecer, también los EJ a pesar de que lo dicen muchas veces en su oposición a Jesús y otros supuestos mesías: el profetismo terminó con Malaquías, según las propias palabras de los EJ.

Claro que tampoco existe la dinastía davídica, pero siguen esperándola.

B) Algunas listas añaden: "*Conoce el futuro*", cualidad o don que se supone tienen los profetas.

Profecía:

"¿Y quién proclamará lo venidero, lo declarará, y lo pondrá en orden delante de mí, como hago yo desde que establecí el pueblo antiguo? Anúncienles lo que viene, y lo que está por venir. No temáis, ni os amedrentéis; ¿no te lo hice oír desde la antigüedad, y te lo dije? Luego vosotros sois mis testigos. No hay Dios sino yo. No hay Fuerte; no conozco ninguno": Isaías 44, 7-8.

Cumplimiento:

"Y cuando llegó cerca de la ciudad, al verla, lloró sobre ella, diciendo: ¡Oh, si también tú conocieses a lo menos en este día, lo que es para tu paz! Mas ahora está encubierto de tus ojos. Porque vendrán días sobre ti, cuando tus enemigos te rodearán con vallado, y te sitiarán, y por todas partes te estrecharán y te derribarán a tierra, y a tus hijos dentro de ti, y no dejarán en ti piedra sobre piedra, por cuanto no conociste el tiempo de tu visitación". Lucas 19:41-44.

Conclusión:

Is 44, 7-8: en este pasaje habla Yahvé, y se refiere a él, a su gloria, incitando a los israelitas en un estilo parecido a su conducta ante Job: "Yo sé mucho, y vosotros no sabéis nada".

Todo el contexto propaga: "Así dice Yahvé el rey de Israel, y su redentor, Yahvé Sebaot: "Yo soy el primero y el último, fuera de mí, no hay ningún dios. ¿Quién como yo? Que se levante y hable. Que lo anuncie y argumente contra mí; desde que fundé un pueblo eterno, cuando sucede, que lo diga, y las cosas del futuro que las revele. No tembléis ni temáis; ¿no lo he dicho y anunciado desde hace tiempo? Vosotros sois testigos; ¿hay otro dios fuera de mí? ¡No hay otra Roca, yo no la conozco!".

Yahvé incita a su pueblo: si alguno sabe si hay otro dios fuera de él o sabe más que él, que lo diga. ¿Dónde dice que el mesías sería un profeta que sabría el futuro?

El cumplimiento de Lucas... el evangelio de Lucas fue escrito basándose en el de Marcos, y tiempo después del acontecimiento que profetiza, es decir, el desastre de Jerusalén ya se había producido.

Pero todavía hay más: en otro contexto, Jesús dice que no sabe todo el futuro.

> "Mas de aquel día y hora, nadie sabe nada, ni los ángeles de los cielos, ni el Hijo, sino sólo el Padre": Mt 24, 36.
>
> Y, también: ¿no sabía que Judas le traicionaría? ¿O lo escogió con este propósito? Punto 42.

Llama la atención que en unas partes sea presentado como Dios, y en otras como profeta.

Ver punto siguiente, paralelo al presente, y el 42.

## 16.- EL MESÍAS SERÍA UN PROFETA SEMEJANTE A MOISÉS

Profecía:

"Jehovah tu Dios te levantará un profeta como yo de en medio de ti, de entre tus hermanos. A él escucharéis.". Deuteronomio 18:15.

Cumplimiento:

"Y él envíe a Jesucristo, que os fue antes anunciado; a quien de cierto es necesario que el cielo reciba hasta los tiempos de la restauración de todas las cosas, de que habló Dios por boca de sus santos profetas que han sido desde tiempo antiguo. Porque Moisés dijo a los padres: El Señor vuestro Dios os levantará profeta de entre vuestros hermanos, como a mí; a él oiréis en todas las cosas que os hable.". Hechos 3:20-22.
"Felipe encontró a Natanael y le dijo: --Hemos encontrado a aquel de quien Moisés escribió en la Ley, y también los Profetas: a Jesús de Nazaret, el hijo de José.". Juan 1:45.

Conclusión:

El Deuteronomio alude a un profeta y el mesías no debe ser profeta (aunque algunos EJ, los mismos que dicen que tampoco lo saben todo, opinan que puede que tenga el don de la profecía, pero que de ninguna manera será su singularidad más importante), sino un rey/militar que dé gloria a Israel, lo libere de sus enemigos e implante -no anunciarlo- el reino de Yahvé en la Tierra. El Deuteronomio no se refería al mesías en ese pasaje.

Pero lo increíble llega con el *cumplimiento,* según el NT: Juan justifica la profecía *porque Felipe le dijo a Natanael que habían encontrado al profeta del que hablaba Moisés en la Ley.* ¿En dónde habían hablado los profetas sobre Jesús? Punto 27.

En Hechos se alega que ese profeta había llegado *porque estaban en los tiempos de la restauración de todas las cosas*: comprobablemente falso; no hubo restauración.

Otros pasajes del NT lo contradicen afirmando que Jesús no era un profeta:

> Si hubiese sido un profeta, el ángel mintió a José: "Dará a luz un hijo, y le pondrás por nombre Jesús, porque él salvará a su pueblo de sus pecados". Mateo 1, 21.
>
>> La tarea de los profetas no es la de salvar al pueblo de sus pecados, aparte de que Jesús no salvó de nada al pueblo elegido.
>
> La mayoría de sus congéneres no sabían quién era: "Llegado Jesús a la región de Cesarea de Filipo, hizo esta pregunta a sus discípulos: «¿Quién dicen los hombres que es el Hijo del hombre?» Ellos dijeron: «Unos, que Juan el Bautista; otros, que Elías; otros, que Jeremías o uno de los profetas.»": Mateo 16, 13-14.
>
>> Compruébese que no le veían como el mesías; sólo hacia el final de su vida fue visto por algunos como tal: Mt 21, 1ss; Mc 11, 1ss; Lc 19, 28ss; Jn 12, 12ss.

Sólo en un pasaje de Juan el pueblo quiere proclamar a Jesús "como el profeta que había de venir" (Jn 6, 14), refiriéndose a la promesa de Dt 18, 15,18: los judíos esperaban a un nuevo Moisés que les liberase del opresor, los romanos, tal como había hecho este con los israelitas en Egipto siglos antes.

Notaremos en varios puntos cómo Jesús se llama *Hijo del hombre* a sí mismo.

El autor de una de las listas de estas profecías dice:

> "Es posible que Jesús prefiera este título (Hijo del hombre) en vez de denominarse "Mesías", ya que para muchos de los judíos esta palabra tenía la connotación de un Mesías militar que liberaría Israel de Roma. Por eso escogió un título que manifestaba su mesianidad sin peligro de ser malentendido.".

Aparte de que no se escribe mesianidad sino mesianismo, la explicación no tiene desperdicio:

*"... ya que para muchos de los judíos esta palabra tenía la connotación de un Mesías militar que liberaría Israel de Roma. Por eso escogió... otro título para no ser malentendido".*

Extraordinario. Increíble... Fantástico. Ni proponiéndoselo lo hubiese hecho mejor para demostrar que se ha buscado un "oficio" que no lo domina, y que lo que hace es engañar, estafar, timar a sus ovejas, mayoritariamente desinformadas y ávidas de esperanza, como he dicho antes, lo cual es evidencia de delito:

> Ya he explicado qué significa mesías: ver Nota 1. No es cierto que muchos judíos sabían que *mesías* implica la llegada de un militar, concretamente un rey verdadero de un reino davídico verdadero, sino que lo sabían y lo saben todos, y el Sanedrín el primero: es posible que sus desinformadas ovejas crean que poniéndose el título de *Hijo del hombre,* Jesús

despistaría a los judíos, es posible porque están acostumbrados a no discutir ni cuestionar. Pero es precisamente lo contrario: *prefiriendo otro título demostraba que no era el mesías.*

El excelso EC demuestra que no sabe qué significa *Hijo del hombre* ↓ .

El sobresaliente EC (pastor, predicador... ¡Ministro!) nos dice que Jesús no escogió el título de *Mesías* porque la palabra tiene connotación de un militar... pero es que, señores, es lo que esperaban –y esperan- los judíos: decirles otra cosa representaba declarar abiertamente que no era el mesías.

El admirable EC, que probablemente no entiende las consecuencias de lo que escribió ↓, nos demuestra que Jesús, si hubiese preferido el título de mesías, hubiese sido malentendido, como diciendo: "¡Eh, oigan, que yo no soy el mesías, por eso prefiero *Hijo del hombre*, para que no me malentiendan y no me confundan con él!".

¿Por qué Jesús *prefería* llamarse *Hijo del hombre* en lugar de mesías... si era el mesías? Lo absurdo a su máximo esplendor.

Los EC creen que la expresión *Hijo del hombre* designa a alguien de alcurnia, de ahí esa explicación. Pero *hijo del hombre* o *hijo de hombre* (hijo en minúscula) significa simplemente "hombre", "ser humano", "persona", nada más, no es ningún título, y es una expresión peculiar de Ezequiel, y también de otros, y unas aproximaciones de Daniel (7, 13; 8, 17), que utiliza Yahvé para dirigirse al profeta.

¿Acaso el docto EC ignora también que Yahvé llamaba *hijo de hombre* a los hombres, en ocasiones despectivamente, y que lo utilizaba para hacer una clara distinción entre él y ellos?:

"No es Dios un hombre para mentir, *ni hijo de hombre*, para volverse atrás": Números 23, 19.

"¿Qué es el hombre para que te acuerdes de él, *el hijo de Adán* para que de él te cuides?": Salmo 8, 5.

"¿Quién eres tú, que tienes miedo del mortal y del hijo del hombre al heno equiparado?": Isaías 51, 12.

"Tú, hijo de hombre, toma un ladrillo y ponlo delante de ti...": Ezequiel 4, 1; 5, 1...

Gracias a esa ignorancia, y a la de los autores del NT que le hacen decir cosas inauditas a Jesús, lo que ha conseguido el EC es descubrir que Jesús no se sentía divino: con esa expresión, que ciertamente utiliza, parece evidenciar que es humano, hijo de humanos, que esa es su condición. Mi enhorabuena a tan meritorio EC: insisto en que es una lástima que den tan pocas *explicaciones*.

## 17.- EL MESÍAS SERÍA SACERDOTE SEMEJANTE A MELQUISEDEC

Profecía:

"Jehovah juró y no se retractará: "Tú eres sacerdote para siempre, según el orden de Melquisedec.". Salmo 110:4.

Cumplimiento:

"Como también dice en otro lugar: Tú eres sacerdote para siempre según el orden de Melquisedec.". Hebreos 5:6.
"Donde entró Jesús por nosotros como precursor, hecho sumo sacerdote para siempre según el orden de Melquisedec.". Hebreos 6:20. "Pues de él se da este testimonio: Tú eres sacerdote para siempre según el orden de Melquisedec.". Hebreos 7:17.
"Los otros fueron hechos sacerdotes sin juramento, mientras que éste lo fue por el juramento del que le dijo: Juró el Señor y no se arrepentirá: "Tú eres sacerdote para siempre.". Hebreos 7:21.
"Por tanto, hermanos santos, participantes del llamamiento celestial, considerad a Jesús, el apóstol y sumo sacerdote de nuestra confesión.". Hebreos 3:1.

Conclusión:

El salmo 110 se refiere al rey David y de ninguna manera concretamente al mesías esperado, y aunque así fuera, ese orden, según los EJ, si la hubo, desapareció con el propio Melquisedec

↓ : uno de los puntos donde se demuestra con más intensidad la incompetencia de los EC.

Si el mesías debe ser sacerdote, Jesús no pudo serlo porque no fue sacerdote por muchos malabarismos que hagan los textos del NT y, apoyarse en ese pasaje para sostener su sacerdocio, como veremos a continuación, es de una torpeza supina: el rey, y en consecuencia el mesías, debe ser de la tribu de Judá; el sacerdote, de la de Leví. Al presentarlo (a Melquisedec) como poseedor del reino y del sacerdocio se indica que era pagano ↓ y que se autoproclamó rey-sacerdote a sí mismo porque quiso, se auto invistió sacerdote... sin ser ni de la tribu de Judá ni de la de Leví ↓ , y eso siempre suponiendo que hubiese existido históricamente, lo cual es mucho suponer. Punto 35.

Los EC sostienen el punto por Génesis 14, demostrando esa ignorancia anunciada antes. Lo ponen en sus listas para demostrar el mesianismo de Jesús porque suponen, erróneamente, que el mesías debe ser "sacerdote del orden de Melquisedec" porque lo repite el autor de Hebreos en el NT, creyendo así que el tal Melquisedec es el personaje central e importante del capítulo del Génesis *porque su orden debe llegar hasta el mesías*: pero, desgraciadamente para sus intereses, el personaje central es Abrahán, y los judíos no le dan la importancia mesiánica al pasaje que los EC suponen... Melquisedec ni siquiera es un nombre propio sino un título de alguien que cometió un error imperdonable ↓ , por lo que su supuesto sacerdocio no tuvo continuidad... y en consecuencia, no pudo llegar al mesías, es decir, no hay rastro de ese orden de Melquisedec.

La BJ nos dice de Gn 14:

> BJ, p. 28: "Este capítulo no pertenece a ninguna de las tres grandes fuentes del Génesis [Nota 17, Tanaj]. Se ha estimado su valor de manera muy diversa. *Parece tratarse de una composición posterior que remedaba la antigua*: los nombres

de los cuatro reyes de Oriente tienen formas antiguas, pero no es posible identificarlos con ningún personaje conocido; *históricamente es imposible que Elam haya tenido jamás el dominio de las ciudades del sur del mar Muerto y haya encabezado una coalición que pudiera reunir a un rey amorreo (Amrafel), un rey hurrita (Arioc) y un rey hitita (Tidal). El relato ha querido unir a Abrahán con la historia general y añadir a su figura una aureola de gloria militar*".

El capítulo 14 procede de una fuente extraña al resto del libro que, insertado en el Génesis, está fuera de contexto... y es una falsificación, un plagio de la composición anterior, que quiso unir a Abrahán con la historia general, personaje totalmente desconocido y mítico en la historia, explicaciones que no dan, por supuesto, ni los EJ ni los EC. Ver punto 8.

Para cualquier persona medianamente informada, el pasaje no precisa de las explicaciones-correcciones de la BJ, aunque bienvenidas sean: él mismo evidencia que contiene errores históricos, varios anacronismos, y que de ninguna manera lo pudo escribir un tal Moisés hacia ¿1300? aC. El versículo 7, por ejemplo, dice: "... y batieron todo el territorio de los amalacitas". En tiempos de Abrahán, ese territorio no podía llamarse "de los amalecitas": Amalec, nieto de Esaú, y de cuyo nombre toma el territorio el suyo, nació mucho después: Gn 36, 12. Otro ejemplo: poco después dice "... y persiguió a aquellos hasta Dan". No existió ningún territorio "de Dan" hasta aún mucho más tarde. Jue 18, 29.

Pero hay más, tal vez lo más importante: dentro del capítulo hay dos versículos que son posteriores al resto del mismo, es decir, *un añadido al añadido*:

> "Aquí los versículos 18-20 son una adición y son posteriores al resto del capítulo. En ellos, Melquisedec *es imagen del sumo sacerdote postexílico*, heredero de las prerrogativas reales y cabeza del sacerdocio, a quien los descendientes de Abrahán pagan el diezmo", continúa diciendo la BJ. Pero los sacerdotes postexílicos existieron muchos siglos después del tiempo de Abrahán.

En esos versículos 18-20 se encuentra el error principal de este punto. Las versiones cristianas dicen: "Entonces, Melquisedec, rey de Salem, presentó pan y vino, pues era sacerdote del Dios Altísimo...", mientras que el texto hebreo dice:

> "Y Malki-tzédek, el rey de Shalem, sacó pan y vino, y él es sacerdote de Elokim Altísimo".

¿Quién es "él"? Según los EJ, igual puede tratarse de Melquisedec como de Abahán, y el hecho es que la cita no aclara textualmente que Melquisedec fuese sacerdote, como tampoco dice taxativamente que *Elokim Altísimo* fuese Yahvé, puesto que el texto cita a *El Elion* (*Dios Altísimo*, pero no *Yahvé Altísimo*): Melquisedec [18], absolutamente mítico y desconocido fuera de ese relato, igual podía ser sacerdote

---

[18] *Melquisedec*. Los propios EJ no saben de quién se trata, aunque especulan. Una prueba más la aporta la extraordinaria fantasía de la que deben echar mano para explicar las lagunas bíblicas: algunos eruditos *opinan* que en realidad era ¡Sem!, hijo de Noé; otros dicen que ¡alguno de los Salmos son suyos! Ver la Nota sobre el Talmud, más abajo del texto, y ya antes la Nota 3.

como no serlo. Es más, igual podía haber existido como no. Si lo era, podría serlo de cualquier dios, o de varios puesto que tampoco explica que fuese monoteísta, pero es muy arriesgado afirmar que lo fuese de Yahvé por dos causas fundamentales, causas que se les escapan a los doctos EC (y a los autores del Salmo 110 y Hebreos): en primer lugar, Yahvé sólo se había revelado a Abrahán, a nadie más; y en segundo, el sacerdocio oficial a Yahvé no fue impuesto hasta mucho después: Ex 40, 12ss. Por ambos casos, si era sacerdote de Yahvé sería por su cuenta y riesgo, sin la autorización ni investidura de este. En consecuencia, no se puede identificar sin lugar a dudas a ese dios de Melquisedec con Yahvé; los datos apuntan más bien a todo lo contrario, tal como informa nuevamente la BJ, p. 28:

> "Su Rey-sacerdote Melquisedec (nombre cananeo, ver Adoni Sédec, rey de Jerusalén, Jos 10, 1) adora al Dios Altísimo, 'el-'elyon, *nombre compuesto cuyos dos elementos corresponden a sendas divinidades del panteón fenicio*".
> Nombre compuesto por "El, dios principal del panteón fenicio-cananeo, y 'Elyon.
> Melquisedec, si acaso, sería sacerdote de "El-"Elyon, y no de Yahvé, es decir, un rey-sacerdote pagano ↓ .
> Consecuencia de ello es que si era sacerdote y rey a la vez, no podía serlo de Yahvé.

El pasaje es también muy apreciado entre los EC (pastores, etc.) porque en él prorrumpe de golpe por primera vez el diezmo, sin tener conexión alguna con ningún pasaje anterior en donde Yahvé lo exigiese: Abrahán se lo da a Melquisedec, en un contexto que, como hemos visto, es un añadido que falsifica el texto original y está lleno de errores. Punto 71-A. Nota 27.

Recopilándolo todo, pienso yo que la conclusión salta a la vista: es un añadido postexílico sacerdotal con el fin de reivindicar cosas: semejante pasaje sirve para justificar la petición del diezmo (¡Abrahán ya se lo dio a Melquisedec!, es decir, ¡a un sacerdote!), y concretamente para que los judíos reivindiquen sus derechos de Jerusalén como su *Ciudad Santa*.

Con el fin de dar a conocer las grandes incongruencias del capítulo, añadiré otras cuestiones: si los judíos reivindican Jerusalén por el pasaje de Abrahán, igualmente los descendientes de Ismael la pueden reivindicar pues también era su padre (punto 10).

Como acabo de decir, los judíos reivindican Jerusalén por el pasaje de Abrahán y Melquisedec, a pesar de que unos versículos del capítulo parecen afirmar claramente que la relación de Abrahán fue con el rey de Sodoma y no con el de Jerusalén:

> "[Abrahán] A su regreso después de batir a Quedorlaomer y a los reyes que con él estaban, le salió al encuentro el rey de Sodoma... Dijo luego el rey de Sodoma a Abrahán... Pero Abrahán dijo al rey de Sodoma...": Gn 14, 17,21-22. Lo mismo se lee en la VL, p. 15 y las Biblias protestantes.

Hay varias pruebas para defender esta posición: el propio texto, que nombra por tres veces al "rey de Sodoma" y no se encuentra la expresión "rey de Jerusalén" con la misma claridad sino sólo un "Salem"; contexto en donde sólo hablan ellos dos sin interrupciones; sólo en medio del pasaje, después de nombrar a Sodoma, salen las expresiones Melquisedec y Salem y únicamente una vez cada una. El texto queda así: "... rey de Sodoma... Melquisedec, rey de Salem... el rey de Sodoma... al rey de Sodoma...". Parece evidente que tanto Melquisedec como Salem están puestas como títulos del rey de Sodoma: "rey de Salem" no significa rey de un lugar sino "rey de paz", un título, del mismo modo que Melquisedec es otro título:

"rey de justicia", no es un nombre propio. Hay más indicios: Abrahán marcha a liberar a Lot, que vivía en Sodoma, no se dirige a Jerusalén; esta no se encuentra relacionada entre las ciudades que tomaron parte en la guerra descrita; aparte de este pasaje, añadido y con errores graves, Jerusalén no tuvo que ver nada con el pueblo elegido hasta David; los EJ y EC, cuando argumentan sobre el pasaje, siempre muestran "Melquisedec" y "Salem", nunca hacen alusión a "rey de Sodoma".

Sin embargo, aunque menos en cantidad y en consistencia, hay algún endeble indicio en contra: según 14, 2, el rey de Sodoma era Berá, y en el pasaje posterior sólo se nombra "rey de Sodoma" sin decir su nombre, hecho que nos hubiese sacado de dudas; según 14, 10, los reyes de Sodoma y Gomorra "habían caído en los pozos de betún" cuando huían derrotados antes del encuentro con Abrahán, si bien no dice que hubiesen muerto y el de Sodoma no murió puesto que se le menciona después. Si se ponen en una balanza ambos indicios, gana claramente el primero: Abrahán habló con el rey de Sodoma y le dio el diezmo a él, si es que se lo dio a alguien. Pero, claro, demasiado fuerte que Abrahán hablase con el rey sodomita... y le pagase un diezmo.

Añado: tanto si se trataba del rey de Sodoma como el de Jerusalén, ambos eran paganos: Abrahán pagó el diezmo a un rey-sacerdote pagano, alguien no avalado por Yahvé, y lo hizo con la décima parte del botín de guerra que había conseguido en la batalla en que había tomado parte activa.

Pero, ¿por qué no continuó el "orden sacerdotal" de Melquisedec? En primer lugar, no existió nunca tal orden sino, si acaso, en la imaginación de Melquisedec, en el autor de Hebreos (¿era judío?) y en la de los EC: la Toráh [19] no nombra a ese orden en

---

[19] *Toráh*. Aunque su concepto es más amplio, tradicionalmente son los cinco primeros libros del Tanaj, atribuidos a Moisés bajo los dictados directos de Yahvé, y conocidos como el *Pentateuco* por los cristianos: Génesis, Éxodo, Levítico, Números y Deuteronomio. Se empezó a

ninguna parte, ni siquiera en el capítulo que tratamos. Es más, nada se sabe de la continuidad de su sacerdocio: un intento por parte de los rabinos de justificar tal ausencia es el grave error, e imperdonable irreverencia, que tuvo al nombrar en primer lugar a Abrahán y después a Yahvé en sus bendiciones de 14, 19-20. Su sacerdocio no estaba avalado por Yahvé, así que desapareció el orden sacerdotal que nunca había empezado: la única institución sacerdotal instituida por Yahvé es la de los levitas, como ya he dicho antes, muchos siglos después.

Asimismo, hay otra cuestión: si se refería a Abrahán como sacerdote, sería el único caso en todo el Tanaj que otorgue ese título al patriarca, y se convertiría en un grave problema: ¡Abrahán sería sacerdote de "El-"Elyon!

Razonablemente, la *evidencia* del mesianismo de Jesús que creen haber aportado los EC en este punto, se ha convertido en una evidencia del fraude.

Punto 35.

---

escribir un 6 de Siván (principios de junio) del 2448 desde la creación (corresponde al 1313 aC), escrita en hebreo, y siempre según la mitología judía (véase la Nota 17, Tanaj). Existe también una Toráh oral que, según los EJ, "mantiene el verdadero significado y los parámetros ciertos de cada uno de los preceptos para Israel enunciados en la escrita", ¿Procedencia?: "Mientras entregaba la Toráh escrita a Moisés, Yahvé le explicaba los alcances de las leyes, las razones de algunas de ellas, detalles, maneras, etc., que no fueron consignadas por escrito, transmitida oralmente a través de las generaciones por la tradición, de maestros a discípulos, de padres a hijos, llegando a los sabios de Israel, los cuales tienen potestad para legislar las normativas *con la realidad externa*". En otras palabras: "van explicando lo inexplicable, acomodando contextos a situaciones *de la realidad externa y según la época*, y como quieren puesto que en un principio no estaba consignado en ninguna parte". Por avatares de la historia, la Toráh oral terminó por ponerse por escrito (Mishná), el cual dio lugar a las dos compilaciones que se conocen como Talmud ⬛. Indiscutiblemente, imaginación no falta. Nota 3.

## 18.- Sería juez

Profecía:

"Porque Jehová es nuestro Juez, Jehová es nuestro legislador, Jehová es nuestro Rey; El mismo nos salvará". Isaías 33, 22.

Cumplimiento:

"Te encarezco delante de Dios y del Señor Jesucristo, que juzgará a los vivos y a los muertos en su manifestación y en su Reino". 2 Timoteo 4, 1.

Conclusión:

Según la BJ, p. 1131, el versículo de Isaías es un añadido de no se sabe quién. Por otra parte, el texto dice que el juez, legislador, rey y salvador es Yahvé; ni una palabra del mesías.
  Jesús:
  "Vosotros juzgáis según la carne, yo no juzgo a nadie": Jn 8, 15.
  "... yo no le juzgo, porque no he venido a juzgar al mundo *sino a salvar al mundo*": Jn 12, 47; 3, 17.
  "Pues ¿me toca a mí juzgar a los de fuera? ¿No es a los de dentro a quienes vosotros juzgáis? A los de fuera Dios los juzgará": I Cor 5, 12-13.
  "¿No sabéis que los santos han de juzgar al mundo? Y si vosotros vais a juzgar al mundo, ¿no sois acaso dignos de juzgar

esas naderías? ¿No sabéis que hemos de juzgar a los ángeles? Y ¡cómo no las cosas de esta vida!": I Cor 6, 2-3; II P 3, 7.

> "Porque el Padre no juzga a nadie; sino que todo juicio lo ha entregado al Hijo": Jn 5, 22.
>
> "… y le ha dado poder para juzgar, porque es Hijo del Hombre… juzgo por lo que oigo, y mi juicio es justo": Jn 5, 27,30.
>
> "Y dijo Jesús: Para un juicio he venido a este mundo": Jn 9, 39.
>
> "Y nos mandó que predicásemos al Pueblo, y que diésemos testimonio de que él está constituido por Dios juez de vivos y muertos": Act 10, 42.

"El Señor juzgará a su pueblo": Dt 32, 36.

En Jn 12, 47 leemos que Jesús había venido a salvar al mundo: esto no es lo que el ángel dijo a José: "… porque él salvará *a su pueblo* de sus pecados": Mateo 1, 21.

El pueblo de Jesús era el judío, y no valen rodeos, volteretas, interpretaciones y extravagantes malabarismos dialécticos para argumentar otra cosa.

## 19.- Sería ungido por el Espíritu Santo

Profecía:

"Y reposará sobre El, Espíritu de Jehová; espíritu de sabiduría y de inteligencia, espíritu de consejo y de poder, espíritu de conocimiento y de temor de Jehová". Isaías 11, 2.

Cumplimiento:

"Y Jesús, después que fue bautizado, subió luego del agua; y he aquí los cielos le fueron abiertos, y vio al Espíritu de Dios que descendía como paloma, *y venía sobre El*. Y hubo una voz de los cielos que decía: Este es mi hijo amado, en quien tengo complacencia". Mateo 3, 16-17.

Conclusión:

El cristianismo confunde -¿confunde?- *su* Espíritu Santo con el Espíritu del Tanaj: este no tiene que ver nada con un Espíritu Santo que forma parte de una trinidad, es decir, sería un ataque a la unicidad incuestionable de Dios: esta es la mayor ofensa posible que se le puede hacer a un judío. Es la contradicción más importante entre las teologías judía y cristiana, algo inaudito para esta última cuando asevera que viene a cumplimentar y completar el judaísmo. Puntos 5, 9, 14.

El pasaje de Isaías afirma claramente que el *receptor del Espíritu de Yahvé* no sería Dios: si tenían que reposar sobre él *espí-*

*ritus* de Yahvé es que no era Yahvé, y se refiere a Ezequías, hijo de Ajaz, al que va dirigida la profecía de Is 7, 14. Punto 2.

Pero Ezequías no cumplió con el ideal mesiánico: su reinado pasó sojuzgado al invasor asirio. Isaías 11, 1-3, Tomo III de *La Biblia ante la Biblia*...

Ese pasaje isaiánico no dice nada de ungimientos, ni siquiera de Espíritu *Santo*, y lo único que coincide entre los dos conceptos de mesías, el judío y el cristiano, es que debe ser ungido, de ahí que, en su impericia u otra cosa, el punto lo planteen los EC, pero literalmente *metiendo la pata*: ungir es echar aceite sobre la cabeza y las barbas del rey durante la ceremonia de su coronación, y nada tiene que ver con esos espíritus del pasaje de Isaías. También era ungido el sumo sacerdote, aunque con un óleo especial. Nota 1.

Consecuentemente, el pasaje de *cumplimiento* de Mateo 3 le merece la calificación de *ignorante de las escrituras judías* a su autor, así como también al o los EC que han planteado este punto, creyendo que se había cumplido una profecía mesiánica en Jesús.

Para ser ungido había de ser o bien sacerdote, o bien rey, como he dicho antes, el sucesor legal de un rey depuesto, que renunciaba al trono o había fallecido. Los reyes de Judá eran ungidos, aunque no lo fueron todos; esto no tiene nada de especial ni es una profecía: pero eran ungidos los reyes verdaderos de un reino verdadero, y por el sumo sacerdote, representante del Sanedrín, y por un profeta reconocido, no por Espíritus Santos en forma de paloma y sin saber a santo de qué le ungía. Act 10, 38.

Leamos de nuevo el pasaje de Mateo: ¿cuál es la causa de la unción de Jesús? Ninguna que se asemeje a la unción establecida por el judaísmo: de profetas no había desde Malaquías, el Sanedrín no aprobó a Jesús, todo lo contrario, y el reino davídico desapareció 600 años antes, con lo que Jesús no podía ser rey de esa dinastía. Y no es que lo diga yo, es que dicen que lo dijo él:

"Mi reino no es de este mundo": Juan 18, 36.

Sí, el lector perspicaz habrá notado algo más: no cumplió con nada de lo que debe cumplir el verdadero mesías, pero haciendo un esfuerzo y, aunque sea sólo imaginaria y momentáneamente, si no tenemos en cuenta que no cumplió con esos requisitos, si lo despojamos del título de Dios, hacemos lo que sea para aceptarlo sólo como el mesías, tal como hacen en la actualidad algunas sectas cristianas probablemente desquiciadas ya de no acertar, tampoco podría serlo porque no fue ungido legalmente; quien debía hacerlo no lo hizo, y no hay segunda oportunidad. Lo mismo se puede decir incluso aunque hubiese sido verdaderamente descendiente de David.

Pero hay más: según la presentación de los EC en los pasajes de este punto, Jesús recibe el Espíritu Santo (Jn 1, 29-34). Pero según otros pasajes, Jesús no recibió el Espíritu Santo en el bautismo:

> "... porque aún no había Espíritu, pues todavía Jesús no había sido glorificado": Jn 7, 39. Jesús no debía recibir el Espíritu hasta que no fuese glorificado (en la resurrección: Jn 12, 16).

> "Así pues, exaltado por la diestra de Dios, ha recibido del Padre el Espíritu Santo prometido y lo ha derramado": Act 2, 33... en la resurrección, no en el bautismo.

Insisto en la mala intención de los EC que plantean estas listas: como en otros muchos puntos, exponen la profecía con una falsedad. ¿Qué *Espíritu Santo* anuncia Isaías?

## 20.- Tendría gran celo por todo lo relativo a Dios

Profecía:

"Porque me consumió el celo de tu casa; y los denuestos de los que te vituperaban cayeron sobre mí". Salmo 69, 9.

Cumplimiento:

"Estaba cerca la pascua de los Judíos; y subió Jesús a Jerusalén, y halló en el templo a los que vendían bueyes, ovejas y palomas y a los cambistas allí sentados, y haciendo un azote de cuerdas echó fuera del templo a todos, y las ovejas y los bueyes; y esparció las monedas de los cambistas, y volcó las mesas; y dijo a los que vendían palomas: Quitad de aquí esto, y no hagáis de la casa de mi Padre casa de mercado. Entonces se acordaron sus discípulos que está escrito: El celo de tu casa me consume". Juan 2, 13-17.

Conclusión:

El salmo 69 está atribuido a David, y se refiere al propio autor y a sus enemigos, y no al mesías. Puntos 40, 47, 49, 50.

Es uno de tantos salmos que el cristianismo reclama como mesiánico, y lo atribuye arbitrariamente a Jesús. Ver punto 5 sobre los Salmos.

El contexto dice:

"Me hundo en el cieno del abismo y no puedo hacer pie; me he metido en aguas profundas y las olas me anegan. Estoy exhausto de gritar, me arde la garganta, mis ojos se consumen de esperar a mi Dios. Son más que los pelos de mi cabeza los que me odian sin motivo; son poderosos los que me destruyen, los que me hostigan sin razón (¿Tengo que devolver lo que no he robado?). Tú conoces, oh Dios, mi torpeza, no se te ocultan mis ofensas... acércate a mí, rescátame, líbrame de mis enemigos... Derrama sobre ellos tu enojo, los alcance el ardor de tu cólera; que su morada se convierta en erial, que nadie habite en sus tiendas... sean borrados del libro de la vida, no sean inscritos con los justos...".

Bonitas maldiciones en boca del mesías, con deseos de muerte para sus enemigos, pidiendo que Yahvé le libre de ellos, *que le rescate*: ¿no había rezado Jesús por los transgresores? Puntos 58, 71-A.

El autor del pasaje de Juan demuestra que desconoce, o algo peor, la Toráh. ¿Cómo podía ser judío? Los cambistas estaban autorizados a estar donde estaban: Dt 14, 22-29.

Pero no es el único caso en que el autor del NT presenta a Jesús, se supone que inconscientemente, como un verdadero desconocedor e ignorante de los textos que en otras partes dicen que viene a cumplir y no a abolir (Mt 5, 17-19). El verdadero mesías debe conocer perfectamente la Toráh, y no hacerle incurrir en errores de bulto como le hacen cometer a Jesús, lo cual no es *tener gran celo por todo lo relativo a Dios*. Otro ejemplo, entre muchos, puede ser:

"Y sucedió que un sábado cruzaba Jesús por los sembrados, y sus discípulos empezaron a abrir camino arrancando espigas.

Decían los fariseos: "Mira, ¿Por qué hacen en sábado lo que no es lícito?". Él les dice: "¿Nunca habéis leído lo que hizo David cuando tuvo necesidad, y él y los que le acompañaban sintieron hambre, cómo entró en la Casa de Dios, en tiempos del sumo sacerdote Abiatar, y comió los panes de la presencia, que sólo a los sacerdotes es lícito comer, y dio también a los que estaban con él?" Y les dijo: "El sábado ha sido instituido para el hombre y no el hombre para el sábado. De suerte que el Hijo del hombre también es señor del sábado"": Marcos 2, 23-28.

•Discrepancia entre las versiones de Marcos y las de Mateo (12, 1-8) y Lucas (6, 1-5): para estos, el delito es recoger espigas para mitigar el hambre; para Marcos, el de arrancarlas para abrirse camino. La BJ, p. 1474, añade a esa explicación algo aún más espectacular: "Esta nueva versión [la de Marcos] no concuerda bien con el resto del relato que Marcos no ha modificado".

• Pasajes del Tanaj contradicen el texto del NT: recolectar durante seis días de la semana, pero nunca en sábado. Léase Ex 16, 4-5,25-27,29; Ex 20, 8-11; 23, 10-12: "Recuerda el día del sábado para santificarlo. Seis días trabajarás y harás todos tus trabajos, pero el día séptimo es día de descanso en honor de Yahvé, tu Dios. No harás ningún trabajo, ni tú, ni tu hijo…", Ex 34, 21: "Durante seis días trabajarás, pero el séptimo descansarás; en la siembra y en la siega, descansarás", etc., mientras otros son más específicos: "No dejéis de guardar mis sábados, porque el sábado es señal entre mí y vosotros, *de generación en generación* para que sepáis que yo soy Yahvé… *todo aquel que trabaje en sábado, morirá... Será una señal perpetua* entre mí y los israelitas... ": Ex 31, 13,15-17; 35, 2. De Ex 20, 8-11, la BJ, p. 95, da otra explicación de la que no entiendo si se ha enterado muy bien de lo que escribió: "El espíritu legalista trasformó la alegría de ese día [el sábado] en un agobio del que Jesús liberó a sus discípulos". Puntos 9, 23, 33 y 35.

> "No añadiréis nada a lo que yo os mando, ni quitaréis nada": Dt 4, 2.
> "Cuidaréis de poner en práctica todo esto que os mando: no añadiréis ni quitaréis nada": Dt 13, 1.
> El propio Jesús: "No penséis que he venido a abolir la Ley y los Profetas. No he venido a abolir, sino a dar cumplimiento. Os lo aseguro: mientras duren el cielo y la tierra, no dejará de estar vigente ni una i ni una tilde de la ley sin que todo se cumpla. Por tanto, el que traspase uno de estos mandamientos más pequeños y así lo enseñe a los hombres, será el más pequeño en el Reino de los Cielos; en cambio, el que los observe y los enseñe, ése será grande en el Reino de los Cielos": Mt 5, 17-19.

Punto 71-C.

• El texto del AT trasladado por Marcos y puesto en boca de Jesús contiene errores graves: el sumo sacerdote no era Abiatar sino Ajimélec, padre del primero. I Sam 21, 2-7; 22, 20; 23, 6; 30, 7. Extraño yerro del que se dice que era el mesías y tendría gran celo por todo lo relativo a Yahvé.

• Pero hay más errores: David no recolectó, sólo comió, por tanto la comparación no tiene sentido. Según el pasaje del NT, David iba acompañado; según el del AT, iba solo: I Sam 21, 2b. Otros pasajes del AT dicen que

Ajimélec no era el padre de Abiatar, sino su hijo: II Sam 8, 17; I Cro 18, 16; 24, 6; y aún en otro, I Sam 22, 9, el padre de Ajimélec es Ajitub. Con ello vengo a demostrar, como lo hago en otros puntos, que no sólo el NT comete errores; lo comenten ambos.

• Pero el injustificable despropósito del pasaje es otro: Jesús dice, o le hacen decir, que "El sábado ha sido instituido para el hombre y no el hombre para el sábado", lo cual contradice a "... pero el día séptimo es día de descanso *en honor de Yahvé*, tu Dios: Ex 20, 10; "... pero el día séptimo será día de descanso completo, *consagrado a Yahvé*": Ex 31, 15; "... pero el día séptimo es día de descanso, *consagrado a Yahvé*": Dt 5, 14. El sábado, el Shabbat judío, no es a causa del hombre ni el hombre a causa del Shabbat, como dijeron que dijo Jesús: es de Yahvé.

• Es más: incluso hacen que cometa errores sobre la nueva revelación. Un ejemplo es Marcos 8, 35. Dijeron que dijo: "... pero quien pierda su vida por mí y por el Evangelio, la salvará". Ninguna nota de la BJ, ni de la Reina-Valera, porque es evidente que el Evangelio aún no existía. Por esto evitan comentarios porque, ¿qué decir ante tal desatino?

El punto se vuelve en contra del mismo, como todos.

## 21.- Sería precedido por un mensajero

Profecía:

"Voz que clama en el desierto: Preparad camino a Jehová. Enderezad calzada en la soledad a nuestro Dios". Isaías 40, 3.

"He aquí yo envío mi mensajero, el cual preparará el camino delante de mí. Y luego, repentinamente, vendrá a su templo el Señor a quien buscáis, el ángel del pacto a quien vosotros deseáis. ¡He aquí que viene!, ha dicho Jehováh de los Ejércitos.". Malaquías 3:1.

"He aquí yo envío al profeta Elías antes de que venga el día de Jehovah, grande y temible.". Malaquías 4:5.

Cumplimiento:

"En aquellos días vino Juan el Bautista predicando en el desierto de Judea, y diciendo: Arrepentíos, porque el reino de los cielos se ha acercado. Pues éste es de quien habló el profeta Isaías cuando dijo: Voz del que clama en el desierto: Preparad camino del Señor. Enderezad sus sendas". Mateo 3, 1-3.

Conclusión:

Según Jesús, Juan el Bautista era ese mensajero (Elías, según Malaquías: Ml 3, 1):

> Jesús: "Este es de quien está escrito: "He aquí que yo envío mi mensajero delante de ti, que preparará tu camino por delante de ti"": Mateo 11, 10.

Sin embargo, según el propio Juan, no lo era:

> "Y le preguntaron: «¿Qué pues?; ¿Eres tú Elías?» Él (Juan el Bautista) dijo: «No lo soy».": Jn 1, 21.

Juan no cumplió lo que Malaquías anunció sobre el mensajero: según la profecía, debe reconciliar a la familia, cosa que no hizo Juan, y sí se le atribuyen otros hechos que ese precursor no debe hacer.

Ambos, Jesús y Juan, profetizaron el *inmediato* advenimiento del *Reino de los cielos*, en su misma generación, reino que no ha llegado hasta el momento, ni entonces ni después de casi dos mil años y, como ya sabemos, debe traerlo el mesías, no anunciarlo, ni marcharse diciendo que volvería en esa misma generación. Puntos 1, 29.

## 22.- Ministraría en Galilea

Algunas listas añaden: *"Sería luz a Zabulón y Neptalí"*.
Profecía:

"Más no habrá siempre oscuridad para la que ahora está en angustia, tal como la aflicción que le vino en el tiempo que livianamente tocaron la primera vez a la tierra de Zabulón y a la tierra de Neftalí; pues al fin llenará de gloria el camino del mar, de aquel lado del jordán en galilea de los gentiles". Isaías 9, 1 -8, 23.

Cumplimiento:

"Cuando Jesús oyó que Juan estaba preso, volvió a Galilea; y dejando a Nazaret, vino y habitó en Capernaum, ciudad marítima, en la región de Zabulón y Neftalí, para que se cumpliese lo dicho por el profeta Isaías, cuando dijo: Tierra de Zabulón y tierra de Neftalí, camino del mar, el otro lado del jordán, galilea de los gentiles; el pueblo asentado en tinieblas vio gran luz; y a los asentados en región de sombra de muerte, luz les resplandeció. Desde entonces comenzó Jesús a predicar y a decir: arrepentíos, porque el reino de los cielos se ha acercado". Mateo 4, 12-17.

Un EC dice: "Comentario Bíblico: La profecía de Isaías fue cumplida cuando Jesús ministró en Capernaum, cerca de la principal vía que une a Egipto con Damasco, llamado "El camino del mar"".

Conclusión:

Sin embargo, en el pasaje de Isaías no hay alusión alguna al ministerio del mesías, tal vez porque el auténtico mesías no tiene que ministrar, ni tener discípulos, ni nada de lo que se imputa a Jesús. Tal vez la canción canse, pero es necesario repetirla una vez más: el auténtico mesías debe traer a la Tierra el reino de Yahvé, y dar gloria a Israel venciendo a todos sus enemigos en una única llegada.

Es más, Mateo da como referencia de esa profecía: "... para que se cumpliera lo anunciado por el profeta Isaías cuando dijo: Tierra de Zabulón y tierra de Neftalí, camino del mar, más allá del Jordán, Galilea de los gentiles. El pueblo que yacía en tinieblas vio una gran luz; para aquellos que yacían en región y sombra de muerte una luz amaneció".

Isaías no dijo eso: Mateo distorsiona las palabras del profeta, convierte un hecho en otro ↓ y, además, sitúa a Cafarnaúm -población de la que nadie sabe nada fuera de los evangelios hasta finales del siglo I- en dos territorios diferentes [20]. No sólo Nazaret es desconocida en el AT: también otras poblaciones mencionadas en el NT son desconocidas en el AT, entre ellas Cafarnaúm: calificada por Mateo como *ciudad marítima* en la región de Zabulón y Neftalí, cuando ninguno de estos dos hijos de Jacob tenía territorios que diesen al mar... el de su hermano Aser les cortaba el paso. Si buscamos en un mapa la localización de Cafarnaúm, nos encontraremos con la sorpresa de que dista mucho de ser una ciudad marítima, estando situada al noreste de Nazaret, lejos de la mar. La

---

[20] Mateo parece desconocer que Zabulón y Neptalí son dos territorios diferentes, por lo que la supuesta población de Cafarnaúm estaría en uno de esos territorios o en el otro, pero no en los dos.

única solución al problema, por supuesto, es que se refiriese al lago de Tiberíades, llamado también mar de Galilea.

La propia BJ, p. 1105, nos aclara que en el pasaje de Isaías, Yahvé alude a las campañas asirias de 732 aC *en Galilea*, y anuncia la liberación de los deportados, en tiempos de un rey judío concreto: Teglatfalasar y el hijo de Ajaz, ¿qué tienen que ver con 750 años más tarde y con el propio mesías?

> *La aflicción que le vino...* ("Como el tiempo primero ultrajó a la tierra de Zabulón...", traduce la BJ) señala la invasión del asirio. *Pues al fin llenará de gloria el camino del mar...* ("... así el postrero honró el camino del mar", dice la BJ) indica la liberación de los deportados por los asirios.

Curiosamente, el EC nombra a Damasco junto con el ministerio de Jesús: esa ciudad había sido predestinada por Yahvé a ser destruida completamente mucho antes del tiempo de Jesús:

> "Oráculo contra Damasco. He aquí que Damasco deja de ser ciudad, y va a ser montón de derribo": Isaías 17, 1.

Punto 33.

## 23.- Viviría en Nazaret, conocido como "Nazareno"

Profecía:

"Un retoño brotará del tronco de Isaí, y un vástago de sus raíces dará fruto.". Isaías 11:1.
"He aquí vienen días, dice Jehovah, en que levantaré a David un Retoño justo. Reinará un Rey que obrará con inteligencia y que practicará el derecho y la justicia en la tierra.". Jeremías 23:5.
"Escucha, pues, oh Josué, sumo sacerdote; tú, y tus amigos que se sientan delante de ti, puesto que son hombres de carácter simbólico: He aquí yo traigo a mi siervo, el Retoño.". Zacarías 3:8.
"Y le hablarás diciendo que así ha dicho Jehovah de los Ejércitos: '¡He aquí el hombre cuyo nombre es el Retoño brotará de su lugar y edificará el templo de Jehovah!". Zacarías 6:12.

Cumplimiento:

"Habiendo llegado, habitó en la ciudad que se llama Nazaret. Así se cumplió lo dicho por medio de los profetas, que había de ser llamado nazareno.". Mateo 2:23.
"Cuando cumplieron con todos los requisitos de la ley del Señor, volvieron a Galilea, a su ciudad de Nazaret.". Lucas 2:39.

Conclusión:

Otra de las profecías más forzadas: a Nazaret no se la nombra ni una sola vez en todo el AT, a pesar de sus listas de ciudades, pueblos de Galilea. Ni siquiera en las profecías del AT que los EC nos muestran en este punto, y de las que no sabemos exactamente a qué viene traerlas a colación si no dicen una palabra de lo que supuestamente profetizan, según los pasajes del NT.

El nombre de "nazoreo" o "nazireo" -no nazareno ↓ - se le asignaba a quien estaba consagrado a Yahvé, lo cual representaba, entre otras cosas, hacer ayuno y, consecuentemente, abstenerse de comidas y bebidas "suculentas". Jesús hacía todo lo contrario:

> "Entonces se le acercan los discípulos de Juan y le dicen: «¿Por qué nosotros y los fariseos ayunamos, y tus discípulos no ayunan?»": Mateo 9, 14, a pesar de que Jesús dicen que dijo que había venido a cumplir la Ley (Mt 5, 17-19). Puntos 20 y 35.

> "Buena es la oración con el ayuno": Tobías 12, 8; I Samuel 31, 13. *Levítico 16, 29.*

> "Porque vino Juan, que ni comía ni bebía, y dicen: «Demonios tiene». Vino el Hijo del hombre, que come y bebe, y dicen: «Ahí tenéis un comilón y un borracho, amigo de publicanos y pecadores»": Mateo 11, 18-19.

Zacarías dice que el retoño edificará el templo de Jehová. ¿Qué templo edificó Jesús? Muy al contrario: dijo que no quedaría nada del templo existente en su época. Punto 39.

El profeta se refería a un templo terrenal, una construcción humana, no a lo que dijeron que dijo Jesús sobre su propio cuerpo. Ver Ez 37, 21-28.

Mateo 2, 23: "Así se cumplió lo dicho *por medio de los profetas*, que había de ser llamado nazareno", dice en la lista de los EC. La BJ, p. 1425, traduce "nazoreo". Esta Biblia, como pasajes que lo confirmen, da ¡10!, pero todos del NT.

¿Cuáles profetas y en dónde dijeron que el mesías había de ser llamado nazareno o nazireo? Como he dicho antes, las cuatro citas del AT ostentadas por los EC en este punto no dicen una palabra sobre el particular, ni siquiera nombran a Nazaret: en consecuencia, la misma presentación del punto es falsa, además de que el rey-mesías debe vivir en Jerusalén.

## 24.- EL MINISTERIO DEL MESÍAS INCLUIRÍA MILAGROS

Algunas listas añaden: *"Dios mismo vendrá; los sordos y los ciegos serán sanados".*
Profecía:

"En aquel tiempo los sordos oirán las palabras del libro, y los ojos de los ciegos verán desde la oscuridad y las tinieblas. Entonces los humildes volverán a alegrarse en Jehovah, y los más necesitados de los hombres se regocijarán en el Santo de Israel.". Isaías 29:18-19.

"Entonces los ojos de los ciegos serán abiertos y los oídos de los sordos se abrirán. Entonces el cojo saltará como un siervo, y cantará la lengua del mudo; porque aguas serán cavadas en el desierto, y torrentes en la soledad". Isaías 35, 5-6.

"He aquí que un rey reinará según la justicia, y los magistrados gobernarán según el derecho. Aquel hombre será como un escondedero contra el viento y como un refugio contra la tempestad. Será como corrientes de aguas en tierra de sequedad, como la sombra de un gran peñasco en una tierra sedienta. Entonces no se cerrarán los ojos de los que ven, y los oídos de los que oyen estarán atentos. El corazón de los imprudentes entenderá para comprender, y la lengua de los tartamudos hablará con fluidez y claridad. El vil nunca más será llamado generoso; ni noble, el canalla. Porque el vil habla vilezas; su corazón trama la iniquidad para practicar la impiedad y hablar perversidades contra Jehovah, a fin de dejar vacía al alma hambrienta y privar de bebida al sediento. Pues el canalla tiene recursos de perversidad. El hace planes para enredar a los afligidos con palabras engañosas, aun cuando el pobre hable con derecho. Pero el generoso concebirá acciones generosas, y por las acciones generosas permanecerá". Isaías 32:1-8.

"¡Consolad, consolad a mi pueblo!", dice vuestro Dios. "Hablad al corazón de Jerusalén y proclamadle que su condena ha terminado y su iniquidad ha sido perdonada, que de la mano de Jehovah ya ha recibido el doble por todos sus pecados." Una voz proclama: "¡En el desierto preparad el camino de Jehovah; enderezad calzada en la soledad para nuestro Dios! ¡Todo valle será rellenado, y todo monte y colina rebajados! ¡Lo torcido será convertido en llanura, y lo escabroso en amplio valle! Entonces se manifestará la gloria de Jehovah, y todo mortal juntamente la verá; porque la boca de Jehovah ha hablado." Una voz decía: ¡Proclámalo! Y yo respondí: ¿Qué he de proclamar? --Que todo mortal es hierba, y toda su gloria es como la flor del campo. La hierba se seca, y la flor se marchita; porque el viento de Jehovah sopla sobre ella. Ciertamente el pueblo es hierba. La hierba se seca, y la flor se marchita; pero la palabra de nuestro Dios permanece para siempre. Sube sobre un monte alto, oh Sión, tú que anuncias buenas nuevas. Levanta con fuerza la voz, oh Jerusalén, tú que anuncias buenas nuevas. Levántala; no temas. Di a las ciudades de Judá: "¡He aquí vuestro Dios!" He aquí que el Señor Jehovah vendrá con poder, y su brazo gobernará por él. He aquí que su retribución viene con él, y su obra delante de él. Como un pastor, apacentará su rebaño; con su brazo lo reunirá. A los corderitos llevará en su seno, y conducirá con cuidado a las que todavía están criando.".Isaías40:1-11.

"Así dice Dios Jehovah, el que crea los cielos y el que los despliega; el que extiende la tierra y sus productos, y el que da respiración al pueblo que está en ella y aliento a los que andan por ella: "Yo, Jehovah, te he llamado en justicia, y te asiré de la mano. Te guardaré y te pondré como pacto para el pueblo, y como luz para las naciones, a fin de que abras los ojos que están ciegos y saques de la cárcel a los presos, y de la prisión a los que moran en las tinieblas. Yo, Jehovah; éste es mi nombre. *No daré mi gloria a otros, ni mi alabanza a los ídolos'''*. Isaías 42:5-8...

Cumplimiento:

"Entonces le trajeron un sordo y tartamudo, y le rogaron que le pusiera la mano encima. Y tomándole aparte de la multitud, metió los dedos en sus orejas, escupió y tocó su lengua. Luego mirando al cielo, suspiró y le dijo: ¡Efata! --que quiere decir: Sé abierto--. Y de inmediato fueron abiertos sus oídos y desatada la ligadura de su lengua, y hablaba bien. El les mandó que no lo dijeran a nadie; pero cuanto más les mandaba, tanto más lo proclamaban. Se maravillaban sin medida, diciendo: --¡Todo lo ha hecho bien! Aun a los sordos hace oír, y a los mudos hablar.". Marcos 7:32-37.

"Ella dará a luz un hijo; y llamarás su nombre Jesús, porque él salvará a su pueblo de sus pecados.". Mateo 1:21.

"Y le dijo: --¿Eres tú aquel que ha de venir, o esperaremos a otro? Y respondiendo Jesús les dijo: --Id y haced saber a Juan las cosas que oís y veis: Los ciegos ven, los cojos andan, los leprosos son hechos limpios, los sordos oyen, los muertos son resucitados, y a los pobres se les anuncia el evangelio.". Mateo 11:3-5.

"Mientras Jesús pasaba de allí, le siguieron dos ciegos clamando a gritos y diciendo: --¡Ten misericordia de nosotros, hijo de David!". Mateo 9:27. "Y los ojos de ellos fueron abiertos. Entonces Jesús les encargó rigurosamente diciendo: --Mirad que nadie lo sepa.". Mateo 9:30.

"Recorría Jesús todas las ciudades y aldeas enseñando en las sinagogas de ellos, y predicando el Evangelio del Reino, y sanando toda enfermedad y toda dolencia en el pueblo". Mateo 9, 35.

"Saliendo ellos de Jericó, le siguió una gran multitud. Y he aquí dos ciegos estaban sentados junto al camino, y cuando oyeron que Jesús pasaba, clamaron diciendo: ¡Señor, Hijo de David, ten misericordia de nosotros! La gente les reprendía para que se callasen, pero ellos gritaron aun más fuerte diciendo: --¡Señor, Hijo de David, ten misericordia de nosotros! Jesús se detuvo, los llamó y les dijo: --¿Qué queréis que os haga? Le dijeron: Señor, que sean abiertos nuestros ojos. Entonces Jesús, conmovido dentro de sí, les tocó los ojos; y de inmediato recobraron la vista y le siguieron.". Mateo 20:29-34.

Conclusión:

Una y otra vez se emplean los textos de Isaías para justificar el mesianismo de Jesús, tergiversándolo todo y sacándolo de contexto: esos pasajes son inferencia de lo que Isaías había dicho poco antes, y en ningún momento se refiere al mesías sino a un denominado *Pequeño Apocalipsis* y a Jerusalén: capítulos 34 y 35, que no son del verdadero Isaías sino del autor (o autores) del llamado *Segundo-Isaías* o *Deutero-Isaías*, el mismo autor o autores de los capítulos 40-55.

Por otra parte: los milagros ni son una prueba de la legitimidad y del poder de la misión de Yahvé…

> "Muchos me dirán aquel Día: "Señor, Señor, ¿no profetizamos en tu nombre, y en tu nombre expulsamos demonios, y en tu nombre hicimos muchos milagros?' Y entonces les declararé: "¡Jamás os conocí; apartaos de mí, agentes de iniquidad!'": Mateo 7, 22-23.

… ni el mesías debe venir forzosamente a ministrar y a hacer milagros.

Para el cristianismo, los milagros de Jesús descritos en el NT, son una prueba de su mesianismo: pero siendo así, demuestran una vez más que desconocen la verdadera esencia del judaísmo. Aparte de que el mesías podría llegar haciendo milagros (Yahvé por medio de él) pero no es condición obligatoria, no forman parte de la base de sus creencias: un milagro puede ocasionarse pero, según los EJ, por una necesidad, nunca para probar profecías o para demostrar que el milagrero viene de parte de Yahvé. Esto ya lo dijo Maimónides hace muchos siglos.

Sin embargo, los EJ explican otra cosa contradictoria de otros pasajes: el pueblo judío no dudó de la misión de Moisés, y que este no les estaba engañando en el Sinaí... porque su mensaje iba acompañado por grandes maravillas y señales que nadie podía hacer sino Yahvé, tal como leemos en Deuteronomio 4, 33-35.

Los EC, ¿hábilmente?, en su relación del *cumplimiento* omiten un pasaje importante: ¿qué milagros hizo Jesús? ¿Quién los corrobora? Precisamente en donde lo conocían, Nazaret, no hizo milagros: "Y no hizo allí muchos milagros, a causa de su falta de fe": Mt 13, 58. ¿Por su falta de fe o porque sabían la clase de *milagros* que hacía? [21]

Obsérvese el final de Isaías 42, 5-8: *"No daré mi gloria a otros, ni mi alabanza a los ídolos"*, y habla de Israel: a su pueblo asirá de la mano, a Israel guardará y pondrá como pacto para el pueblo, y como luz para las naciones... y no dará su gloria a otros:

> "Si de veras me obedecéis y guardáis mi alianza, seréis mi propiedad personal entre

---

[21] Existía una tradición en el primitivo cristianismo que tenía a Jesús como una especie de mago, hechicero, etc., como a otros muchos personajes de esa época, el cual conseguiría embaucar a la gente con artes fantásticas. El Talmud ↓ también ofrece, en parte, la misma opinión.

todos los pueblos, porque mía es toda la tierra": Ex 19, 5.

"Porque tú eres un pueblo consagrado a Yahvé tu Dios; a ti te ha elegido para que seas, de entre todos los pueblos que hay sobre la faz de la tierra, el pueblo de su propiedad": Dt 7, 6; 14, 2.

"... mas la porción de Yahvé *fue* su pueblo, Jacob su parte de heredad": Dt 32, 9. El hebreo dice: "*es* su pueblo".

"Yo dije: No romperé jamás mi alianza con vosotros": Jue 2, 1; Dt 7, 1-5.

"Habitaré en medio de los hijos de Israel y no abandonaré a mi pueblo Israel": I Re 6, 13.

"Mi alianza no violaré, no me retractaré de lo dicho": Salm 89, 35.

Puntos: siguiente y 73.

## 25.- El Mesías enseñaría en parábolas

Profecía:

"Abriré (el profeta esta hablando por el Mesías) mi boca en proverbios; hablaré cosas escondidas desde tiempos antiguos". Salmo 78, 2.

Cumplimiento:

"Todo esto habló Jesús por parábolas a la gente, y sin parábolas no les hablaba; para que se cumpliese lo dicho por el Profeta cuando dijo: Abriré en Parábolas mi boca; Declararé cosas escondidas desde la fundación del mundo". Mateo 13, 34-35.

"Y sus discípulos le preguntaron diciendo: ¿Qué significa ésta parábola? y El dijo: a vosotros os es dado ha conocer los misterios del Reino de Dios; pero a los otros por parábolas, para que viendo no vean y oyendo no entiendan". Lucas 8, 9-10.

Conclusión:

El salmo 78, que es de Asaf, uno de los cantores de David -I Cro 6, 39; 16, 5-, dice: "Escucha, pueblo mío, mi enseñanza, presta oído a las palabras de mi boca; voy a abrir mi boca en parábolas, a evocar los misterios del pasado. Lo que hemos oído y aprendido, lo que nuestros padres nos contaron, no lo callaremos a sus hijos, a la otra generación lo contaremos... ". Asaf no está hablando por el mesías, como *aclara* en medio de un paréntesis por su cuenta el EC que presenta la profecía: se está refiriendo a la historia del pueblo judío, y no menciona ni profeta ni mesías ni nada que se le parezca.

El mesías no debe venir a *hablar* ni *enseñar* en parábolas. Debe ser un rey-guerrero, y debe venir a dar gloria a Israel y a implantar el reino de Yahvé en la Tierra. Nada más y nada menos.

La cuestión de las parábolas de Jesús no es precisamente un tema muy apropiado para exaltar su figura, hecho que los EC pasan por alto, sabiendo que sus aturdidas ovejas no se cuestionarán nada, o no entendiendo las consecuencias que conlleva un análisis imparcial de los textos del NT que se refieren a ellas.

Examinemos Mateo 13, 10-15 con sumo cuidado:

> "Y acercándose los discípulos le dijeron: "¿Por qué les hablas en parábolas?". El les respondió: "Es que a vosotros se os ha dado conocer los *misterios* del Reino de los Cielos, *pero a ellos no*. Porque a quien tiene se le dará y sobrará; pero a quien no tiene, aun lo que tiene se le quitará. Por eso les hablo en parábolas, porque viendo no ven, y oyendo no oyen ni entienden. En ellos se cumple la profecía de Isaías: Oír, oiréis, pero no entenderéis, mirar, miraréis, pero no veréis. Porque se ha embotado el corazón de este pueblo, han hecho duros sus oídos, y sus ojos han cerrado; no sea que vean con sus ojos, con sus oídos oigan, con su corazón entiendan y se conviertan, y yo los sane"". Otros pasajes relacionados: Mt 13, 34-35; Mc 4, 10-12; Lc 8, 9-10; 19, 26; Jn 9, 39; 12, 40.

Un auténtico escándalo que desconoce la mayoría de los fieles, por supuesto: Jesús habla en parábolas (excepto en el E. de

Juan) para que sus oyentes no le entiendan *pues no les ha sido concedido entender*; eso sólo lo ha concedido a los apóstoles. Después, a escondidas, Jesús les explica a estos últimos el significado de sus parábolas: Mt 13, 18ss; Mc 4, 34, puesto que las parábolas son poco claras: Jn 16, 25,29, lo que convierte a semejante *revelación superior* en algo incierto, inseguro y oscuro, pues oscuro, sibilino, es lo que se basa en misterios: en efecto, el reino de los cielos es un misterio. Otros pasajes nos hablan también de misterios: Rm 16, 25; I Cor 2, 7; Ef 3, 9; Col 2, 2-3..., algo así como un secretismo, un esoterismo, una religión mistérica en la que sólo los elegidos conocen la esencia... sus *misterios*.

> "Yahvé no hace acepción de personas": Dt 10, 17; 16, 19; II Cro 19, 7; Job 34, 19; Mt 22, 16; Act 10, 34...
>
> "No es bueno discriminar a nadie": Pr 28, 21.

Sin embargo, otros pasajes dicen lo contrario:

> "Concedo mi favor a quien quiero y tengo misericordia con quien quiero": Gn 4, 3-5; 9, 25; 17, 19-21; 21; 25, 23; 27; 29, 15-30; Ex 2, 25; 14, 26-28; 19, 5; 20, 5; 33, 19; Lv 26, 9; Dt 7, 6-8; 10, 17; 32, 8; I Sam 16, 12; I Re 2, 15; To 4, 19; Est 10, 3g; II Mac 5, 19; 6, 14; Salm 33, 12; 103, 10; 138, 6; Ecle 9, 11; Dn 4, 29, 32; Am 3, 2; Jon 4, 11; Mt 10, 5-6; 13, 12; 19, 11; Lc 10, 23-24; Jn 14, 17; 15, 19; 17, 9; Rm 9, 11-13, 15-16; I Cor 11, 3-10...
>
> Yahvé tiene elegidos: Gn 11, 28ss...
>
> Yahvé tiene a un pueblo que es de su propiedad: Ex 19, 5; Dt 4, 20; 7, 6ss; 28, 10; Am 3, 2: "Vosotros (los israelitas) sois hijos de Yahvé vuestro Dios... Porque tú eres un pueblo consagrado a Yahvé tu Dios, y Yahvé te ha escogido a ti para que seas el pueblo de su propiedad entre todos los pueblos que hay sobre la faz de la tierra": Dt 14, 1-2.

> "Pues Yahvé se ha elegido a Jacob, a Israel, para ser su propiedad": Salmo 135, 4.

Véanse los puntos 9 y 71-C.

Como hemos visto, el pasaje del NT, puesto en boca de Jesús, alude a otro de Isaías (6, 8-10), pero allí está incompleto. Leámoslo entero:

> "Y percibí la voz del Señor que decía: «¿A quién enviaré?, ¿y quién irá de parte *nuestra*?» Dije: «Heme (Isaías) aquí: envíame.» Dijo: «Ve y di a ese pueblo: *"Escuchad bien, pero no entendáis, ved bien, pero no comprendáis.".* Engorda el corazón de ese pueblo, *hazle duro de oídos, y pégalo los ojos, no sea que vea con sus ojos, y oiga con sus oídos, y entienda con su corazón, y se convierta y se le cure»"*.

> "Nunca habéis oído la voz de Dios": Jn 5, 37.

"De parte *nuestra*", plural. Aconsejo a los lectores que vuelvan a leer el pasaje: Yahvé envía al profeta para hacer duros los oídos de los israelitas y no oigan, para que se les peguen los ojos y no vean... así no entenderán y no se convertirán... así podrá enviar a otros pueblos contra ellos y cubrirse de gloria. Job 9, 17. Ex 4..., escribí en el Tomo III de *La Biblia ante la Biblia...* El pasaje es paralelo, en cuanto a las intenciones de Yahvé, al episodio del endurecimiento del corazón del faraón, en Éxodo 4ss. Y también a Jos 11, 20, Tomo II del mismo libro.

*Y Jesús lo repite en el NT, haciendo lo mismo que su "Padre": habla en parábolas para que la gente no le entienda, así no se convertirán y no les sanará.*

Lo dice bien claro, tanto el pasaje de Isaías como el de Mateo: el lector que aún tenga dudas, sólo tiene que volverlos a leer en cualquier Biblia.

El punto 31 dice, contrariamente, que *muchos entendían*.

## 26.- SERÍA PREDICADOR Y LIBERTADOR

Profecía:

"El Espíritu del Señor Jehovah está sobre mí, porque me ha ungido Jehovah. Me ha enviado para anunciar buenas nuevas a los pobres, para vendar a los quebrantados de corazón, para proclamar libertad a los cautivos y a los prisioneros apertura de la cárcel, para proclamar el año de la buena voluntad de Jehovah y el día de la venganza de nuestro Dios, para consolar a todos los que están de duelo.". Isaías 61:1-2.

Cumplimiento:

"El Espíritu del Señor está sobre mí, porque me ha ungido para anunciar buenas nuevas a los pobres; me ha enviado para proclamar libertad a los cautivos y vista a los ciegos, para poner en libertad a los oprimidos y para proclamar el año agradable del Señor.". Lucas 4:18-19.

Conclusión:

El pasaje de Isaías, al igual que todo el contexto, se refiere a Israel, al pueblo judío: luz de las naciones, como comprobaremos mejor en Isaías 53.
    El *día de la venganza de nuestro Dios* no puede aplicarse en absoluto a la vida evangélica de Jesús, ni el pasaje de Lucas se

corresponde con lo anunciado en Isaías: lo que dice Lucas no concierne a lo que debe hacer el mesías.

La liberación a la que apunta el EC no es la liberación *de cautivos y oprimidos* de Lucas: la liberación que debe traer el mesías es para Israel. Pocas décadas después de la ejecución de Jesús ocurrió todo lo contrario: Israel (Judea) desapareció del mapa.

## 27.- En el AT se habla de Jesús

Profecía:

"El sacrificio y la ofrenda no te agradan; tú has abierto mis oídos. Holocaustos y sacrificios por el pecado no has pedido. Entonces dije: "He aquí, yo vengo. En el rollo de pergamino está escrito acerca de mí: 'El hacer tu voluntad, oh Dios mío, me ha agradado; y tu ley está en medio de mi corazón.'". Salmo 40: 6-8.

Cumplimiento:

"Por lo tanto, entrando en el mundo, él dice: Sacrificio y ofrenda no quisiste, pero me preparaste un cuerpo. Holocaustos y sacrificios por el pecado no te agradaron; entonces dije: "¡Heme aquí para hacer, oh Dios, tu voluntad!" como en el rollo del libro está escrito de mí". Hebreos 10:5-7.

Conclusión:

Es uno de los puntos más capciosos y falaces.

¿En el Salmo 40 hay algo escrito sobre Jesús? ¿Dónde ven los señores lectores a Jesús en ese salmo, o en cualquier otro?

Obsérvese la trampa, una más, de los EC: el *cumplimiento* del NT se limita a trasladar las palabras del pasaje de Salmos, aplicándoselas a Jesús arbitrariamente, a una figura que se estaba construyendo.

En varios pasajes del NT se declara -algunos por el propio Jesús ↓ - que en las Escrituras se habla de él: ¿en dónde del Tanaj se habla de Jesús?
Si los exegetas sólo saben dar la referencia de ese salmo, las referencias son muy pobres. En los textos sagrados judíos no hay ni una sola correlación a ningún Jesús como mesías. *Puntos 16, 71-A.*

"Vosotros investigáis las Escrituras, ya que creéis tener en ellas vida eterna; ellas son las que dan testimonio de mí... porque Moisés escribió de mí": Jn 5, 39,46. La VL y las Biblias protestantes dicen algo diferente al principio: "Escudriñad las Escrituras, porque a vosotros os parece que...".

La BJ, p. 1557, dice: "Jesús es el centro y fin de las Escrituras, ver...". Para confirmarlo, a continuación da nuevamente varios pasajes del NT, y ninguno del AT.

Es también un arma muy usada por los EC con el fin de dar autoridad a su mesías y a su creencia, que cumpliría así la pretensión de ser la culminación del judaísmo: según ellos, en los textos judíos se alude a Jesús constantemente. Pero la auténtica verdad es que, como acabo de decir, no existe ni una sola alusión: como aquí en las profecías, todo son tergiversaciones y acomodaciones al gusto de esos EC.

Puntos 11, 36.

## 28.- Tendría favor delante de Dios y de los hombres

Profecía:

"Tú eres el más hermoso de los hijos del hombre; la gracia se ha derramado en tus labios. Por eso Dios te ha bendecido para siempre.". Salmo 45:2.

"Y ahora Jehovah quien me formó desde el vientre para ser su siervo, a fin de hacer que Jacob volviese a él y lograr que Israel se adhiriera a él, pues yo soy estimado en los ojos de Jehovah, y mi Dios es mi fortaleza.". Isaías 49:5.

Cumplimiento:

"El niño crecía y se fortalecía, y se llenaba de sabiduría; y la gracia de Dios estaba sobre él.". Lucas 2:40.

Conclusión:

Increíble y patético tener que recurrir a ese pasaje de Lucas para hacer que se cumpla la profecía: nuevamente debo señalar que el siervo que menciona Isaías es Israel.

El salmo 45 es un canto profano para las bodas de un rey judío, probablemente Salomón o Ajab. La BJ lo confirma: página 719.

Lo del favor delante de Dios es imposible saberlo; lo de delante de los hombres, los propios textos del NT dicen que fue todo lo contrario.

Otros puntos de esta lista plantean *lo contrario de este punto*, por ejemplo el siguiente, y los 40, 47 y siguientes, en una exhibición de ceguera colectiva de los EC.

## 29.- Piedra de tropiezo de los líderes judíos

Profecía:

"La piedra que desecharon los edificadores ha venido a ser la principal del ángulo. De parte de Jehovah es esto; es una maravilla a nuestros ojos.". Salmo 118: 22-23.

Cumplimiento:

"Jesús les dijo: --¿Nunca habéis leído en las Escrituras? La piedra que desecharon los edificadores, ésta fue hecha cabeza del ángulo. De parte del Señor sucedió esto, y es maravilloso en nuestros ojos.". Mateo 21:42.

"¿No habéis leído esta Escritura: La piedra que desecharon los edificadores, ésta fue hecha cabeza del ángulo; de parte del Señor sucedió esto, y es maravilloso en nuestros ojos?". Marcos 12:10-11.

"Pero él, mirándolos, les dijo: --¿Qué, pues, es esto que está escrito: La piedra que desecharon los edificadores, ésta fue hecha cabeza del ángulo?". Lucas 20:17.

"El es la piedra rechazada por vosotros los edificadores, la cual ha llegado a ser cabeza del ángulo". Hechos 4:11.

"De manera que, para vosotros que creéis, es de sumo valor; pero para los que no creen: La piedra que desecharon los edificadores, ésta fue hecha cabeza del ángulo, y: piedra de tropiezo y roca de escándalo. Aquéllos tropiezan, siendo desobedientes a la palabra, pues para eso mismo fueron destinados.". 1ª Pedro 2:7-8.

"¿Por qué? Porque no era por fe, sino por obras. Tropezaron en la piedra de tropiezo, como está escrito: He aquí pongo en Sión una piedra de tropiezo y una roca de escándalo; y aquel que cree en él no será avergonzado.". Romanos 9:32-33.

Conclusión:

Salmo 118 no es una visión del futuro: recuerdo que los Salmos no tienen valor profético, al parecer desconocido o ignorado por los brillantes EC. Ver punto 5.

Es un canto que precede al himno de acción de gracias que se recitaba en la procesión al entrar en el Templo en la llamada "Fiesta de las Tiendas", los versículos 22 y 23 están sacados de contexto y no se refieren al mesías: es un canto a Yahvé, y la piedra desechada es Israel. Punto 74.

Uno de los puntos más incongruentes. "La piedra que desecharon los edificadores": esto no tiene relación alguna con los líderes judíos. Es más: el verdadero mesías debe estar en completo acuerdo con esos líderes -el Sanedrín- y no en contra tal como estuvo Jesús: el mesías, cualquier mesías, debe ser aceptado por el Sanedrín.

Es completamente absurdo que el mesías esperado no sea reconocido por el pueblo judío y por sus líderes religiosos: no tiene sentido alguno. ¿Cómo va a ser *el verdadero mesías de Israel* si los propios judíos no lo aceptan como tal? ¿Cómo va a estar -ser la piedra de tropiezo- el mesías en contra de los líderes judíos?

Increíbles los enredos de los EC: repito que lo que leemos en los pasajes del NT sólo son intentos de justificación del no cumplimiento de lo que verdaderamente debe hacer el auténtico mesías esperado para el fin de los tiempos. La mayor prueba es el invento de la segunda venida del mesías. Punto 1.

Algunas listas, intentando dar mayor credibilidad al mesianismo de Jesús, ingenuamente (o no, porque saben a quiénes lo dirigen) añaden datos que creen que van a su favor cuando hacen exactamente lo contrario: argumentan que *muchos* judíos creyeron en él, aportando como prueba a los doce apóstoles, Pablo, María, la madre de Jesús, Bernabé, Santiago, Zacarías e Isabel, padres de Juan el Bautista, Marta, María y Lázaro, hermanos, María Magdalena, Esteban... ¿Eso son *muchos* judíos? La comunidad de Jerusalén estaba en la ruina, hasta que apareció Pablo y sus enfrentamientos con los apóstoles y sus devaneos con los gentiles. Ver *Hechos (Actos) de los Apóstoles*.

Objeciones todas las que se quiera, señores lectores.

Por ejemplo: Juan el Bautista, a pesar de que lo bautizó, de que tuvo que enterarse forzosamente de la aparición del Espíritu Santo en ese momento y tuvo que oír la voz que venía del cielo (Jn 1, 29-34), a pesar de que en un principio creyó en él, después contradijo al propio Jesús diciendo que él no era Elías, y al final de su vida preguntó sobre Jesús: "¿Eres tú el que ha de venir, o debemos esperar a otro?" (Mt 11, 3), evidenciando que no daba la talla del mesías que los judíos esperaban: ver Mt 3, 10-12, en donde Juan, y todos los judíos, espera un final inmediato que Jesús no traía (punto 1: Parusía; punto 21). Más ejemplos: Pedro le negó tres veces; sus apóstoles no creyeron que había resucitado; uno de ellos le había traicionado; sus propios hermanos no creían en él (Jn 7, 5; punto 40); sus conciudadanos no sabían quién era (Mt 16, 13-14)... y lo más importante: no son *algunos* judíos los que deben aceptar al mesías como tal; son todos, y en primer lugar el Sanedrín. Ver punto 47.

## 30.- BENDITO EL QUE VIENE EN EL HOMBRE DE YAHVÉ

Profecía:

"¡Bendito el que viene en el nombre de Jehovah! Desde la casa de Jehovah os bendecimos.". Salmo 118:26.

Cumplimiento:

"Las multitudes que iban delante de él y las que le seguían aclamaban diciendo: --¡Hosanna al Hijo de David! ¡Bendito el que viene en el nombre del Señor! ¡Hosanna en las alturas!". Mateo 21:9.

"Porque os digo que desde ahora no me veréis más hasta que digáis: ¡Bendito el que viene en el nombre del Señor!". Mateo 23:39.

"He aquí vuestra casa os es dejada desierta. Os digo que no me veréis más, hasta que venga el día cuando digáis: "¡Bendito el que viene en el nombre del Señor!". Lucas 13:35.

"Ellos decían: --¡Bendito el rey que viene en el nombre del Señor! ¡Paz en el cielo, y gloria en las alturas!". Lucas 19:38.
"Tomó ramas de palmera y salió a recibirle, y le aclamaban a gritos: "¡Hosanna! ¡Bendito el que viene en el nombre del Señor, el Rey de Israel!". Juan 12:13.

Conclusión:

Misma nota del punto anterior: el salmo 118 es sólo un canto a Yahvé, e intentar aplicarlo a *algo* que deba hacer o ser el mesías no tiene sentido.

## 31.- Muchos entenderán

Profecía:

"Así asombrará a muchas naciones. Los reyes cerrarán la boca delante de él, porque verán lo que nunca les había sido contado, y comprenderán lo que nunca habían oído.". Isaías 52:15.

Cumplimiento:

"Sino como está escrito: Verán aquellos a quienes nunca se les anunció acerca de él, y los que no han oído entenderán.". Romanos 15:21.

Conclusión:

Con toda seguridad, Isaías es el profeta más recurrido y manipulado por los autores del NT -y los EC-: en su afán de mostrar a Jesús como el mesías esperado, cogen prácticamente cualquier pasaje para ostentarlo como mesiánico y aplicárselo a Jesús, pero muchas veces van demasiado lejos: ¿a qué muchas naciones asombró Jesús?, ¿qué reyes cerraron la boca delante de él?

Otros pasajes de Isaías dicen lo contrario sobre, según los EC, el mismo personaje:

> "Despreciado, marginado, hombre doliente y enfermizo, como de taparse el rostro por no verle. Despreciable, un Don Nadie": Is 53, 3.

Es falso, además, que muchos entendieran: los apóstoles no entendían nada, y el propio Jesús hablaba en parábolas para que nadie entendiese: parece provenir todo de un Dios al que le cuesta hacerse entender... o algo peor: quiere que no le entiendan.

El punto se contradice con el 25, y con el siguiente.

## 32.- ¿QUIÉN HA CREÍDO?

Profecía:

"¿Quién ha creído nuestro anuncio? ¿Sobre quién se ha manifestado el brazo de Jehovah?". Isaías 53:1.

Cumplimiento:

"Pero a pesar de haber hecho tantas señales delante de ellos, no creían en él; para que se cumpliese la palabra del profeta Isaías que dijo: Señor, ¿quién ha creído a nuestro mensaje? ¿A quién se ha revelado el brazo del Señor?". Juan 12: 37-38.

Conclusión:

Isaías 53: no se refiere al mesías sino a Israel como nación, y aunque es la opinión mayoritaria dentro del judaísmo, existen otras corrientes minoritarias que opinan que se refiere al mesías, o al propio profeta Isaías. Sea como sea, ninguna acepta a Jesús como el mesías esperado.

Otros pasajes del NT contradicen a Juan 12, 37-38:

> "Entonces le interpelaron algunos escribas y fariseos: "Maestro, queremos ver un signo hecho por ti". Mas él les respondió: "¡Generación malvada y adúltera! Un signo pide, y no se le dará otro signo que el signo del profeta Jonás"": Mt 12, 38-39.

"Yo os aseguro: no se dará a esta generación ningún signo": Mc 8, 12.

"... pero no se le dará otro signo que el signo de Jonás": Lc 11, 29.

El punto parece estar también en contradicción con el anterior: ¿entenderían o no entenderían?

## 33.- Luz de los gentiles

Profecía:

"Yo Jehová te he llamado en justicia, y te sostendré con la mano, te guardaré y te pondré por pacto al pueblo, por luz de las naciones, para que abras los ojos de los ciegos, para que saques de la cárcel a los presos y de las casas de prisión a los que moran en tinieblas". Isaías 42, 6-7.

"Dice: "Poca cosa es que tú seas mi siervo para levantar a las tribus de Israel y restaurar a los sobrevivientes de Israel. Yo te pondré como luz para las naciones, a fin de que seas mi salvación hasta el extremo de la tierra.". Isaías 49:6.

"Entonces las naciones andarán en tu luz, y los reyes al resplandor de tu amanecer.". Isaías 60:3.

Cumplimiento:

"El pueblo asentado en tinieblas vio gran luz, y a los asentados en región de sombra de muerte, luz les resplandeció". Mateo 4, 16.

" Luz (JESUS, el Mesías) para revelación a los gentiles y Gloria de tu pueblo Israel". Lucas 2, 32.

"Porque así nos ha mandado el Señor: Te he puesto por luz a los gentiles, a fin de que seas para salvación hasta lo último de la tierra.". Hechos 13:47.

"Que el Cristo había de padecer, y que por ser el primero de la resurrección de los muertos, había de anunciar luz al pueblo y a los gentiles.". Hechos 26:23.

"Sabed, pues, que a los gentiles es anunciada esta salvación de Dios, y ellos oirán.". Hechos 28:28.

Conclusión:

De nuevo nos encontramos con Is 42: la luz de las naciones, la luz de los gentiles, es Israel. Leyendo el contexto de los capítulos 40 a 55 -Deutero o Segundo Isaías-, encontramos al *Siervo del Señor*, y observamos que ese siervo es Israel como unidad, es decir, el pueblo judío.

En Mt 5, 14-16 Jesús lo confirma diciendo que la luz del mundo son los judíos, si bien en Jn 8, 12 se contradice y dice que la luz del mundo es él.

> Jesús, dirigiéndose a sus congéneres judíos: "Vosotros sois la luz del mundo... brille vuestra luz delante de los hombres": Mateo 5, 14-16.
>
> "Yo soy la luz del mundo": Juan 8. 12.

Otros pasajes dicen:

> "No deis a los perros lo que es santo, ni echéis vuestras perlas delante de los puercos, no sea que las pisoteen con sus patas, y después, volviéndose, os despedacen": Mateo 7, 6.
>
> "A estos doce envió Jesús, después de darles estas instrucciones: "No toméis camino de gentiles ni entréis en ciudad de samaritanos; dirigíos más bien a las ovejas perdidas de la casa de Israel"": Mateo 10, 5-6.
>
> "No he sido enviado más que a las ovejas perdidas de la casa de Israel": Mateo 15, 24.

"No está bien tomar el pan de los hijos y echárselo a los perritos": Mateo 15, 26; Marcos 7, 27.

"No temas, pequeño rebaño, porque a vuestro Padre le ha parecido bien daros a vosotros el Reino": Lucas 12, 32.

"Atravesaron Frigia y la región de Galacia, pues el Espíritu Santo les había impedido predicar la palabra en Asia": Hechos 16, 6.

No faltan los pasajes que dicen lo contrario, en los que Jesús ordena a los apóstoles que fuesen a predicar su palabra a toda criatura y a toda nación, y él mismo entró en ciudades de samaritanos (Juan 4, 3ss; 4, 40):

"Id por todo el mundo y proclamad la Buena Nueva a toda la creación": Marcos 16, 15.

"Id, pues, y haced discípulos a todas las gentes bautizándolas en el nombre del Padre y del Hijo y del Espíritu Santo": Mateo 28, 19; Hechos 1, 8; 8, 25; 15, 3,7; 22, 21; 28, 28; Gálatas 2, 2.

A pesar de todo, también dijeron que dijo que no tendrían tiempo ni de predicar por todas las ciudades de Israel porque antes llegaría el Reino de Dios: "Yo os aseguro: no acabaréis de recorrer las ciudades de Israel antes que venga el Hijo del hombre": Mateo 10, 23.

El punto es también importante por contradecir de nuevo la teología judía en un nuevo aspecto, muy importante: el judaísmo no es misionero, no trata de hacer adeptos, y no tiene mandamiento alguno en ese sentido. Es la base fundamental para entender la concepción judía de la revelación que les fue entregada: la Toráh fue dada por Yahvé a Israel, *sólo a Israel, nadie puede apropiarse de ella ni convertirla en otra cosa, nadie puede cambiar una coma de sus textos sagrados.* Puntos 20 y 35.

Las demás naciones tienen las llamadas *leyes noémicas*[22], por

---

[22] *Leyes noémicas*, o *leyes morales de Noé*, según la tradición sacerdotal, una de las fuentes del Génesis y que, por cierto, *no aparecen* explícitamente en ninguna parte del mismo: así es, dirigidas a todo el mundo gentil, no se pueden ni encontrar detalladas como tales ni, consecuentemente, consultarlas. Según los rabinos y EJ, esas leyes se componen de siete mandamientos, y sus derivados, escritos por rabinos, van dirigidas a los gentiles, las personas no judías, y quienes las observen serán salvos: el pueblo elegido ya tiene sus propias leyes, con muchos más mandamientos de siete (613, concretamente, con sus derivados; se denominan *mitzvot*). Consultar Gn 9, 9-17 en el Tomo I de *La Biblia ante la Biblia...*, el estudio II.1.1 del Tomo II, y, más importante, Isaías 24, 1-6 en el Tomo III, sobre todo para ver que "no es oro todo lo que reluce". También lo podemos comprobar aquí: el afán, ¡qué remedio!, de los EJ en tapar agujeros y en rellenar huecos, les lleva a decir auténticos disparates. Sobre el incesto continuo cometido por los "venerables patriarcas" (punto 10), y otros, y más concretamente refiriéndose al de Abrahán con su hermana Sara, las memorables excusas de uno de esos EJ son las de que "no eran hermanos sino quizás tío y sobrina" y "una de las leyes morales noémicas prohíbe el adulterio, pero no el incesto", aunque el mismo EJ que escribe estas palabras, en otro sitio dice ¡que sí prohíbe también el incesto! Al menos la traducción cristiana de todas las Biblias dice *hermana* y no *sobrina*. De todas maneras, la aclaración del EJ no tiene sentido porque también el enlace con una sobrina es pecado castigado por Yahvé (véanse los casos de Isaac y Jacob): ya saben ustedes, los que no pertenecen al pueblo elegido, los gentiles, los que deben cumplir con las leyes morales noémicas, ¡pueden cometer incesto, Yahvé les salvará igualmente... mientras no cometan adulterio! Pero el caso es que Abrahán también cometió adulterio. Las leyes noémicas no incluyen el estudio de la Toráh: parece un procedimiento muy bien pensado sobre unas leyes en realidad inexistentes como tales. No inmiscuirse en los asuntos judíos: el gentil no debe buscar nada en el Tanaj y si tiene el deseo de estudiarlo, debe buscarse un erudito judío para que le enseñe, o emprender la conversión al judaísmo. Como ya se ha dicho, no sirven las versiones cristianas llamadas AT. ¿Por qué no están esas leyes escritas como tales en la Toráh? La respuesta de los EJ, que reconocen su inexistencia como leyes, es: "Yahvé tendrá sus razones". Lo único a lo que se asemejan lo encontramos en Génesis 9, pero son sólo una serie de órdenes de Yahvé a Noé que no concuerdan con esos supuestos *siete preceptos noémicos*. En el contexto de Gn 9, altamente mitológico y poco creíble, Yahvé hace una alianza con Noé, con las generaciones perpetuas y con los animales, poniendo en el cielo el arco iris como señal

las que se deben regir. En otras palabras: implica forzosamente

de esa alianza... y de ninguna manera están puestas como leyes, supuestas leyes que nadie más conoció puesto que no existe pasaje alguno en que fuesen posteriormente transmitidas a alguien. El tema tiene sus consecuencias: si la Toráh no fue dada hasta Moisés ↓, ¿cómo sabía la humanidad anterior a él que existían unas leyes para ella? ¿Por qué son *leyes noémicas para los gentiles* si nadie se enteró hasta Moisés y en tiempos de Noé todos eran gentiles? Es más, ¿quién se enteró a partir de Moisés si el texto sagrado que recibió es propiedad de los judíos? ¿Por qué deben estar en la Toráh si esta no está dirigida a los gentiles? Mi opinión es que el despropósito llega a tal proporción a causa de las maniobras que deben hacer los interpretativos rabinos de sus textos sagrados, que a todas luces hacen aguas por todas partes: ¿cómo presentar a un Dios que no hace acepción de personas pero que al mismo tiempo escoge a un pueblo como su elegido, que le da leyes intransferibles a otros pueblos?... "¡No! Es que a los otros pueblos también les dio leyes", parece que leo en Sanhedrín 56 y a Maimónides en Mishné Toráh, Hiljot Melajim 9-10, ¡resultando al final que sólo están en la Toráh oral! ¿Por qué no están puestas como, por ejemplo, el Decálogo? ¿Dónde están como leyes a transmitir fuera de la nación judía, y fuera de la mente de los eruditos judíos? En ese mismo punto 10 surge otra pregunta incisiva: no se dio la Toráh a Noé, a pesar de que ya existía, pero ¿por qué no le fue dada tampoco a Abrahán? Leemos en Génesis 26, 5 que el patriarca "obedeció y guardó las observancias, los mandamientos, los preceptos y las instrucciones de Yahvé". ¿Cuáles si no se le dio ninguna ley, ni las noémicas ni la Toráh? ¿Cómo creen ustedes que los rabinos y EJ (todos los EJ no son rabinos) resuelven el problema? Echando mano de más fantasía e invenciones, por supuesto, ya que lo que explican no está en ninguna parte del Tanaj: "la Toráh existe desde antes de la creación del mundo, por lo que los patriarcas habían recibido su parte esencial, y eso era lo que estudiaban y aplicaban"; "Abrahán cumplía las siete leyes noémicas". Insisto: ¿dónde se encuentra todo eso en el Tanaj? Es indudable que por medio de la fantasía, la imaginación y la invención es posible dar solución a cualquier problema. Pero en definitiva, ¿cuáles son esos 7 preceptos noémicos? "1. No adorar ídolos; 2. No maldecir al Eterno; 3. Establecer cortes de justicia; 4. No asesinar; 5. No cometer adulterio (algunos añaden "incesto"); 6. No hurtar; 7. No comer carne de un animal que esté vivo". Aparentemente son leyes básicas de comportamiento social, pero a las tres primeras se les puede matizar mucho. Por otra parte, existen también otras listas, más largas, de preceptos sólo para los gentiles: sus autores son rabinos de diferentes épocas, se supone que elaboradas bajo la inspiración de nadie.

la invalidez del cristianismo, y con ello estas mismas profecías que los EC ostentan con tanta incompetencia. Punto 71-C.

En el *fin de los tiempos* (Nota 4) esa luz de las naciones, la nación judía, guiará al resto de la humanidad.

Punto 22.

## 34.- SIERVO JUSTO Y MANSO, SIN OSTENTACIÓN, CON HUMILDAD

Punto relacionado con los dos siguientes.
Profecía:

"He aquí mi siervo, a quien sostendré; mi escogido en quien se complace mi alma. Sobre él he puesto mi Espíritu, y él traerá justicia a las naciones. No gritará ni alzará su voz, ni la hará oír en la calle. No quebrará la caña cascada, ni apagará la mecha que se está extinguiendo; según la verdad traerá justicia. No se desalentará ni desfallecerá hasta que haya establecido la justicia en la tierra. Y las costas esperarán su ley.". Isaías 42:1-4.

Cumplimiento:

"He aquí mi siervo, a quien he escogido; mi amado, en quien se complace mi alma. Pondré mi Espíritu sobre él, y anunciará juicio a las naciones. No contenderá, ni dará voces; ni oirá nadie su voz en las plazas. La caña cascada no quebrará, y la mecha que humea no apagará, hasta que saque a triunfo el juicio. Y en su nombre las naciones pondrán su esperanza.". Mateo 12:18-21.

Conclusión:

Volvemos a Isaías 42: ¿Jesús no se oyó en la calle? ¿No desfalleció? ¿Qué justicia estableció en la Tierra?

*"No se desalentará ni desfallecerá hasta que haya establecido la justicia en la tierra"*. La frase implica también que no hay segunda venida: hasta que no haga lo que tenga que hacer, no se desalentará ni desfallecerá. Punto 1.

Una vez más, las citas insertadas por los propios EC se vuelven contra ellos: el rol del NT que describe a Jesús es totalmente opuesto al pasaje de Isaías.

La justicia, un tema que sale a menudo. Lo que sí se puede comprobar es la clase de justicia que promete Jesús; la de *la ley del talión... a pesar del Sermón de la Montaña*:

> "Porque con el juicio con que juzguéis seréis juzgados, y con la medida con que midáis se os medirá": Mt 7, 2; Mc 4, 24.

> "Esto mismo hará con vosotros mi Padre celestial, si no perdonáis de corazón cada uno a vuestro hermano": Mt 18, 34-35.

Ver puntos siguientes.

El verdadero mesías debe establecer el reino de Yahvé en la Tierra y no precisamente mediante mansedumbre. Un rey, que recibe presentes, impuestos, que otros reyes se le postrarían, ¿sin ostentación?

¿Sin ostentación, con humildad? Jesús, refiriéndose a sí mismo:

> "Pues yo os digo que hay aquí algo mayor que el Templo": Mt 12, 6.

> "... porque ella vino de los confines de la tierra a oír la sabiduría de Salomón, y aquí hay algo más que Salomón": Mt 12, 42.

> Sólo él conoce los misterios de Dios y los revela a los hombres: Jn 3, 11-12,31; él es el verdadero pan: Jn 6, 35,48,51; la verdadera luz: Jn 8, 12; la puerta: Jn 10, 7,9; el buen pastor: Jn 10, 11,14; la resurrección: Jn 11, 25; el camino, sólo por él se puede llegar a Dios: Jn 14, 6; la verdadera vid: Jn 15, 1,5.

... poniéndose como ejemplo:

> "Porque os he dado ejemplo, para que también vosotros hagáis como yo he hecho con vosotros": Jn 13, 15.

Lo único que hace Mateo en ese pasaje (12, 18-21) es repetir las palabras de Isaías: así es fácil hacer cumplir profecías.

BJ, p. 1140: "Al precisar "Jacob, mi siervo... Israel, mi elegido", la versión griega da fe, como la glosa de 49, 3, de una tradición judía que reconocía en el Siervo a la comunidad de Israel, así designada en otros textos del Segundo Isaías (41, 8)".

> "*Y tú Israel, siervo mío*, Jacob, a quien elegí, linaje de Abrahán mi amigo; que te así desde los cabos de la tierra, y desde lo más remoto te llamé y te dije: «Siervo mío eres tú, te elegí y no te rechacé.»": Isaías 41, 8.

> "Me dijo: «*Tú eres mi siervo (Israel), en quien me gloriaré*»... «Poco es que seas mi siervo, en orden a levantar las tribus de Jacob, y de hacer volver los preservados de Israel. Te voy a poner por luz de las gentes, para que mi salvación alcance hasta los confines de la tierra»": Isaías 49, 3,6.

Punto 9.

## 35.- CON TERNURA Y COMPASIÓN

... *"dejando o transmitiendo un mensaje de amor"*, añaden algunas listas.
Profecía:

"Como pastor apacentará su rebaño; en su brazo llevará los corderos, y en su seno los llevará; pastoreará suavemente a las recién paridas.". Isaías 40:11.
"No quebrará la caña cascada, ni apagará el pábilo que humeare; por medio de la verdad traerá justicia.". Isaías 42:3.

Cumplimiento:

"Sabiendo esto Jesús, se apartó de allí; y le siguió mucha gente, y sanaba a todos,... La caña cascada no quebrará, y el pábilo que humea no apagará, hasta que saque a victoria el juicio.". Mateo 12:15,20.
"Por tanto, teniendo un gran sumo sacerdote que traspasó los cielos, Jesús el Hijo de Dios, retengamos nuestra profesión. Porque no tenemos un sumo sacerdote que no pueda compadecerse de nuestras debilidades, sino uno que fue tentado en todo según nuestra semejanza, *pero sin pecado*. Acerquémonos, pues, confiadamente al trono de la gracia, para alcanzar misericordia y hallar gracia para el oportuno socorro.". Hebreos 4:14-16.

Conclusión:

¿Qué relación tienen esos pasajes del NT con los del AT? ¿Que se repite "caña cascada"? ¿Y? Mateo pudo repetir lo que quiso;

se supone que tenía el texto de Isaías delante. Otra cosa bien distinta es que tengan relación o haga cumplimiento de algo: Mateo se limita a repetir las palabras de Isaías, el cual se refiere a Israel como luz de las naciones.

Hebreos 4: ¿cuándo fue Jesús *sumo sacerdote*? Punto 17.

Jesús, tribu de Judá; sacerdotes, descendientes de Aarón, tribu de Leví.

> "... ceñirás a Aarón y a sus hijos las fajas y les pondrás las mitras. A ellos les corresponderá el sacerdocio por decreto perpetuo. Así investirás a Aarón y a sus hijos... Consagraré la Tienda del Encuentro y el altar, y consagraré también a Aarón y a sus hijos para que ejerzan mi sacerdocio": Ex 29, 9,44.

Pablo, y otros, insiste también en que Jesús no conoció el pecado:

> "A quien no conoció pecado... ": II Cor 5, 21.
> "Y sabéis que él se manifestó para borrar los pecados pues en él no hay pecado": I Jn 3, 5.

¿La ira no es pecado? ↓ ¿La mentira no es pecado? Puntos 41, 52, 72.

> "Subid vosotros a la fiesta; *yo no subo* a esta fiesta porque aún no se ha cumplido mi tiempo": Jn 7, 8.

Sin embargo:

> "Pero después que sus hermanos subieron a la fiesta, entonces él también subió no manifiestamente, sino de incógnito": Jn 7, 10. Repárese en los pasajes: van seguidos, no se trata de otra fiesta a la que no fue.

¿Y todas sus profecías incumplidas? ¿No pueden enumerarse de mentiras?

> "Y, si alguien sigue todavía profetizando, le dirán su padre y su madre que lo engendraron: '¡No puedes vivir, pues dices mentiras en nombre de Yahvé!' Y su padre y su madre que lo engendraron lo traspasarán mientras esté profetizando": Zc 13, 3.

Algunos EJ muestran este pasaje de Zacarías como prueba de que el mesías cristiano fue un falso profeta, y que debió ser ajusticiado por sus propios padres, al decir mentiras cuando profetizó. Sin embargo, en esta ocasión, estando siempre pendientes del contexto para desbaratar los textos cristianos, parece que no lo tienen en cuenta. En mi opinión el pasaje se refiere sólo al contexto que describe el profeta, empezando sus elucubraciones diciendo "Aquel día... haré desaparecer a los falsos profetas...", en un pasaje que se refiere al rey Josías. Aunque, evidentemente, es sólo mi opinión. Puntos 12 y 57.

Pero existe otro pasaje que sí concordaría con lo que se debe hacer con un falso profeta, con un charlatán, y no compete con un contexto concreto como el anterior:

> Además, la misma BJ, p. 214, nos ayuda con su título del pasaje "*Contra las seducciones de la idolatría*", pues idolátrico es lo que, según los judíos, enseñó Jesús y al final, removiéndolo por Pablo, terminó en la antítesis del judaísmo al convertir a un hombre en Dios, es decir, en otro Dios distinto de Yahvé: "Si surge en medio de ti un profeta o un vidente en sueños, y te ofrece una señal o un prodigio, y llega a realizarse la señal o el prodigio que te ha anunciado, y te dice: "Vamos detrás de otros dioses (que tú no habías conocido) a servirles", no escucharás las palabras de ese profeta o de ese vidente en sueños. Es que Yahvé vuestro Dios os pone a prueba para saber si verdaderamente amáis a Yahvé... Ese profeta o vidente en sueños deberá morir, por haber predicado la rebelión contra Yahvé tu Dios... Así harás desaparecer el mal de en medio de ti": Dt 13, 1ss.

El pasaje dice claramente que, si se puede aplicar a Jesús, es que el propio Yahvé lo envió para probar a los judíos. Imponente.

Lo que sí muestra el pasaje es que los judíos fueron avisados de que se presentarían falsos profetas y que, si les predicaban algo distinto a los preceptos inviolables de Yahvé, tales profetas habían de morir. Puntos 20 y 33.

¿Con ternura y compasión? Ver punto anterior y el 60.

Veamos los siguientes pasajes, entre otros (la totalidad de los pasajes "tiernos y compasivos", con más comentarios, de Jesús se encuentran en los Tomos V y VI de *La Biblia ante la Biblia*...):

> Jesús a sus conciudadanos: "¡Raza de víboras!... ¡Generación malvada y adúltera!... ¡Ay de vosotros, escribas y fariseos hipócritas!... ¡Insensatos!... Todos los que han venido delante de mí son ladrones y salteadores...": Mt 12, 34; 16, 3-4; 23, 15; 23, 33... Lc 11, 40; Jn 10, 8...
>
> "No deis a los perros lo que es santo, ni echéis vuestras perlas delante de los puercos...": Mt 7, 6.
>
> "No está bien tomar el pan de los hijos (los judíos) y echárselo a los perritos (los gentiles)": Mt 15, 26.
>
> "Jesús les contestó: "Id a decir a ese zorro (Herodes Antipas): Yo expulso demonios... "": Lc 13, 32.
>
> Pablo: "¡Gálatas insensatos!... ¡Necio!...": Ga 3, 1; Rm 1, 21; I Cor 15, 36...

Sin embargo, en otros pasajes dice:

> "Todo aquel que se encolerice contra su hermano, será reo ante el tribunal; pero el que llame a su hermano "imbécil", será reo ante el Sanedrín; y el que le llame "renegado", será reo de la gehenna de fuego": Mt 5, 22. Léase imbécil, renegado, o víbora, malvado, adúltero,

hipócrita, insensato, ladrón, salteador, perro, puerco, zorro, necio..., como en otros pasajes.

Jesús dice que no se juzgue al prójimo, pero hemos visto que él juzga; lo mismo en otros pasajes:

> "No juzguéis, para que no seáis juzgados": Mt 7, 1.
> "El que habla mal de su hermano o juzga a su hermano, habla mal de la Ley y juzga a la Ley": Sant 4, 11.

Y todavía en otros da instrucciones para juzgar, y también lo hacen otros autores del NT, sobre todo Pablo:

> "Guardaos de los falsos profetas, que vienen a vosotros con disfraces de ovejas, pero por dentro son lobos rapaces. Por sus frutos los conoceréis. ¿Acaso se recogen uvas de los espinos o higos de los abrojos? Así, todo árbol bueno da frutos buenos, pero el árbol malo da frutos malos. Un árbol bueno no puede producir frutos malos, ni un árbol malo producir frutos buenos. Todo árbol que no da buen fruto, es cortado y arrojado al fuego. Así que por sus frutos los reconoceréis": Mt 7, 15-20.
>
> "Dícele: "Por tu propia boca te juzgo, siervo malo... "": Lc 19, 22. No es Jesús el que habla, pero sí lo hace el personaje principal de una de sus parábolas sobre el Reino de los Cielos.
>
> "No juzguéis según la apariencia. Juzgad con juicio justo": Jn 7, 24.
>
> "En cambio, el hombre de espíritu lo juzga todo; y a él nadie puede juzgarle": I Cor 2, 15; 5, 3.
>
> "Pues ¿me toca a mí juzgara los de fuera? ¿No es a los de dentro a quienes vosotros juzgáis? A los de fuera Dios los juzgará": I Cor 5, 12-13.

"¿No sabéis que los santos han de juzgar al mundo? Y si vosotros vais a juzgar al mundo, ¿no sois acaso dignos de juzgar esas naderías? ¿No sabéis que hemos de juzgar a los ángeles? Y ¡cómo no las cosas de esta vida!": I Cor 6, 2-3; II P 3, 7.

"Si, pues, tu ojo derecho te es ocasión de pecado, sácatelo y arrójalo de ti; más te conviene que se pierda uno de tus miembros, que no que todo el cuerpo sea arrojado a la gehenna. Y si tu mano derecha te es ocasión de pecado, córtatela y arrójala de ti; más te conviene que se pierda uno de tus miembros, que no que todo tu cuerpo vaya a la gehenna": Mt 5, 29-30. "Al fuego eterno", dice en Mt 18, 8.

"Porque si amáis a los que os aman, ¿qué *recompensa* vais a tener? ¿No hacen eso mismo también los publicanos? Y si no saludáis más que a vuestros hermanos, ¿qué hacéis de particular?...": Mt 5, 46-47. He aquí el verdadero propósito del mensaje de amor, del amor cristiano: no es un amor altruista porque espera una recompensa, no es un amor desinteresado.

"Principio del «*amor cristiano*»: quiere ser, a fin de cuentas, *bien pagado*". (F. W. Nietzsche, *"El Anticristo"*).

"Todo árbol que no da buen fruto, es cortado y arrojado al fuego": Mt 7, 19.

"Otro de los discípulos le dijo: "Señor, déjame ir primero a enterrar a mi padre". Dícele Jesús: "Sígueme, y deja que los muertos entierren a sus muertos"": Mt 8, 21-22. Lucas, 9, 59-60, añade: "Tú vete a anunciar el Reino de Dios", añadidura que agradecen los pastores-predicadores de sectas proselitistas. Curiosamente, la BJ no comenta nada de este pasaje, el cual, sea literal o figurado, indica que primero es seguir a Jesús antes que cumplir con los deberes familiares, y no es deducción ilógica puesto que lo muestran claramente otros pasajes que se encuentran en este mismo punto.

"Había allí a cierta distancia una gran piara de puercos paciendo. Y le suplicaban los demonios: "Si nos echas, mándanos a la piara de puercos". Jesús les dijo: "Id". Saliendo ellos, se fueron a los puercos, y de pronto toda la piara se arrojó al mar precipicio abajo, y perecieron en las aguas": Mt 8, 30-32. Extraordinario comportamiento de Jesús, lejos de toda ternura y compasión, lejos de toda ética y moral, y más teniendo en cuenta que podía hacer desaparecer a los demonios de cualquier otra manera: los cerdos (¡que no eran suyos!) son sacrificados sin misericordia ni justificación. Tras ese comportamiento de Jesús, *toda la ciudad* le pidió que se marchase de su territorio: Mt 8, 34.

Jesús sólo vino a por Israel, no a por todo el mundo. Ver punto 33 y más abajo del texto: Jn 17, 9.

Jesús: "Y si no se os recibe ni se escuchan vuestras palabras, al salir de la casa o de la ciudad aquella (en donde vais a predicar) sacudíos el polvo de vuestros pies. Yo os aseguro: el día del Juicio habrá menos rigor para la tierra de Sodoma y Gomorra que para aquella ciudad": Mt 10, 14-15; 11, 22-24; 13, 41-42; 22, 1-14; Mc 6, 11; Lc 9, 5; 10, 6,11-12; Jn 8, 24; Act 13, 51; 18, 6; I Cor 16, 22; Ga 1, 8-9; I Jn 5, 12.

"*¡Qué evangélico!*", exclama F. W. Nietzsche en su obra *"El Anticristo"*, ante semejantes pasajes: sólo su doctrina es auténtica y envía al infierno, con mucha ternura y compasión, a todo aquel que no la siga; Pablo maldice al que no ame al Señor. Queda clara la intolerancia de Jesús para con los no bautizados, para las personas de otras religiones y para los que no acepten su palabra: no hay salvación para ellos; serán destruidos, y en el

Juicio final serán tratados peor que los habitantes de Sodoma y de Gomorra, los cuales fueron asesinados (por su Padre, es decir, por él según los EC) con fuego y azufre caído del cielo.

"Entregará a la muerte hermano a hermano y padre a hijo; se levantarán hijos contra padres y los matarán": Mt 10, 21... a causa de la predicación del evangelio, todo ternura y compasión.

"Y seréis odiados de todos por causa de mi nombre": Mt 10, 22. El odio se extenderá por causa de su nombre.

"No penséis que he venido a traer paz a la tierra. No he venido a traer paz, sino espada. Sí, he venido a enfrentar al hombre con su padre, a la hija con su madre, a la nuera con su suegro; y enemigos de cada cual son los de su casa": Mt 10, 34-36.

"El que ama a su padre o a su madre más que a mí, no es digno de mí: el que ama a su hijo o a su hija más que a mí, no es digno de mí": Mt 10, 37. Excelente planificación familiar.

"El que encuentre su vida, la perderá; *y el que pierda su vida por mí, la encontrará*": Mt 10, 39; 16, 25. Peligroso en manos de un fundamentalista.

"*El que no está conmigo, está contra mí*, y el que no recoge conmigo, desparrama": Mt 12, 30.

"Todavía estaba hablando a la muchedumbre, cuando su madre y sus hermanos se presentaron fuera y trataban de hablar con él. Alguien le dijo: "¡Oye! ahí fuera están tu madre y tus hermanos que desean hablarte". Pero él respondió al que se lo decía: "¿Quién es mi madre y quiénes son mis hermanos?". Y extendiendo su mano hacia sus discípulos, dijo: "Estos son mi madre y mis hermanos. Pues todo el que cumpla la voluntad de mi Padre de los cielos, ése es mi hermano, mi hermana y mi madre"": Mt 12, 46-50. No parece demostrar excesiva ternura hacia sus propios familiares, incluida su madre: del contexto se deduce que sólo les veía de vez en cuando, y parece que deban pedir audiencia para poder hablar con él. En Jn 2, 4, Jesús se dirige a su madre con estos términos: "¿Qué tengo que ver contigo, mujer?".

Tampoco dice nada a favor de su ternura y compasión hablar en parábolas a sus conciudadanos, con el fin de que nadie le entendiese: Mt 13, 10-15. Ver punto 25.

"En esto, una mujer cananea, que había salido de aquel territorio, gritaba diciendo: «¡Ten piedad de mí, Señor, hijo de David! Mi hija está malamente endemoniada.» Pero él no le respondió palabra. Sus discípulos, acercándose, le rogaban: «Despídela, que viene gritando detrás de nosotros.» Respondió él: «No he sido enviado más que a las ovejas perdidas de la casa de Israel.» Ella, no obstante, vino a postrarse ante él y le dijo: «¡Señor, socórreme!» Él respondió: «No está bien tomar el pan de los hijos y echárselo a los perritos.» «Sí, Señor -repuso ella-, pero también los perritos comen de las migajas que caen de la mesa de sus amos.» Entonces Jesús le respondió: «Mujer, grande es tu fe; que te suceda como deseas.» Y desde aquel momento quedó curada su hija": Mt 15, 22-28. Jesús no responde, los discípulos le piden a Jesús que la despida. Sólo ante la insistencia de la mujer, *cananea,* gentil, Jesús, al fin, cura a su hija, pero no por caridad, misericordia, ternura o compasión, sino porque su madre tuvo fe, puesto que sólo había sido enviado a por las ovejas perdidas de Israel y no a por los gentiles, a estos los compara con los perros, a los que no está bien darles el pan de los hijos, los israelitas. *Esta es la misión de Jesús, cambiada más tarde, sobre todo por Pablo, y convertida en una misión universal con inclusión de los gentiles.* En el pasaje paralelo de Marcos, 7, 26, la mujer es "griega, sirofenicia de nacimiento".

"Y encolerizado su señor, le entregó a los verdugos hasta que pagase todo lo que le debía. Esto mismo hará con vosotros mi Padre celestial, si no perdonáis de corazón cada uno a vuestro hermano": Mt 18, 34-35. Su "Padre celestial" va a torturar a los que no perdonen de corazón a cada uno de sus hermanos: lo que harán aquí los humanos lo hará Dios después con ellos, pero eternamente.

*"¡Vaya concepto de la justicia, de un juez «justo»!"*. (F. W. Nietzsche, *"El Anticristo"*).

"Si quieres ser perfecto, anda, vende lo que tienes y dáselo a los pobres, y tendrás un tesoro en los cielos; luego sígueme": Mt 19, 21-22. No parece que Jesús, y otros destacados protagonistas del NT, trate con ternura y compasión a los ricos. Véase el punto siguiente, el 36.

"Y todo aquel que haya dejado casas, hermanos, hermanas, padre, madre, [mujer], hijos o campos por mi nombre, recibirá el ciento por uno y heredará vida eterna": Mt 19, 29.

> Lucas, 18, 29-30, dice: "Él les dijo: «Yo os aseguro que nadie que haya dejado casa, mujer, hermanos, padres o hijos por el Reino de Dios, quedará sin recibir [en recompensa] mucho más al presente y vida eterna en el mundo venidero.»". Las Biblias protestantes y la VL añaden "mujer" a la lista de los familiares que hay que abandonar. Excelente planificación familiar: para conseguir el ciento por uno y heredar vida eterna, hay que abandonar a toda la familia. Y así lo hicieron sus apóstoles: Mt 4, 18-22; 19, 27; Mc 10, 28; Lc 5, 11; 6, 28; Act 9, 43.

"Honrarás a tu padre y a tu madre": Ex 20, 12; Dt 5, 16

"Porque mi yugo es suave, y mi carga ligera": Mt 11, 30; I Jn 5, 3.

> "Si alguien no tiene cuidado de los suyos, principalmente de sus familiares, ha renegado de la fe y es peor que un infiel": I Tm 5, 8.

"Entró Jesús en el Templo y echó fuera a todos los que vendían y compraban en el Templo; volcó las mesas de los cambistas y los puestos de los vendedores de palomas": Mateo 21, 12-17. El pasaje, además de mostrar su ternura y compasión, contradice a la Toráh. Los autores del NT son sospechosos de desconocimiento de los textos sagrados judíos: un judío que viniese a cumplir la Ley, y obviamente la conociese, nunca haría eso. Dt 14, 22-26.

> "No penséis que he venido a abolir la Ley y los Profetas. No he venido a abolir, sino a dar cumplimiento. Os lo aseguro: mientras duren el cielo y la tierra, no dejará de estar vigente ni una i ni una tilde de la ley sin que todo se cumpla. Por tanto, el que traspase uno de estos mandamientos más pequeños y así lo enseñe a los hombres, será el más pequeño en el Reino de los Cielos; en cambio, el que los observe y los enseñe, ése será grande en el Reino de los Cielos": Mt 5, 17-19. Ver puntos 20 y 23.

El pasaje, contado por Juan, dice exactamente: *"Haciendo un látigo con cuerdas*, echó a todos fuera del Templo...": Juan 2, 15ss. La ternura y la compasión, y el amor, del látigo. Punto 39.

"Al amanecer, cuando volvía a la ciudad, sintió hambre; y viendo una higuera junto al camino, se acercó a ella, pero no encontró en ella más que hojas. Entonces le dice: «¡Que nunca jamás brote fruto de ti!» Y al momento se secó la higuera": Mateo 21, 18-19. Algunos excusan ese comportamiento alegando que sólo era un medio para expresar una enseñanza. Pero, ¿el fin justifica los medios? La enseñanza podría haberla dado de cualquier otra manera, sin agresiones a una higuera (un ser vivo) que hacía ni más ni menos que lo que debía hacer.

"Como en los días de Noé, así será la venida del Hijo del hombre... y no se dieron cuenta hasta que vino el diluvio y los arrastró a todos, así será también la venida del Hijo del hombre. Entonces estarán dos en el campo: uno es tomado, el otro dejado... «Velad, pues, porque no sabéis qué día vendrá vuestro Señor. Entendedlo bien: si el dueño de casa supiese a qué hora de la noche iba a venir el ladrón, estaría en vela y no permitiría que le horadasen su casa. Por eso, también vosotros estad preparados, porque en el momento que no penséis, vendrá el Hijo del hombre»": Mt 24, 37-41; 13, 41-42. El regreso de Jesús será como en los días de Noé: de repente, como un ladrón en la noche, *arrastrándolo* todo... así serán exterminados más infieles, y con lo cual Jesús también dice que se cree lo de Noé (el diluvio, enviado por él mismo -¿o no es Dios?- para exterminar a casi toda su creación, aunque, eso sí, con mucha ternura y compasión), que no es simbolismo ni metáfora (punto 73). El simbolismo, la metáfora, etc., son armas también muy empleadas por los fundamentalistas cristianos cuando no saben qué argumentar de ciertos pasajes porque son excesivamente *fuertes*: entonces no hay que tomarlos literalmente, según dicen; pero Jesús no los empleó como metáfora sino como realidad. Obsérvese la clase de ternura y compasión que tendrá en su llegada.

"Entonces, mirándoles *con ira*...": Mc 3, 5. ¿La ira no es pecado?

"Pero ellos no entendían lo que decía y *temían preguntarle*": Mc 9, 32.

"El que crea y sea bautizado, se salvará; el que no

crea, se condenará": Mc 16, 16.

"He venido a arrojar un fuego sobre la tierra y ¡cuánto desearía que ya hubiera prendido! Con un bautismo tengo que ser bautizado y ¡qué angustiado estoy hasta que se cumpla! [51] ¿Creéis que estoy aquí para poner paz en la tierra? No, os lo aseguro, sino división. Porque desde ahora habrá cinco en una casa y estarán divididos; tres contra dos, y dos contra tres; estarán divididos el padre con el hijo y el hijo contra el padre; la madre contra la hija y la hija contra la madre; la suegra contra la nuera y la nuera contra la suegra": Lc 12, 49-53. Como explica la BJ, p. 1517, "el fuego podría ser simbólico, pero los versículos 51-53 más bien sugieren el estado de guerra espiritual que suscita la aparición de Jesús". Opino que el estado de guerra no sólo es *espiritual*.

"Os lo aseguro; y si no os convertís, todos pereceréis del mismo modo": Lc 13, 3,5.

"Allí será el llanto y el rechinar de dientes, cuando veáis a Abrahán, Isaac y Jacob y a todos los profetas en el Reino de Dios, mientras a vosotros os echan fuera": Lc 13, 28; Mt 13, 41-42.

"Si alguno viene junto a mí y no odia a su padre, a su madre, a su mujer, a sus hijos, a sus hermanos, a sus hermanas y hasta su vida propia, no puede ser discípulo mío": Lc 14, 26. Algunas Biblias dicen *aborrece* en lugar de odia.

"Honrarás a tu padre y a tu madre": Ex 20, 12; Dt 5, 16.

"Os doy un mandamiento nuevo: que os améis los unos a los otros": Jn 13, 34.

"Todo el que odia a su hermano es un asesino; y sabéis que ningún asesino posee vida eterna en sí mismo": I Jn 3, 15.

"Si alguno dice: «Yo amo a Dios», y odia a

> su hermano, es un mentiroso; pues quien no ama a su hermano, a quien ve, no puede amar a Dios a quien no ve. Y nosotros hemos recibido de él este mandamiento: quien ama a Dios, ame también a su hermano": I Jn 4, 20-21.
>
> "Y a esos enemigos míos, que no querían que yo reinara sobre ellos, traedlos aquí y matadlos delante de mí": Lc 19, 27. El personaje al que se refiere es el propio Jesús, y lo pone como ejemplo en otra de sus parábolas.
>
> "Pues ahora, el que tenga bolsa que la tome, y lo mismo alforja, y el que no tenga, que venda su manto y se compre una espada": Lc 22, 36,49-50.
>
> "El que ama su vida, la pierde; y el que odia su vida en este mundo, la guardará para una vida eterna": Jn 12, 25.
>
> "Por ellos ruego (por los que han creído); *no ruego por el mundo*, sino por los que tú me has dado porque son tuyos": Jn 17, 9.

A pesar de todo ese comportamiento de Jesús, algunos EC continúan mostrando una increíble temeridad al decir:

> "Una de las cosas más sobresalientes y que más impactaron en las personas que vivieron con Jesús fue su tremendo estilo de vida, sin relación alguna con el pecado. En toda la Historia, sólo hay una Persona que haya podido decir con fundamento: «¿Quién de vosotros me redarguye de pecado?» (Juan 8.46). Esto, por otra parte, además es una muestra de la divinidad de Jesús ya que ningún hombre está libre del pecado.".

Sin embargo, puntualizando Jn 8, 46, al cual traduce: "¿Quién de vosotros puede probar que soy pecador?", la BJ, p. 1564, declara: "Es decir, *infiel a Dios en la misión de él recibida*". Según la BJ, pues, no se refería al pecado que dan a entender los EC.

Véase el punto siguiente (y el 9): en él vemos cuál era ese tremendo estilo de vida.

## 36.- El Mesías sería pobre

Profecía:

"Subirá cual renuevo delante de él, y como raíz de tierra seca; no hay parecer en él, ni hermosura; le veremos, mas sin atractivo para que le deseemos. Despreciado y desechado entre los hombres, varón de dolores, experimentado en quebranto; y como que escondimos de él el rostro, fue menospreciado, y no lo estimamos.". Isaías 53:2-3.

Cumplimiento:

"¿No es éste el carpintero, hijo de María, hermano de Jacobo, de José, de Judas y de Simón? ¿No están también aquí con nosotros sus hermanas? Y se escandalizaban de él.". Marcos 6:3. "Y le dijo Jesús: Las zorras tienen guaridas, y las aves de los cielos nidos; mas el Hijo del Hombre no tiene dónde recostar la cabeza.". Lucas 9:58.

Conclusión:

Paradójico y absurdo, uno de los puntos más incoherentes: el rey-mesías, que recibiría tributos, impuestos, los reyes se postrarían delante de él, etc., ¿sería pobre?

El pasaje de Isaías corresponde al capítulo 53, que pronto analizaremos.

¿Qué tiene que ver el pasaje de Marcos con que fuese pobre? Si se refiere a *carpintero*, de ninguna manera podía considerarse pobre a quien tuviese ese oficio. Y mucho menos en tiempos de la ocupación romana: ¿quién les proporcionaba la madera para sus continuas crucifixiones?

En el mismo sentido, el versículo de Lucas es otro absurdo: el hijo de un carpintero no se podría considerar pobre, aparte de que el mesías debe ser hijo de reyes y no de carpinteros.

En otras palabras: el auténtico mesías no debe ser pobre, y surge una pregunta un poco inquietante, casi de la misma importancia de la del final del punto 2: a la vista de los teólogos cristianos, ¿por qué el mesías debe ser pobre?

Ahora bien, el Jesús que revelan los evangelistas es posible que sí fuese pobre (*lo que lo desacredita como mesías*): José sería carpintero, pero no hay ningún pasaje del que se deduzca que Jesús también lo era. ¿Tal vez era pobre porque no trabajaba? Bien, la realidad es que de los textos del NT se desprende que iba por ahí y por allá comiendo donde le daban de comer, viviendo a expensas de los bienes de las mujeres de las que se rodeaban él y sus discípulos (Lc 8, 1-3), pretendiendo comer de higueras que no daban su fruto porque no era el tiempo de darlo e irritándose por ello, sin conocérsele oficio alguno, y para pagar sus impuestos, y los de Pedro, tenía que echar mano de milagros: Mt 17, 27... ¿o es que vivía a expensas de la renta de los tesoros que le dieron los magos en Belén?

Es evidente la causa por la que los EC incluyen esa pobreza entre las cualidades de Jesús, empleando un punto exclusivo en estas listas: no es otra cosa que una provocación a sus feligreses con el fin de que se equiparen a él, y entreguen a los pastores cuanto más, mejor: siendo pobres imitarán a Jesús.

Todo lo anterior desemboca en una materia muy apreciada y reclamada por los EC, convirtiéndola en un *marketing* con el que sacar beneficios, sabiéndola aprovechar para control de masas: a Jesús lo presentan como la moral personificada, la ética sublime, etc., es decir, como guía perfecto, alguien a quien seguir, cuando la realidad es que ni siquiera es original: los *buenos* pasajes en que se apoyan, que también los hay pero que, como hemos visto no son los únicos, ya se encuentran en narraciones de otras culturas anteriores y entre ellas está, irónicamente, la judía. Varias de las citas más aclamadas puestas en boca de Jesús son: "Amarás a tu prójimo como a ti mismo" (Mt 5, 44; 22, 39; Lc 6, 27ss), cita que ya se encuentra en el AT, es decir, no es cristiana sino judía: Levítico 19, 18; 19, 34. Otra de las más argumentadas es: "Todo cuanto queráis que os hagan los hombres, hacédselo vosotros también a ellos": Mt 7, 12. Lucas, 6, 31, dice: "Tratad a los hombres como queréis que ellos os traten". Los buenos conocedores de las religiones antiguas orientales saben que esa cita ya la usaba Confucio muchos siglos antes. Y aún otra: "Un mandamiento nuevo os doy: amaos los unos a los otros": Jn 13, 34. También se encuentra en el AT: "... Yahvé... que hace justicia al huérfano y a las viudas, que ama al forastero y le da pan y vestido. (Amaréis al forastero, porque forasteros fuisteis vosotros en el país de Egipto)": Dt 10, 18-19.

Naturalmente que todas esas citas del AT están en contradicción con otras también del AT; pero este es otro problema.

Repasen estos últimos puntos, y ustedes mismos.

Puntos 11, 27, 71.

## 37.- Preexistente

Profecía:

"Jehová me poseía en el principio, ya de antiguo, antes de sus obras. Eternamente tuve la primacía, desde el principio, antes de la tierra. Fui engendrada antes que los abismos...". Proverbios 8, 2ss.

"Pero tú, oh Belén Efrata, aunque eres pequeña entre las familias de Judá, de ti me saldrá el que será el gobernante de Israel, cuyo origen es antiguo, desde los días de la eternidad.". Miqueas 5:2.

Cumplimiento:

"El antecede a todas las cosas, y en él todas las cosas subsisten.". Colosenses 1:17.

"En el principio era el Verbo, y el Verbo era con Dios, y el Verbo era Dios. El era en el principio con Dios.". Juan 1:1-2.

"Les dijo Jesús: --De cierto, de cierto os digo que antes que Abraham existiera, Yo Soy.". Juan 8:58.

"Cuando le vi, caí como muerto a sus pies. Y puso sobre mí su mano derecha y me dijo: "No temas. Yo soy el primero y el último.". Apocalipsis 1:17.

"Escribe al ángel de la iglesia en Esmirna: El primero y el último, el que estuvo muerto y vivió, dice estas cosas.". Apocalipsis 2:8.

"Yo soy el Alfa y la Omega, el primero y el último, el principio y el fin.". Apocalipsis 22:13.

Conclusión:

Proverbios se refiere a la Sabiduría [23], de ninguna manera al mesías, y no es otra cosa que una conjetura errónea más del cristianismo en cuanto a la creencia que dice venir a completar, lo que es muy grave. Además, en todas las Biblias se utiliza el género femenino. Titulan los pasajes dirigiéndose a la Sabiduría, no al mesías: *Excelencia de la Sabiduría, Discurso de la Sabiduría*, etc.

El texto hebreo dice *poseía* en lugar de la traducción partidista cristiana *me poseía*. También se puede traducir como *me creó*, según los EJ.

Todos los *cumplimientos* del NT se vienen abajo cuando descubrimos que Miqueas no se refería a alguien *preexistente*: *Miqueas estaba pensando en los remotos orígenes de la dinastía de David*, dice la BJ, pág. 1368. En las Biblias católicas se lee "desde tiempos remotos", no "desde los días de la eternidad": BJ, p. 1368; LB, p. 967; NC, p. 961, -excepto en la VL-. "Desde días incontables", dice el hebreo, según los EJ. La dinastía de David no era preexistente: tuvo un principio, precisamente con David.

Sin embargo, no hay ningún problema para aceptar que Miqueas se refiriese al mesías. Pero entonces, ¿cuándo fue Jesús gobernante de Israel?

El concepto mismo de preexistencia es incompatible con alguien que existió siempre, como el cristianismo afirma de Jesús: si acaso se podría hablar de *preterrenal*, pero no de preexistente.

Ver punto 3.

---

[23] La Sabiduría. El cristianismo vincula a la Sabiduría con Jesús, con el Cristo. Pero nada más lejos de la creencia judía: según esta no son lo mismo, ni el auténtico mesías tampoco es la Sabiduría. Ese auténtico mesías está, o estará, sujeto a ella. III.4.1, Tomo III de *La Biblia ante la Biblia*...

## 38.- Principal piedra angular

Profecía:

"Por tanto, Jehová el Señor dice así: He aquí que yo he puesto en Sion por fundamento una piedra, piedra probada, angular, preciosa, de cimiento estable; el que creyere, no se apresure.". Isaías 28:16.

Cumplimiento:

"Acercándoos a él, piedra viva, desechada ciertamente por los hombres, mas para Dios escogida y preciosa, vosotros también, como piedras vivas, sed edificados como casa espiritual y sacerdocio santo, para ofrecer sacrificios espirituales aceptables a Dios por medio de Jesucristo. Por lo cual también contiene la Escritura: He aquí, pongo en Sion la principal piedra del ángulo, escogida, preciosa; Y el que creyere en él, no será avergonzado. Para vosotros, pues, los que creéis, él es precioso; pero para los que no creen. La piedra que los edificadores desecharon, ha venido a ser la cabeza del ángulo; y: Piedra de tropiezo, y roca que hace caer, porque tropiezan en la palabra, siendo desobedientes; a lo cual fueron también destinados.". 1 Pedro 2:4-7.

Conclusión:

Isaías se refería a Jerusalén y en nada a Jesús (Mt 21, 42; Ef 2, 20) o a Pedro (Mt 16, 18), que es a quienes en el NT se les aplica indistinta y arbitrariamente esa *piedra angular*.

Pablo dice del pasaje de Isaías: "Como dice la Escritura: He aquí que pongo en Sión piedra de tropiezo y roca de escándalo; mas el que crea en él, no será confundido": Rm 9, 33. Pablo hace alusión a las palabras de Isaías, pero este no dijo lo que escribió Pablo: Isaías se estaba refiriendo a Jerusalén. *Quien tuviere fe en ella no vacilará* es el equivalente de los nombres simbólicos de *Ciudad de justicia, Villa-leal* de Is 1, 21,26. Corroborado por la BJ, p. 1124.

La cita de Isaías parece un añadido, y así lo confirma la BJ cuando dice: "Los vv 16-17a forman un breve oráculo que rompe el desarrollo".

## 39.- Entrada en el Templo

Profecía:

"Y haré temblar a todas las naciones, y vendrá el Deseado de todas las naciones; y llenaré de gloria esta casa, ha dicho Jehová de los ejércitos... La gloria postrera de esta casa será mayor que la primera, ha dicho Jehová de los ejércitos; y daré paz en este lugar, dice Jehová de los ejércitos.". Hageo 2:7,9.

"He aquí, yo envío mi mensajero, el cual preparará el camino delante de mí; y vendrá súbitamente a su templo el Señor a quien vosotros buscáis, y el ángel del pacto, a quien deseáis vosotros. He aquí viene, ha dicho Jehová de los ejércitos.". Malaquías 3:1.

Cumplimiento:

"Y movido por el Espíritu, vino al templo. Y cuando los padres del niño Jesús lo trajeron al templo, para hacer por él conforme al rito de la ley,... Porque han visto mis ojos tu salvación,... Luz para revelación a los gentiles, y gloria de tu pueblo Israel.". Lucas 2:27,30,32.

"Y entró Jesús en el templo de Dios, y echó fuera a todos los que vendían y compraban en el templo, y volcó las mesas de los cambistas, y las sillas de los que vendían palomas.". Mateo 21:12.

Conclusión:

Las palabras de Hageo -o Ageo- hablan por sí solas: sí es una profecía pero, ¿qué paz trajo Jesús? Trajo -por decirlo de alguna manera- todo lo contrario: no vino a traer paz sino espada; se enfrentarán padre e hijos; los familiares se matarán entre sí; el que dé su vida por él tendrá la máxima recompensa en el cielo, dijeron que dijo.

Pocas décadas después de su muerte, Jerusalén y el Templo fueron destruidos. ¿Cuál gloria al templo? ¿Qué paz en Israel? ¿Cuándo temblaron todas las naciones?

Nunca el verdadero mesías haría lo que hizo Jesús en el Templo. Como ya se ha dicho, es la antítesis del judaísmo, algo del que, con esa perspectiva, es imposible tenerlo como su cumplimiento y culminación, sino todo lo contrario. Punto 1.

Ageo aludía a Zorobabel, pero no se cumplió. Punto 12.

Puntos 14-C, 23, 35.

## 40.- RECHAZADO POR SUS HERMANOS

Profecía:

"Extraño he sido para mis hermanos, y desconocido para los hijos de mi madre.". Salmo 69:8.

Cumplimiento:

"A lo suyo vino, y los suyos no le recibieron.". Juan 1:11.

"Y le dijeron sus hermanos: Sal de aquí, y vete a Judea, para que también tus discípulos vean las obras que haces. Porque ninguno que procura darse a conocer hace algo en secreto. Si estas cosas haces, manifiéstate al mundo. Porque ni aun sus hermanos creían en él.". Juan 7:3-5.

Conclusión:

Sobre el salmo 69 ver el punto 20.
Pero, ¿Jesús tuvo hermanos o no?
¿Cómo no iban a creer en él los hermanos del auténtico mesías? Naturalmente que los hermanos de Jesús no creían en él, pero porque no era el mesías.
Contradictorio con el punto 28. Ver puntos 47 y siguientes.

## 41.- Sin engaño

Profecía:

"Y se dispuso con los impíos su sepultura, mas con los ricos fue en su muerte; aunque nunca hizo maldad, ni hubo engaño en su boca.". Isaías 53:9.

Cumplimiento:

"El cual no hizo pecado, ni se halló engaño en su boca.". 1 Pedro 2:22.

Conclusión:

Precisamente el contexto de Jn 7 -punto anterior, y que los EC ocultan- encierra una mentira de Jesús a sus hermanos (sí, una mentira), y no es la única: véanse los puntos 35, 60, 72.

## 42.- Traicionado por un amigo

Los puntos 42 a 45, ambos inclusive, están relacionados pero los EC los ponen separados. En esta ocasión he decidido mantenerlos como están en sus listas a causa de que son muchos los pasajes que citan, y es mejor darlos por separado para no confundirlos ni mezclarlos.

Profecía:

"Aun mi amigo íntimo, en quien yo confiaba y quien comía de mi pan, ha levantado contra mí el talón.". Salmo 41:9.
"Pero fuiste tú, un hombre igual a mí, mi compañero, mi íntimo amigo.". Salmo 55:13.
"Le preguntarán: '¿Qué heridas son éstas en tus manos?' Y él responderá: 'Con ellas fui herido en la casa de mis amigos.'". Zacarías 13:6.

Cumplimiento:

"Después de haber dicho esto, Jesús se conmovió en espíritu y testificó diciendo: --De cierto, de cierto os digo que uno de vosotros me ha de entregar.". Juan 13:21.
"Entonces, uno de los doce, que se llamaba Judas Iscariote, fue a los principales sacerdotes y les dijo: --¿Qué me queréis dar? Y yo os lo entregaré. Ellos le asignaron treinta piezas de plata.". Mateo 26:14-15.

Jesús, el falso mesías

"Entonces respondiendo él dijo: --El que mete la mano conmigo en el plato, éste me entregará. A la verdad, el Hijo del Hombre va, tal como está escrito de él. Pero ¡ay de aquel hombre por quien es entregado el Hijo del Hombre! Bueno le fuera a aquel hombre no haber nacido.". Mateo 26:23-24.

"Mientras él aún hablaba, vino Judas, que era uno de los doce, y con él mucha gente con espadas y palos, de parte de los principales sacerdotes y de los ancianos del pueblo. El que le entregaba les había dado señal diciendo: "Al que yo bese, ése es. Prendedle." De inmediato se acercó a Jesús y dijo: --¡Te saludo, Rabí! Y le besó. Pero Jesús le dijo: --Amigo, haz lo que viniste a hacer. Entonces ellos se acercaron, echaron mano a Jesús y le prendieron.". Mateo 26:47-50.

"Entonces se cumplió lo que fue dicho por el profeta Jeremías, cuando dijo: Y tomaron las treinta piezas de plata, precio del apreciado, según el precio fijado por los hijos de Israel.". Mateo 27:9.

"Simón el cananita y Judas Iscariote, quien le entregó.". Mateo 10:4. "A la verdad, el Hijo del Hombre va, tal como está escrito de él. Pero ¡ay de aquel hombre por quien es entregado el Hijo del Hombre! Bueno le fuera a aquel hombre no haber nacido.". Marcos 14:21.

"A la verdad, el Hijo del Hombre va según lo que está determinado, pero ¡ay de aquel hombre por quien es entregado!". Lucas 22:22. "No hablo así de todos vosotros. Yo sé a quiénes he elegido; pero para que se cumpla la Escritura: El que come pan conmigo levantó contra mí su talón.". Juan 13:18.

"Cuando yo estaba con ellos, yo los guardaba en tu nombre que me has dado. Y los cuidé, y ninguno de ellos se perdió excepto el hijo de perdición, para que se cumpliese la Escritura.". Juan 17:12.

Conclusión:

¿Dónde dice en el AT que *Judas Iscariote* traicionaría al mesías? ¿Dónde se encuentra Judas Iscariote en el AT? ¿Dónde al menos que el mesías sería traicionado?

En realidad, otra pregunta es aún más incisiva: ¿Qué clase de pericia tienen esos EC del judaísmo?

El salmo 41, 9 está sacado de contexto, en una rutina continua de los magníficos EC. Dice: "¡Dichoso el que cuida del débil y del pobre! El día de la desgracia Yahvé lo liberará. Yahvé lo guardará y conservará con vida, le concederá felicidad en la tierra, no lo abandonará a la saña de sus enemigos; Yahvé lo sostendrá en su lecho de dolor... -hablando el enfermo-: los que me odian se juntan a difamarme, me achacan la desgracia que me aqueja: «Un mal diabólico se abate sobre él, ahora que se ha acostado no se levantará». Hasta mi amigo íntimo en quien yo confiaba, mi compañero de mesa, me ha traicionado".

Es la queja de un enfermo que no tiene que ver nada con el mesías: hasta el salmo se llama *Oración de un enfermo abandonado*, según la BJ, y *Oración pidiendo salud*, según la RV1995.

Los pasajes de Zacarías y el salmo 55 están en la misma línea.

Otro aspecto es aún más interesante: los apóstoles fueron elegidos por el propio Jesús. ¿Sabía que le iba a traicionar cuando escogió a Judas? Es evidente que sí: luego lo escogió a propósito para que le traicionase. En caso contrario deberemos recordar a Celso el cual, ya a principios del cristianismo, cuestionaba la validez de Jesús como profeta por no saber elegir a sus seguidores más próximos. Punto 15-B.

## 43.- Traicionado por 30 monedas de plata

Profecía:

"Y les dije: "Si os parece bien, dadme mi salario; y si no, dejadlo." Y pesaron por salario mío treinta piezas de plata. Entonces Jehovah me dijo: "Échalo al tesoro. ¡Magnífico precio con que me han apreciado!" Yo tomé las treinta piezas de plata y las eché en el tesoro, en la casa de Jehovah.". Zacarías 11:12-13.

Cumplimiento:

"Entonces Judas, el que le había entregado, al ver que era condenado, sintió remordimiento y devolvió las treinta piezas de plata a los principales sacerdotes y a los ancianos, diciendo: --Yo he pecado entregando sangre inocente. Pero ellos dijeron: --¿Qué nos importa a nosotros? ¡Es asunto tuyo! Entonces él, arrojando las piezas de plata dentro del santuario, se apartó, se fue y se ahorcó. Los principales sacerdotes, tomando las piezas de plata, dijeron: --No es lícito ponerlas en el tesoro de las ofrendas, porque es precio de sangre. Y habiendo tomado acuerdo, compraron con ellas el campo del Alfarero, para sepultura de los extranjeros. Por eso aquel campo se llama Campo de Sangre, hasta el día de hoy. *Entonces se cumplió lo que fue dicho por el profeta Jeremías*, cuando dijo: Y tomaron las treinta piezas de plata, precio del apreciado, según el precio fijado por los hijos de Israel.". Mateo 27:3-9.

"Y les dijo: --¿Qué me queréis dar? Y yo os lo entregaré. Ellos le asignaron treinta piezas de plata; y desde entonces él buscaba la oportunidad para entregarle.". Mateo 26:15-16.

Conclusión:

La supuesta profecía es de Zacarías y no de Jeremías como dice Mateo, y el dato es muy significativo y grave: indica de nuevo que los autores del NT desconocían buena parte del AT, cosa inaudita para un judío. Este hecho nos llevaría a una grave conclusión: los autores del NT ni eran judíos ni conocían correctamente sus libros sagrados. El propio Pablo, supuestamente judío y discípulo de Gamaliel, comete también errores de bulto.

Zacarías cuenta una historia alegórica entre dos pastores en unos términos que, dicho sea de paso, no concuerdan con la supuesta bondad, misericordia y palabra de su dios, y en el que lo único que coincide es la mención de treinta monedas de plata, pero el contexto no coincide en absoluto: no hay insinuación alguna del mesías.

## 44.- Su precio dado por el campo del alfarero

Profecía:

"Y me dijo Jehová: Echalo al tesoro; ¡hermoso precio con que me han apreciado! Y tomé las treinta piezas de plata, y las eché en la casa de Jehová al tesoro.". Zacarías 11:13.

Cumplimiento:

"Entonces Judas, el que le había entregado, viendo que era condenado, devolvió arrepentido las treinta piezas de plata a los principales sacerdotes y a los ancianos,... Y después de consultar, compraron con ellas el campo del alfarero, para sepultura de los extranjeros.". Mateo 27:3,7.

Conclusión:

Punto anterior.

## 45.- Tome otro el oficio de Judas

Profecía:

"Sean pocos sus días, y tome otro su oficio.". Salmo 109:8.

Cumplimiento:

"Hermanos, era necesario que se cumpliesen las Escrituras, en las cuales el Espíritu Santo habló de antemano por boca de David acerca de Judas, que fue guía de los que prendieron a Jesús.". Hechos 1:16.
 "Porque está escrito en el libro de los Salmos: Sea hecha desierta su morada, y no haya quien habite en ella. Y otro ocupe su cargo.". Hechos 1:20.

Conclusión:

Uno de los ejemplos más claros de que los EC montan su fraude cogiendo frases sueltas de aquí y de allá, sin ton ni son, sacadas de contexto: el salmo 109 cuenta entre los principales de los denominados *Salmos de imprecación*, su -supuesto- autor es David y narra las maldiciones e imprecaciones de este contra sus múltiples enemigos; nada que ver con un pasaje referente al mesías. Puntos 51, 55, 58, 62.
 Este punto también es un buen ejemplo para demostrar que todos o casi todos los autores del NT no sabían de lo que

estaban escribiendo: Lucas, supuesto autor de *Hechos*, afirma que David había hablado de Judas y que era necesario que se cumpliesen las Escrituras.

Señor lector, lea el salmo 109, completo a ser posible, y haga el favor de responderse a sí mismo a estas preguntas: ¿dónde se refiere David, o quien fuese el autor del salmo, *a Judas*? ¿Dónde se refiere al mesías? ¿Dónde se refiere a que el mesías sería traicionado, o que otro tomaría el oficio de *Judas*? ¿Dónde ve usted a Jesús, Judas o al mesías en ese salmo?

## 46.- DIJO QUE RESUCITARÍA, COMO EL AT DECÍA QUE HABÍA RESURRECCIÓN

Profecía:

"Tus muertos volverán a vivir; los cadáveres se levantarán. ¡Despertad y cantad, oh moradores del polvo! Porque tu rocío es como rocío de luces, y la tierra dará a luz a sus fallecidos.". Isaías 26:19.

"En aquel tiempo se levantará Miguel, el gran príncipe que está del lado de los hijos de tu pueblo. Será tiempo de angustia, como nunca fue desde que existen las naciones hasta entonces. Pero en aquel tiempo tu pueblo será librado, todos aquellos que se encuentren inscritos en el libro. Y muchos de los que duermen en el polvo de la tierra serán despertados, unos para vida eterna y otros para vergüenza y eterno horror. Los entendidos resplandecerán con el resplandor del firmamento; y los que enseñan justicia a la multitud, como las estrellas, por toda la eternidad. *Pero tú, oh Daniel, cierra las palabras y sella el libro hasta el tiempo del fin. Muchos correrán de un lado para otro, y se incrementará el conocimiento.*". Daniel 12:1-4.

Cumplimiento:

"Entonces le respondieron algunos de los escribas y de los fariseos, diciendo: --Maestro, deseamos ver de ti una señal. El respondió y les dijo: --Una generación malvada y adúltera demanda señal, pero no le será dada ninguna señal, sino la señal del profeta Jonás. Porque así como Jonás estuvo tres días y tres noches en el vientre del gran pez, así estará el Hijo del Hombre en el corazón de la tierra tres días y tres noches.". Mateo 12:38-40.

Conclusión:

Is 26, 19 está sacado de contexto: ese capítulo se refiere a Jerusalén y sus habitantes, contrapuesto todo a la villa destruida de los capítulos 24 y 25, y nada tiene que ver con el mesías: Isaías está narrando acontecimientos de su tiempo. Increíble que ahí se vea una profecía de que *Jesús* había de resucitar.

El versículo 19 es una contradicción del 14, al cual contrapone el ánimo en que se encontraban los congéneres del profeta ante el enemigo después de unas reflexiones: *"Los muertos no vivirán, las sombras no se levantarán, pues los has castigado, los has exterminado y has borrado todo recuerdo de ellos"*.

Daniel 12, 1-4 se refiere a Antíoco IV Epífanes [24], con un fin del tiempo próximo, que no se produjo: se abrió el libro, y no pasó nada. Así, una vez abierto, no se puede reclamar ningún acontecimiento para tiempos venideros, que es lo que hacen los EC. Sobre el libro de Daniel ver el punto 4.

En cuanto a que en el AT decía que había resurrección:

> "Recuerda: mi vida es sólo un soplo, mis ojos ya no verán la dicha. Seré invisible a cualquier mirada, te fijarás en mí, pero no estaré. Como nube que se esfuma y pasa, el que baja al Seol ya no sube...; ... y el hombre se acuesta y no

---

[24] Antíoco IV Epífanes. Rey seléucida (dinastía de Seleuco I Nicátor, general de Alejandro Magno). En su pretensión de helenizar todo su imperio, profanó el templo de Jerusalén y empezó una persecución contra los judíos y su religión. Ver II.2.12 Macabeos, en el Tomo II de *La Biblia ante la Biblia*...

se alza, se gastarán los cielos y no despertará, de su sueño no espabilará;... pero, ¿puede el hombre muerto revivir?; ... pues me esperan años contados y emprenderé el camino sin retorno...; Retira tu mirada, dame respiro antes de que me vaya y ya no exista; ... los vivos saben que han de morir, pero los muertos no saben nada, y no hay ya paga para ellos, pues se perdió su memoria. Se acabaron hace tiempo su amor, su odio y sus celos, y no tomarán parte nunca jamás en todo lo que pasa bajo el sol...; Y cuando un hombre muere, recibe como herencia lombrices, bichos y gusanos; No olvides que no hay retorno... cuando un muerto descansa, deja que descanse su memoria, consuélate de él, porque ha dejado de existir; ... los muertos no vivirán, las sombras no se levantarán...": Job 7, 7-9,21; 10, 21; 14, 7-22; 14, 13; 16, 22; 17, 14; 20, 4-9; 20, 29; II Sam 12, 23; To 3, 6; Salm 6, 6; 39, 14; 78, 39; 88, 6,11-13; 103, 16; 115, 17-18; 146, 3; Ecle 1, 11; 3, 14-22; 4, 2-3; 9, 2-10; 12, 7; Ecli 10, 11; 38, 21,23; Is 26, 14; 38, 18...

Sin embargo, otros pasajes dicen lo contrario, si bien no son tan claros: I Re 17, 17-22; II Re 4, 32-35; 13, 21; Job 19, 26; Dn 12, 2.

Sobre Job 7, 7-9, la BJ, p. 864, dice: "*Según la opinión corriente, que el autor parece compartir aquí, es imposible retornar del Seol*". En la presentación de los libros Sapienciales, dice: "*... ya que la mentalidad hebrea no concibe una vida del espíritu separado de la carne*", mentalidad hebrea que supuestamente vino a completar el cristianismo.

Punto 74.

## 47.- Sería rechazado por su propio pueblo y por los gentiles

Profecía:

"¿Por qué se amotinan las naciones y los pueblos traman cosas vanas? Se presentan los reyes de la tierra, y los gobernantes consultan unidos contra Jehovah y su ungido, diciendo.". Salmo 2:1-2.

"Muchos toros me han rodeado; fuertes toros de Basán me han cercado.". Salmo 22:12.

"Mis enemigos hablan mal de mí y preguntan: "¿Cuándo se morirá, y perecerá su nombre?". Salmo 41:5.

"Todo el día pervierten mis palabras; contra mí son todos sus pensamientos, para mal.". Salmo 56:5.

"He venido a ser extraño a mis hermanos, y extranjero para los hijos de mi madre.". Salmo 69:8.

"La piedra que desecharon los edificadores ha venido a ser la principal del ángulo. De parte de Jehovah es esto; es una maravilla a nuestros ojos.". Salmo 118:22-23.

"Entonces él será vuestro santuario; pero será piedra de tropiezo y roca de escándalo para las dos casas de Israel, red y trampa para los habitantes de Jerusalén.". Isaías 8:14.

"Y dijo: --Ve y di a este pueblo: "Oíd bien, pero no entendáis; y mirad bien, pero no comprendáis." Haz insensible el corazón de este pueblo; ensordece sus oídos y ciega sus ojos, no sea que vea con sus ojos, y oiga con sus oídos, y entienda con su corazón, y se vuelva a mí, y yo lo sane.". Isaías 6:9-10.

"Dice, pues, el Señor: "Porque este pueblo se acerca con su boca y me honra sólo con sus labios; pero su corazón está lejos de mí, y su temor de mí está basado en mandamientos de hombres.". Isaías 29:13. "¿Quién ha creído nuestro anuncio? ¿Sobre quién se ha manifestado el brazo de Jehovah?". Isaías 53:1.

"Despreciado y desechado entre los hombres, varón de dolores, experimentado en quebranto; y como que escondimos de El, el rostro, fue menospreciado, y no lo estimamos". Isaías 53, 3.

"Todo el día extendí mis manos a un pueblo rebelde que anda por un camino que no es bueno, tras sus propios pensamientos.". Isaías 65:2.

Cumplimiento:

"En él estaba la vida, y la vida era la luz de los hombres.". Juan 1:4.

"El vino como testimonio, a fin de dar testimonio de la luz, para que todos creyesen por medio de él.". Juan 1:7.

"En el mundo estaba, y el mundo fue hecho por medio de él, pero el mundo no le conoció. A lo suyo vino, pero los suyos no le recibieron.". Juan 1:10-11.

"Pues ni aun sus hermanos creían en él.". Juan 7:5.

"El mundo no puede aborreceros a vosotros; pero a mí me aborrece porque yo doy testimonio de él, que sus obras son malas.". Juan 7:7.

"Entonces los fariseos les respondieron: --¿Será posible que vosotros también hayáis sido engañados? ¿Habrá creído en él alguno de los principales o de los fariseos?". Juan 7:47-48.

"A lo suyo vino, pero los suyos no le recibieron.". Juan 1:11.

"Jesús les dijo: --¿Nunca habéis leído en las Escrituras? La piedra que desecharon los edificadores, ésta fue hecha cabeza del ángulo. De parte del Señor sucedió esto, y es maravilloso en nuestros ojos. Por esta razón os digo que el reino de Dios será quitado de vosotros y será dado a un pueblo que producirá los frutos del reino.". Mateo 21:42-43.

"Entonces le escupieron en la cara y le dieron de puñetazos, y otros le dieron bofetadas.". Mateo 26:67.

"Habiendo entretejido una corona de espinas, se la pusieron sobre su cabeza, y en su mano derecha pusieron una caña. Se arrodillaron delante de él y se burlaron de él, diciendo: --¡Viva, rey de los judíos! Y escupiendo en él, tomaron la caña y le golpeaban la cabeza.". Mateo 27:29-30.

"Porque verdaderamente se unieron en esta ciudad contra tu santo Hijo Jesús, a quien ungiste, Herodes y Poncio Pilato, con los gentiles y el pueblo de Israel.". Hechos 4:27.

Conclusión:

La avalancha de citas se desmonta fácilmente con una simple pregunta: ¿cómo va a ser el *mesías de Israel* rechazado por su pueblo, por Israel? Cualquier pretendiente a mesías que sea rechazado por el pueblo judío *no puede ser el mesías prometido*.

Es el manejo del disparate con tal de proclamar profecías mesiánicas... "tal vez poniendo muchas citas, cuele el disparate", pero, no: la cantidad no hace la calidad.

Que lo rechazasen los gentiles no tiene que ver nada y parece lo normal: es al pueblo judío al que debe dirigirse el verdadero mesías, ser rey verdadero de un reino davídico auténtico, *y aceptado por su pueblo y por el Sanedrín*, único medio para poder ser proclamado legítimamente como el mesías. Todo lo contrario ocurrió con Jesús.

Como ya hemos estado comprobando en otros puntos, la mayoría de esos salmos se refieren a David, o se le aplican a él, y sus problemas con sus enemigos; Isaías se refiere al pueblo judío. Después vienen todos los rocambolescos *cumplimientos* de los autores del NT, llegando alguno de ellos al absurdo: "En él estaba la vida, y la vida era la luz de los hombres." (Juan

1:4.). ¿Qué tiene que ver con que fuese rechazado por judíos y gentiles?

Lamentablemente, por una parte da hilaridad comprobar a qué deben recurrir los EC para montar su escandaloso fraude, pero por otra da lástima y sonrojo que los destinatarios de esas listas no sepan defenderse ante el engaño y el timo. Ver punto 29.

Contrario al punto 28, como los puntos siguientes ↓ .

## 48.- Sería abandonado por sus seguidores/discípulos

Profecía:

"Hiere al pastor, y serán dispersadas las ovejas". Zacarías 13, 7.

Cumplimiento:

"En ese momento Jesús dijo a la multitud: --¿Como contra un asaltante habéis salido con espadas y palos para prenderme? Cada día me sentaba enseñando en el templo, y no me prendisteis. Pero todo esto ha ocurrido para que se cumplan las Escrituras de los profetas. Entonces todos los discípulos le abandonaron y huyeron.". Mateo 26:55-56.

"Entonces Jesús les dijo: --Todos vosotros os escandalizaréis de mí esta noche, porque está escrito: Heriré al Pastor, y las ovejas del rebaño serán dispersadas.". Mateo 26:31.

"Entonces Jesús les dijo: --Todos os escandalizaréis de mí; porque escrito está: Heriré al pastor, y serán dispersadas las ovejas.". Marcos 14:27.

"Cada día yo estaba delante de vosotros enseñando en el templo, y no me prendisteis. Pero así es, para que se cumplan las Escrituras. Entonces todos los suyos le abandonaron y huyeron.". Marcos 14:49-50.

Conclusión:

Insistiendo en las argucias e inventos de los EC: el mesías de Israel no debe tener seguidores a la manera de Jesús. El mesías de Israel debe ser rey, con sus súbditos, y con todo lo que eso implica, etc., no seguidores como si fuese un buhonero ambulante que discutiese por plazas y pueblos y la gente le siguiese, y menos unos seguidores que se enfrentasen con el poder -religioso- de Israel. Increíble porque el despropósito llega a cimas insospechadas.

Zacarías 13, 7, también sacado de contexto, no se refiere al mesías: este no debe ser ningún pastor ni tener ovejas a la manera que lo proclaman los EC, y el NT. Ese versículo está, además, cercenado. Completo y los siguientes dicen: "¡Despierta, espada, contra mi pastor, contra mi ayudante! -oráculo de Yahvé Sebaot-. ¡Hiere al pastor, que se dispersen las ovejas, yo volveré mi mano contra los corderos! En toda esta tierra dos tercios serán exterminados (perecerán) y el otro tercio quedará en ella. Meteré en el fuego este tercio; lo purgaré como se purga la plata, lo refinaré como se refina el oro. Él invocará mi nombre y yo le responderé; diré: «¡Este es mi pueblo!» y él dirá: «¡Yahvé es mi Dios!»".

El pueblo a purgar es el judío, a él invoca, sólo a él se refiere: Zacarías estaba citando la restauración de Israel, la liberación y renovación de Jerusalén (tras el exilio de Babilonia) y, entre otras maldiciones, su Yahvé de los ejércitos arremetía contra otros profetas.

Otro pasaje sobre la restauración, esta vez de la dinastía davídica, es el de Amós 9, 11. El profeta sí se refiere a esa restauración, pero no dirigida a un cumplimiento *sine die* sino que hay un contexto que no hay que olvidar: aludía a un tiempo cercano al suyo, y al no producirse los EJ lo adaptan a la época que más les conviene. Puntos 3 y 69.

## 49.- Soportó reproches

Profecía:

"Porque me consumió el celo de tu casa; y los denuestos de los que te vituperaban cayeron sobre mí.". Salmo 69:9.

Cumplimiento:

"Porque ni aun Cristo se agradó a sí mismo; antes bien, como está escrito: Los vituperios de los que te vituperaban, cayeron sobre mí.". Romanos 15:3.

Conclusión:

Otra vez nos encontramos con el salmo 69: ver punto 20.

## 50.- Odiado sin motivo

Profecía:

"Se han aumentado más que los cabellos de mi cabeza los que me aborrecen sin causa". Salmo 69, 4.
Cumplimiento:

"Pero esto es para que se cumpla la palabra que está escrita en su ley: Sin causa me aborrecieron". Juan 15, 25.
Conclusión:

Salmo 69 de nuevo: punto 20.

## 51.- ACUSADO FALSAMENTE

Profecía:

"Se han levantado testigos falsos, y me interrogan de lo que no sé.". Salmo 35:11.

"No me entregues a la voluntad de mis adversarios, porque contra mí se han levantado testigos falsos que respiran violencia.". Salmo 27:12.

"Pues la boca del impío y la del engañador se han abierto contra mí; han hablado contra mí con lengua engañosa.". Salmo 109:2.

"¿Por qué se amotinan las naciones y los pueblos traman cosas vanas? Se presentan los reyes de la tierra, y los gobernantes consultan unidos contra Jehovah y su ungido, diciendo: "¡Rompamos sus ataduras! ¡Echemos de nosotros sus cuerdas!". Salmo 2:1-3.

Cumplimiento:

"Los principales sacerdotes, los ancianos y todo el Sanedrín buscaban *falso testimonio contra Jesús,* para que le entregaran a muerte. Pero no lo hallaron, a pesar de que se presentaron *muchos testigos falsos.* Por fin se presentaron dos, y dijeron: Este dijo: "Puedo derribar el templo de Dios y edificarlo en tres días.". Mateo 26:59-61.

"Porque muchos daban falso testimonio contra Jesús, pero sus testimonios no concordaban. Entonces se levantaron unos, *y dieron falso testimonio contra él diciendo: --Nosotros le oímos decir: "Yo derribaré este templo que ha sido hecho con manos, y en tres días edificaré otro hecho sin manos."* Pero ni aun así concordaba el testimonio de ellos. Entonces el sumo sacerdote se levantó en medio y preguntó a Jesús diciendo: --¿No respondes nada? ¿Qué testifican éstos contra ti? Pero él callaba y no respondió nada. Otra vez el sumo sacerdote le preguntó y le dijo: --¿Eres tú el Cristo, el Hijo del Bendito?". Marcos 14:56-61.

Conclusión:

Los salmos 27, 35 y 109 (punto 45) son de David y sus problemas con sus enemigos: nada que ver con el mesías, y son versículos sacados de contexto. Por ejemplo, el 35 empieza diciendo: "Ataca Yahvé a los que me atacan, combate a los que me combaten; embraza el escudo y la adarga, y dispone a socorrerme: blande la lanza y la pica contra mis perseguidores...". ¿El mesías no sabría de qué le estaban interrogando? El mesías debe tener todo el poder en la Tierra. ¿Quiénes y de qué le deben interrogar?

Salmo 2, 1-3: Difícilmente aplicable a Jesús: las naciones y los reyes de la Tierra no se levantaron ni se agitaron, los príncipes no conspiraron contra él; más bien no se enteraron de su llegada: sólo unos pocos judíos y el prefecto romano (que no rey ni príncipe) de una de tantas provincias romanas.

Remito a los puntos anteriores. ¿De qué debe ser acusado el verdadero mesías? ¿Su propio pueblo le acusaría?

"Los principales sacerdotes, los ancianos y todo el Sanedrín buscaban *falso testimonio contra Jesús*, para que le entregaran a muerte": todo al revés de lo que debe suceder en la llegada del auténtico mesías.

Pero lo sorprendente del punto es que los evangelistas se refieren a *falsos testimonios*, y lo que dicen es lo que Jesús dijo, luego no eran falsos testigos. Los EC, cayendo en la misma trampa y demostrando otra vez que no saben ni lo que escriben, lo incluyen ilusamente en sus listas como una profecía cumplida por Jesús: compárese Mt 26, 61 (lo que dicen los supuestos testigos falsos) con lo que dijo Jesús: Jn 2, 19; es lo mismo.

## 52.- SE MANTUVO EN SILENCIO ANTE LA ACUSACIÓN

Profecía:

"Pero yo, como si fuera sordo, no escuchaba, y era como un mudo que no abre la boca.". Salmo 38:13.

"El fue oprimido y afligido, pero no abrió su boca. Como un cordero, fue llevado al matadero; y como una oveja que enmudece delante de sus esquiladores, tampoco él abrió su boca. Por medio de la opresión y del juicio fue quitado. Y respecto a su generación, ¿quién la contará? Porque él fue cortado de la tierra de los vivientes, y por la transgresión de mi pueblo fue herido.". Isaías 53:7-8.

Cumplimiento:

"Se levantó el sumo sacerdote y le dijo: --¿No respondes nada? ¿Qué testifican éstos contra ti? Pero Jesús callaba. Y el sumo sacerdote le dijo: ¡Te conjuro por el Dios viviente que nos digas si tú eres el Cristo, el Hijo de Dios!". Mateo 26:62-63.

"Y siendo acusado por los principales sacerdotes y por los ancianos, no respondió nada. Entonces Pilato le dijo: ¿No oyes cuántas cosas testifican contra ti? El no le respondió ni una palabra, de manera que el procurador se maravillaba mucho.". Mateo 27:12-14.

"La porción de las Escrituras que leía era ésta: Como oveja, al matadero fue llevado, y como cordero mudo delante del que lo trasquila, así no abrió su boca. En su humillación, se le negó justicia; pero su generación, ¿quién la contará? Porque su vida es quitada de la tierra.". Hechos 8:32-33.

Conclusión:

Salmo 38, 13: nada que ver con el mesías, por enésima vez. Es un salmo de David el cual, como en muchos otros de los salmos atribuidos al rey judío, se queja de sus desgracias y arremete contra sus enemigos. Aplicado arbitrariamente a Jesús, admite que ha pecado y empieza diciendo: "Yahvé, no me castigues enfadado, no me corrijas enojado. En mí llevo clavadas tus saetas, tu mano has descargado sobre mí; nada intacto hay en mi carne por tu enfado, nada sano en mi cuerpo por mi pecado...".

¿Jesús pecó? ¿O es que hay que coger un cierto versículo -el 13- simplemente porque dice que no abría la boca? De esta manera se puede justificar cualquier profecía, o supuesta profecía. Punto 35.

Entramos de lleno en Isaías 53, si bien antes ya había salido en alguna ocasión: junto con Is 7, buenas partes de Ezequiel y Zacarías, Daniel 9 y el Salmo 22, Isaías 53 -y los anteriores, desde el 40- es el más recurrido por el cristianismo para justificar el mesianismo de Jesús: como estamos viendo y vamos a ver a partir de ahora, todo tergiversado y adaptado a su conveniencia, falseando el verdadero contenido del AT (Tanaj), y aplicándolo arbitrariamente a Jesús en pasajes que no se refieren al mesías.

Is 53, 7-8, inaplicable a Jesús: sí abrió la boca y respondió según Juan 18, 21,23,34,36-37, pasajes que los EC ocultan porque contradicen a Mateo 26-27 y Hechos 8.

Se refiere a Israel, de ninguna manera al mesías, y no es el único caso que lo hace en esos términos:

"Nos entregas como ovejas de matadero, nos desperdigas en medio de los pueblos": Salmo 44, 12.

"Pero por ti nos matan cada día, nos tratan como ovejas de matadero": Salmo 44, 23.

Se supone que Jesús fue *herido de muerte* por la transgresión de todos, no sólo por la de su pueblo.

*De sus contemporáneos*, traduce la BJ en lugar de *generación*: la palabra hebrea significa "generación" en cuanto período de una vida y, por extensión, los que viven durante ese período, dice la BJ, p. 1154.

*Fue arrancado de la tierra de los vivos* (BJ), o cortado de la tierra de los vivientes: es una metáfora que indica que Israel fue exiliado a otras tierras, y para nada que el mesías deba ser ejecutado. Ez 37, 11-14.

*Ha sido herido* (BJ) o fue herido: traducción incorrecta, según los EJ; lo correcto es el plural: *fueron heridos*, lo que indica que no se refiere a una sola persona.

Todo el contexto de Isaías 53 y el salmo 44, demuestran las carencias de Israel para enfrentarse a las potencias extranjeras, diciendo que Yahvé les trataba muy mal, como ovejas llevadas al matadero.

Mt 27, 14 comete un error grave, inaudito para figurar como *Palabra de Dios*: Pilato no era *procurador* sino *prefecto*. De ello y del contexto de los evangelios puede deducirse que, aparte de desconocer muchas cosas, sus autores tenían una imaginación considerable y llevaban las situaciones a su terreno: el Pilato intimidado por los judíos, que accede a todo lo que le piden, dista mucho del que muestra la historia.

## 53.- INSULTADO, GOLPEADO Y ESCUPIDO

Profecía:

"Pero cuando yo tropecé, ellos se alegraron y se reunieron. Se reunieron contra mí los calumniadores, sin que yo lo supiera. Me despedazaban y no cesaban.". Salmo 35:15.

"Ensanchan contra mí sus bocas, diciendo: "¡Ajá, Ajá, nuestros ojos lo han visto!". Salmo 35:21.

"¡Reúne ahora tus tropas, ciudad de tropas! ¡Nos han sitiado! ¡Con vara herirán en la mejilla al juez de Israel!". Miqueas 5:1.

"Di mi cuerpo a los heridores y mis mejillas a los que me mesaban la barba; no escondí mi rostro de injurias y esputos". Isaías 50, 6.

"De la manera que muchos se asombraron de él, así fue desfigurada su apariencia, más que la de cualquier hombre; y su aspecto, más que el de los seres humanos.". Isaías 52:14.

Cumplimiento:

"Algunos comenzaron a escupirle, a cubrirle la cara y a darle de bofetadas, diciendo: --¡Profetiza! También los guardias le recibieron a bofetadas.". Marcos 14:65.

"Y escupiéndole, tomaban la caña y le golpeaban en la cabeza.". Mateo 27:30.

"Entonces le escupieron en el rostro y le dieron de puñetazos, y otros le abofeteaban". Mateo 26, 67.

Conclusión:

El salmo 35 es uno de los llamados *de imprecación*, aunque la BJ lo titule *Súplica de un justo perseguido*, siendo David el justo. Leamos el contexto, y no sólo dos versículos sueltos: "Se levantaban testigos violentos, me preguntaban cosas que ignoraba;... si caía me rodeaban rechinando sus dientes contra mí... Que no celebren mi ruina mis pérfidos enemigos, ni anden guiñando los ojos los que me odian sin motivo... Júzgame con tu justicia, Yahvé, ¡Dios mío, no se rían de mí! Que no digan en su interior: «¡Ajá, lo que queríamos!». Que no digan: «Lo hemos tragado». ¡Vergüenza y confusión caigan a una sobre los que se ríen de mi mal; se cubran de vergüenza e ignominia los que se envalentonan a mi costa!...".

Muy temerario se debe ser para ver en Miqueas 5, 1 (4, 14 en la BJ) una herida en la mejilla del mesías. Léase el contexto: el profeta estaba describiendo al rey judío -Ezequías-, humillado por el rey asirio –Senaquerib-.

En Isaías 50 el profeta habla del pueblo judío -si bien en otras partes de ese contexto también se refiere a sí mismo-. ¿Dónde está el mesías en todo ese contexto? El capítulo se titula *El castigo de Israel... de Israel*. Por su parte, la RV1995 lo titula *Jehová ayuda a quienes confían en él*.

Sobre Is 52, 14: "Eres la más hermosa de las personas, la gracia se derrama por tus labios, por eso Dios te bendice para siempre", dice el Salmo 45, 3.

¿Desfigurado y sin apariencia humana, o la más hermosa de las personas?

Ambos textos son aplicados a Jesús por el cristianismo, pero se refieren a Israel. Mt 27, 29-31. *Is 53, 3*.

La BJ, p. 1153, aclara que literalmente el texto dice: "Su apariencia (era) desfiguramiento (hasta) no ser ya un hombre", pero según los EJ, el texto dice otra cosa: "Como se asombraron de ti muchos, de tal manera fue desfigurado de los hombres su parecer, y su hermosura más que la de los hijos de los hombres", con lo que no tiene relación alguna con el humano, con un hombre, de la mayoría de las traducciones cristianas, siendo la de la VL, p. 719, la única que se acerca a la judía: "Al modo que tú, oh Jerusalén, fuiste en tu ruina el asombro de muchos, así también su aspecto parecerá sin gloria delante de los hombres, y en una forma despreciable entre los hijos de los hombres".

## 54.- HERIDO Y AZOTADO;
### CARGÓ CON NUESTROS PECADOS

Profecía:

"Pero él fue herido por nuestras transgresiones, molido por nuestros pecados. El castigo que nos trajo paz fue sobre él, y por sus heridas fuimos nosotros sanados.". Isaías 53:5.

Cumplimiento:

"Y habiendo azotado a Jesús le entregó para ser crucificado". Mateo 27, 26.

"Llegada la tarde, le presentaron (a Jesús) muchos endemoniados; y arrojó a los espíritus con la palabra, y curó a todos los que estaban enfermos. De modo que así se cumplió lo anunciado por el profeta Isaías cuando dijo: El mismo tomó nuestras flaquezas, y cargó con nuestras enfermedades": Mt 8, 16-17; Mc 1, 32-34; Lc 4, 40-41.

"Porque en primer lugar os he enseñado lo que también recibí: que Cristo murió por nuestros pecados, conforme a las Escrituras.". 1ª Corintios 15:3.

"El mismo llevó nuestros pecados en su cuerpo sobre el madero a fin de que nosotros, habiendo muerto para los pecados, vivamos para la justicia. Por sus heridas habéis sido sanados.". 1ª Pedro 2:24.

Conclusión:

Isaías 53 alude a Israel: en el pasaje no encontramos nada de endemoniados ni espíritus, ni de curaciones; Jesús, al hacer lo descrito, no se cargó ninguna enfermedad: si Jesús cargó con nuestras enfermedades, no parece que se note.

Uno de los pasajes más fraudulentos: también *contradice la teología judía en un tema fundamental*. En ella, cada cual paga por sus pecados...

> "Al que haya pecado contra mí, lo borraré yo de mi libro": Ex 32, 33.
> 
> "En aquellos días no dirán más: «Los padres comieron el agraz, y los dientes de los hijos sufren de dentera»; *sino que cada uno por su culpa morirá*: quienquiera que coma el agraz tendrá la dentera": Jer 31, 29-30.
> 
> "La palabra de Yahvé se dirigió a mí en estos términos: «¿Por qué andáis repitiendo este proverbio en la tierra de Israel: Los padres comieron el agraz, y los dientes de los hijos sufren la dentera? «Por mi vida, oráculo del Señor Yahvé, que no repetiréis más este proverbio en Israel. Mirad: todas las vidas son mías, la vida del padre lo mismo que la del hijo, mías son. *El que peque es quien morirá...*»": Ez 18, 1-4.
> 
> "En cuanto al malvado, si se aparta de todos los pecados que ha cometido, observa todos mis preceptos y practica el derecho y la justicia, vivirá sin duda, no morirá. Ninguno de los crímenes que cometió se le recordará más; vivirá a causa de la justicia que ha practicado": Ez 18, 21-22.

... nadie debe venir a cargarse los pecados de otro, nadie debe limpiar el pecado de otro mediante su sacrificio. En el judaísmo no hay intermediarios que perdonen pecados, no hay intermediarios entre Yahvé y el creyente, no se va a Yahvé por medio de alguien, contrariamente a lo que dijeron que dijo Jesús, y Juan, Pedro, Pablo:

> Jesús "Yo soy el camino, la verdad y la vida; nadie viene al Padre sino por mí.". Juan 14:6.
> 
> "Porque tanto amó Dios al mundo que dio a su Hijo unigénito, para que todo el que crea en él no perezca, sino que tenga vida eterna": Jn 3, 16.
> 
> "Porque no hay bajo el cielo otro nombre dado a los hombres por el que nosotros debamos salvarnos": Act 4, 12.
> 
> *"Ten fe en el Señor Jesús y te salvarás tú y tu casa"*: Act 16, 31.
> 
> "... justicia de Dios por la fe en Jesucristo, para todos los que creen... y son justificados por el don de su gracia, en virtud de la redención realizada en Cristo Jesús, a quien exhibió Dios como instrumento de propiciación por su propia sangre, mediante la fe, para mostrar su justicia, habiendo pasado por alto los pecados cometidos anteriormente...": Rm 3, 21ss.
> 
> "... conscientes de que el hombre *no se justifica por las obras de la ley* sino por la fe en Jesucristo": Ga 2, 16; Rm 3, 20.
> 
> "... nos vivificó juntamente con Cristo –por gracia habéis sido salvados- y con él nos resucitó y nos hizo sentar en los cielos en Cristo Jesús... pues habéis sido salvados por la gracia mediante la fe; y esto no viene de vosotros, sino que es un don de Dios; tampoco viene de las obras, para que nadie se gloríe": Ef 2, 4-9.
> 
> "Porque él es nuestra paz: el que de los dos pueblos hizo uno, derribando el muro divisorio,

> la enemistas, anulando en su carne la Ley con sus mandamientos y sus decretos, para crear en sí mismo, de los dos, un solo Hombre Nuevo, haciendo las paces, y reconciliar con Dios a ambos en un solo cuerpo, por medio de la cruz, dando en sí mismo muerte a la Enemistad. Vino a anunciar la paz: paz a vosotros que estabais lejos, y paz a los que estaban cerca. Por él, unos y otros tenemos libre acceso al Padre en un mismo Espíritu": Ef 2, 14-18.

> "Cerca está Yahvé de los que lo invocan, de todos los que le invocan con sinceridad": Salmo 145, 18; Dt 4, 7; Is 58, 9; Jer 29, 13; Ez 34, 11-17.

> La Toráh fue dada a Moisés para que se la transmitiera al pueblo; pero no se llega a ella ni a Yahvé por medio de Moisés, nadie se salva por creer en Moisés, nadie se salva por fe sino según las obras que haya hecho: en el judaísmo no existe la fe [25], sino la creencia, los estudios y las actividades. La supuesta *culminación* del judaísmo dice lo contrario en determinados pasajes. Puntos 9, 74.

... e incluso hay pasajes en que Yahvé dice que en la *Era Mesiánica* perdonará todos los pecados, sin el sacrificio de nadie. Is 43, 25; Jer 33, 15-18; 50, 20...

Otro pasaje de Isaías viene a redondear el tema, aportando una cuestión de la que ya se ha hablado en varias ocasiones:

> "Vuestras manos están de sangre llenas; lavaos, limpiaos, quitad vuestras fechorías de delante de mi vista, desistid de hacer el mal, aprended a

---

[25] En cuanto a la fe, no todas las tendencias judías opinan lo mismo. Entre otros puntos, ver los 12, 54. La fe, en el judaísmo, puede entenderse más bien como *esperanza*. Lo que pudo haber empezado como fe, pudo terminar como esperanza, si bien mi opinión personal es que es difícil creer en el judaísmo si no es mediante la fe, y paralizando el intelecto.

> hacer el bien, buscan lo justo, dad sus derechos al oprimido, haced justicia al huérfano, abogad por la viuda. Venid, pues, y disputemos –dice Yahvé–: Así fueren vuestros pecados como la grana, cual la nieve blanquearán. Y así fueren rojos como el carmesí, cual la lana quedarán. Si aceptáis obedecer, lo bueno de la tierra comeréis. Pero si rehusando os oponéis, por la espada seréis devorados, que ha hablado la boca de Yahvé": Is 1, 15-20.

El contexto del sacrificio de Jesús, sea para expiar pecados o para cualquier otra cosa, lleva irremisiblemente a un sacrificio humano al dios de la Biblia: ¿Yahvé quiere sacrificios humanos? ¿Se complació Yahvé con el sacrificio de un humano?

Además, los evangelistas, y Pablo, demuestran una ignorancia mayúscula: los sacrificios debían hacerse en el Templo de Jerusalén, no fuera de él, y oficiados por los sacerdotes, levitas: lo del sacrificio expiatorio de Jesús en el Gólgota fue una farsa que nadie con un mínimo de conocimientos debería creer, lo cual demuestra una vez más que los autores del NT, o bien no sabían de lo que estaban escribiendo, o bien dirigían sus escritos a personas que sabían que no los cuestionarían.

Pablo, en I Corintios 15, 3, dice que Cristo murió por nuestros pecados, *conforme a las Escrituras*. Pero las Biblias no facilitan ninguna reseña al o a los pasajes del AT que lo anuncian. Sólo la BJ, p. 1693, dice: "El carácter salvífico de la muerte de Cristo forma, pues, parte de la proclamación evangélica *anterior a Pablo*", remitiendo al lector a Romanos 6, 3, es decir, otro pasaje del NT, pero a ninguno del AT, y sin tener en cuenta que los escritos de Pablo son los primeros, anteriores a los evangelistas: antes de Pablo no había *proclamación evangélica*: precisamente si no hubiese sido por el de Tarso, la secta judía de Santiago, Pedro y pocos más, no hubiese pasado a la historia.

Punto 71.

## 55.- Sería objeto de burla

Profecía:

"Todos los que me ven me encarnecen; estiran la boca, menean la cabeza diciendo. Se encomendó a Jehová; líbrele Él; sálvele, puesto que en Él se complacía". Salmo 22, 7-8.

"Fui para ellos objeto de oprobio; me miraban y movían la cabeza.". Salmo 109:25.

Cumplimiento:

"Y cuando se habían burlado de él, le quitaron el manto, le pusieron sus propios vestidos y le llevaron para crucificarle.". Mateo 27:31.
"Entonces crucificaron con él a dos ladrones, uno a la derecha, y uno a la izquierda. Y los que pasaban le injuriaban, meneando la cabeza y diciendo. Tú que derribas el templo, y en tres días lo reedificas; sálvate a ti mismo; si eres hijo de Dios, desciende de la cruz. De esta manera también los principales sacerdotes, escarneciéndole con los escribas y los fariseos y los ancianos, decían: A otros salvó, así mismo no se puede salvar; si es el Rey de Israel, descienda ahora de la cruz, y creeremos en Él Confió en Dios; líbrele ahora sí le quiere; por que ha dicho: Soy hijo de Dios. Lo mismo le injuriaban también los ladrones que estaban crucificados con Él". Mateo 28, 38-44.

"Y los que pasaban le injuriaban, meneando la cabeza y diciendo: ¡Bah! Tú que derribas el templo de Dios, y en tres días lo reedificas, sálvate a ti mismo y desciende de la cruz". Marcos 15, 29-30.
Conclusión:

¿Cómo va a ser el mesías objeto de burla si debe ser rey de Israel, dominador del mundo?

Como he indicado antes, el salmo 22 es uno de los más empleados -tergiversados- para justificar el mesianismo de Jesús: este salmo forma parte del contexto de un cántico profético, y se refiere exclusivamente a lo que acontecerá con los judíos de Persia, y más concretamente a la intervención de Ester y el Purim, y no tiene vínculos con el mesías: traducido del hebreo, el salmo empieza diciendo "Al músico principal. Sobre Aiélet hashajar. Salmo de David". *Aiélet hashajar* era un apodo de Ester.

Escrito siglos *después* de ese hecho. El salmo, sin embargo, está atribuido a David. Puntos 56, 59, 63, 64, 65, 67, 68.

Ya me he referido al salmo 109 -punto 45-; en ese contexto dice: "Suscita a un malvado contra él, que un fiscal se ponga a su diestra; que en el juicio resulte culpable, su oración considerada pecado. ¡Que sus días sean pocos, que otro ocupe su cargo; queden huérfanos sus hijos, quede viuda su mujer...!". Excelentes imprecaciones y deseos del piadoso David para con sus enemigos -y sus familiares-: los instruidos EC lo convierten en profecía del mesías cumplida *literalmente* por Jesús.

Punto siguiente.

## 56.- Crucificado

Profecía:

"Soy derramado como el agua; todos mis huesos se han desarticulado. Mi corazón está como cera y se ha derretido en medio de mis entrañas. Mi vigor se ha secado como un tiesto, y mi lengua se ha pegado a mi paladar. Me has puesto en el polvo de la muerte. Los perros me han rodeado; me ha cercado una pandilla de malhechores, y horadaron mis manos y mis pies. Puedo contar todos mis huesos; ellos me miran y me observan. Reparten entre sí mis vestidos, y sobre mi ropa echan suertes.". Salmo 22:14-18.

"Y derramaré sobre la casa de David y sobre los habitantes de Jerusalén un espíritu de gracia y de súplica. Mirarán al que traspasaron y harán duelo por él con duelo como por hijo único, afligiéndose por él como quien se aflige *por un primogénito*.". Zacarías 12:10.

Cumplimiento:

"Cuando los soldados crucificaron a Jesús, tomaron los vestidos de él e hicieron cuatro partes, una para cada soldado. Además, tomaron la túnica, pero la túnica no tenía costura; era tejida entera de arriba abajo. Por esto dijeron uno a otro: --No la partamos; más bien echemos suertes sobre ella, para ver de quién será. Esto sucedió para que se cumpliera la Escritura que dice: Partieron entre sí mis vestidos y sobre mis vestiduras echaron suertes. Y así lo hicieron los soldados.". Juan 19:23-24.

"Entonces los otros discípulos le decían: --¡Hemos visto al Señor! Pero él les dijo: --Si yo no veo en sus manos la marca de los clavos, y si no meto mi dedo en la marca de los clavos y si no meto mi mano en su costado, no creeré jamás.". Juan 20:25.

Conclusión:

Falso, otro de los puntos más capciosos. Intenta justificar una muerte del mesías inventada por una parte, y copiada por otra de mitologías paganas, que confunde y une hechos, incluso teología, de manera grotesca y que son antagónicos, lo que convierte al evento en un despropósito burlesco, blasfemo y antijudío por esa primera parte, y en ridiculez, y hasta irrisión, en cuanto a la segunda, lo que desemboca en un enredo y una confusión difíciles de superar. En ningún lugar del AT está predicho que el mesías moriría -crucificado o no- de manera ominosa, y menos por la culpa de la humanidad. Como estamos comprobando, todo son interpretaciones y tergiversaciones de los textos judíos por parte de los EC que, al menos en esta creencia, de eruditos tienen poco. Ver punto 2.

En las dos profecías, Salmos y Zacarías, ¿dónde dice que el mesías sería crucificado? ¡Sólo los pasajes del NT mencionan la crucifixión!

Salmo 22: puntos anterior y 59, 63, 64, 65, 67, 68.

Zacarías 12, 10: Zacarías menciona a la casa de David, inexistente desde Nabucodonosor II: este profeta no menciona al mesías en ese contexto. A este último nunca se le llama *primogénito* o *Hijo de Dios*: el primogénito es Israel, el pueblo judío, y no el mesías: Ex 4, 22-23; Dt 1, 31...

Punto siguiente.

## 57.- Su costado herido por una lanza

Profecía:

"Y derramaré sobre la casa de David y sobre los habitantes de Jerusalén un espíritu de gracia y de súplica. Mirarán al que traspasaron y harán duelo por él con duelo como por hijo único, afligiéndose por él como quien se aflige por un primogénito.". Zacarías 12:10.

Cumplimiento:

"Pero uno de los soldados le abrió el costado con una lanza, y salió al instante sangre y agua.". Juan 19:34.
Conclusión:

Relacionado con el punto anterior por la profecía de Zacarías: lo de *traspasaron*, a la mentalidad de los EC les parece muy importante porque Jesús, según ellos y el NT, y nadie más, le alancearon el costado, *así que alguna relación debe tener.*
Pero todo se viene abajo cuando leemos el pasaje de Zacarías completo, y en la BJ. Una y otra vez, partes de los textos hebreos son sacados de contexto para dar a entender algo que no dicen, pero que sí dicen algo completamente distinto:

> *Liberación y renovación de Jerusalén.* "Oráculo. Palabra de Yahvé sobre Israel... Voy a convertir a Jerusalén en una copa de vértigo

para todos los pueblos del contorno (durante el asedio contra Jerusalén). Aquel día haré de Jerusalén una piedra de levantamiento para todos los pueblos: todos los que la levanten se desgarrarán completamente. Y contra ella se congregarán todas las naciones de la tierra... A todos los pueblos heriré de ceguera. (Pero pondré mis ojos en la casa de Judá.)... Aquel día convertiré a los clanes de Judá en un incendio en el bosque, en una antorcha entre gavillas; y devorarán a derecha e izquierda a todos los pueblos del contorno, mientras Jerusalén será de nuevo habitada en su lugar. Salvará Yahvé en primer lugar a las tiendas de Judá, para que el prestigio de la dinastía de David y el prestigio de los habitantes de Jerusalén no crezca a costa de Judá. Aquel día protegerá Yahvé a los habitantes de Jerusalén: el más flaco entre ellos será aquel día como David, y la dinastía de David será como Dios, como un ángel de Yahvé, al frente de ellos. Aquel día me dispondré a destruir a todas las naciones que ataquen a Jerusalén; derramaré sobre la dinastía de David y sobre los habitantes de Jerusalén un espíritu de gracia y de oración; *y mirarán hacia mí*. En cuanto a aquél a quien traspasaron, harán duelo por él como se llora a un hijo único, y le llorarán amargamente como se llora a un primogénito. Aquel día será grande el duelo en Jerusalén, como el duelo de Hadad Rimón en la llanura de Meguidó. Y se lamentará el país, cada familia aparte: la familia de David aparte y sus mujeres aparte; la familia de Natán aparte y sus mujeres aparte;

la familia de Leví aparte y sus mujeres aparte; la familia de Semeí aparte y sus mujeres aparte; el resto de las familias aparte y sus mujeres aparte": Zacarías 12, 1-14. BJ, p. 1397. Esta traducción es más fiel al texto hebreo que el de la lista evangélica.

El que traspasaron era, probablemente, el rey judío Josías (puntos 12, 35), según los EJ: ese rey murió en Meguidó (II Reyes 23, 29-30), aunque otro pasaje lo hace morir en Jerusalén (II Crónicas 35, 24), que es donde, al menos, hubo el duelo.

Esos eruditos también dicen, como de prácticamente todas las traducciones cristianas del Tanaj, que la traducción no es exacta y tergiversa el conjunto del pasaje. Sea como sea, basta leer el contexto entero para comprender que el profeta se refería a su tiempo y no aludía al mesías. El que habla es Yahvé, y el traspasado se desmarca claramente de él: es otro personaje.

El pasaje del NT está también sesgado: el versículo 34, en efecto, dice lo que ponen los EC como cumplimiento de la profecía, pero se dejan la continuación en el tintero. El pasaje entero dice: "... sino que uno de los soldados le atravesó el costado con una lanza y al instante salió sangre y agua... Y todo esto sucedió para que se cumpliera la Escritura: "No se le quebrará hueso alguno". *Y también otra Escritura dice: "Mirarán al que traspasaron""*: Juan 19, 34-37, dando como referencia la cita, sacada de contexto como hemos visto, de Zacarías 12, 10. Esta vez la BJ no es consecuente consigo misma porque en la cita del profeta dice: "... y mirarán hacia mí. En cuanto a aquél a quien traspasaron...", que no es lo que dice Juan.

El texto hebreo del profeta, y la traducción de la BJ, pues, no dicen lo de la Biblia protestante usada por los EC: a quien mirarán (los habitantes de Jerusalén) es a Yahvé y no al traspasado, es decir, el traspasado no era Yahvé.

Por otra parte, el pasaje de Juan sirve para demostrar el error con más énfasis: en el pasaje de Zacarías los que miraban *a Yahvé* eran los habitantes de Jerusalén (que recibirán un espíritu de gracia y oración, como corresponde al pueblo de Yahvé), en un contexto que nada tiene que ver con el de Juan del NT; en este son los soldados romanos (¿los soldados romanos recibirían un espíritu de gracia y oración?) los que miran al traspasado, Jesús. En otras palabras: uno de los *cumplimientos* más grotescos, y que no tiene por dónde cogerse.

Amós 8, 9-13.

## 58.- Oraría por los transgresores

*"Oraría por sus enemigos"*, dicen algunas listas.
Profecía:

"Me han devuelto mal por bien, y odio por amor.".Salmo 109:4-5.
"Habiendo El llevado el pecado de muchos, y orado por los transgresores". Isaías 53, 12.

Cumplimiento:

"Y Jesús decía: --Padre, perdónalos, porque no saben lo que hacen. Y partiendo sus vestidos, echaron suertes.". Lucas 23:34.

Conclusión:

Salmo 109: puntos 45 y 55.
Isaías 53, 12: el que lleva las cargas es Israel. Los EJ lo justifican argumentando que ellos llevaron las iniquidades de los gentiles, soportaron sus culpas, porque en la historia fueron discriminados, oprimidos, maltratados, etc. Sin embargo, es un poco exagerado: eso no es llevar las iniquidades de los gentiles ni soportar sus culpas, ni fueron los únicos oprimidos, perseguidos, etc. Ver punto 71-A.

## 59.- SUS MANOS Y SUS PIES SERÍAN PERFORADOS

Profecía:

"Horadaron mis manos y mis pies". Salmo 22, 16.

Cumplimiento:

"Y cuando llegaron al lugar llamado de la calavera, le crucificaron allí". Lucas 23, 33.

Nota del EC: "Es interesante observar que esta predicción de manos y pies horadados fue hecha mucho antes de que la crucifixión se inventara como forma de pena capital. El salmista escribió esta profecía aproximadamente mil años de que la crucifixión fuese común entre los romanos; los judíos nunca practicaron la crucifixión.".

Conclusión:

Lo que sí es interesante es comprobar cómo son tergiversados una y otra vez los pasajes del AT a conveniencia: ¿dónde dice en el Salmo 22 que al mesías le serían perforados los pies y las manos mediante crucifixión, o de otra manera?

Salmo 22, 16 -22, 17 en la BJ-: parte de una traducción errónea del original hebreo. Este dice: "*hikifuni ka'ari yaday veragay*", que correctamente traducido significa: "*Saltan sobre mí como un león, mis manos y mis pies"*. La nota/explicación del exegeta parte, pues, de una falsedad: el original hebreo no dice nada de perforación.

Como ya se ha dicho (punto 55), el salmo 22 trata de Ester.

Y también dice una falacia evidente, digna de un total ignaro: la crucifixión ya se practicaba mucho antes de la época romana; los romanos no fueron sus inventores, hecho que da a entender, aparte de que la profecía no es de mil años antes: es muy posterior, y atribuida a David.

## 60.- Moriría junto a malhechores

Profecía:

"Se dispuso con los impíos su sepultura, y con los ricos estuvo en su muerte. Aunque nunca hizo violencia, ni hubo engaño en su boca.". Isaías 53:9.
"Por tanto, yo le daré parte con los grandes, y con los fuertes repartirá despojos. Porque derramó su vida hasta la muerte y fue contado entre los transgresores, habiendo él llevado el pecado de muchos e intercedido por los transgresores.". Isaías 53:12.

Cumplimiento:

"Entonces crucificaron con él a dos ladrones, uno a la derecha y otro a la izquierda.". Mateo 27:38.
 "Y con él crucificaron a dos ladrones, uno a su derecha y otro a su izquierda. Y se cumplió la Escritura que dice: Y fue contado con los inicuos.". Marcos 15:27-28.
"Porque os digo que es necesario que se cumpla en mí aquello que está escrito: Y fue contado con los malhechores. Porque lo que está escrito de mí tiene cumplimiento.". Lucas 22:37.

Conclusión:

Isaías 53, 9: muy osado se debe ser para decir que Jesús cumplió con "nunca hizo violencia, ni hubo engaño en su boca"; lo vimos en el punto 35.

Jesús no tuvo con los impíos su sepultura: fue enterrado solo, e Isaías se estaba refiriendo a Israel y sus desdichas con las guerras asirio-babilónicas.

Puntos 41, 72.

## 61.- LOS AMIGOS DEL MESÍAS ESTARÍAN OBSERVANDO DE LEJOS

Profecía:

"Mis amigos y mis compañeros se mantienen lejos de mi plaga, y mis cercanos se han alejado". Salmo 38, 11.

Cumplimiento:

"Pero todos sus conocidos, y las mujeres que le habían seguido desde Galilea, estaban lejos mirando estas cosas". Lucas 23, 49.

Conclusión:

El salmo 38 se refiere a un enfermo -a un apestado; léase: "*lejos de mi plaga*"-, en modo alguno a un crucificado.

Lucas 23, 49 encierra una contradicción con Jn 19, 25 en donde se declara que los conocidos de Jesús estaban junto a la cruz y no lejos. Mateo, al igual que Juan, sólo habla de mujeres y no de *conocidos*.

Por otra parte, los *amigos* y *compañeros* del verdadero mesías deben ser de la corte real, inexistente, como ya sabemos.

## 62.- La gente mearía la cabeza ante Jesús

Profecía:

"Yo he sido para ellos objeto de oprobio; me miraban, y burlándose meneaban su cabeza". Salmo 109, 25.

Cumplimiento:

"Y los que pasaban le injuriaban, meneando la cabeza". Mateo 27, 39.

Conclusión:

Los exegetas insisten con el salmo 109: punto 45.
    Más trampas de los EC: ¿Dónde dice el pasaje del AT que la gente menearía la cabeza *ante Jesús, como anuncia el punto*?
    En efecto: una vez más, el anuncio de la profecía es una mentira. ↓

## 63.- La gente miraría a Jesús

Profecía:

"Ellos me miran y me observan". Salmo 22, 17.

Cumplimiento:

"Y el pueblo estaba mirando". Lucas 23, 25.

Conclusión:

¿Qué tiene de extraño que la gente mirase a un crucificado? ¿El salmo 22, 17 asiente que la gente miraría *a Jesús*, o *al mesías*?
De nuevo el salmo 22: punto 55.

## 64.- TENDRÍA SED Y LE OFRECIERON HIEL Y VINAGRE

Profecía:

"Además, me dieron hiel en lugar de alimento, y para mi sed me dieron de beber vinagre.". Salmo 69:21.
"Mi vigor se ha secado como un tiesto, y mi lengua se ha pegado a mi paladar. Me has puesto en el polvo de la muerte." Salmo 22:15.

Cumplimiento:

"Le dieron a beber vino mezclado con ajenjo; pero cuando lo probó, no lo quiso beber.". Mateo 27:34.
 "Y de inmediato uno de ellos corrió, tomó una esponja, la llenó de vinagre, y poniéndola en una caña, le daba de beber.". Mateo 27:48.
 "Corrió uno y empapó una esponja en vinagre, la puso en una caña y le dio a beber, diciendo: --Dejad, veamos si viene Elías a bajarle. Pero Jesús, dando un fuerte grito, expiró.". Marcos 15:36-37.
 "Después de esto, sabiendo Jesús que ya todo se había consumado, para que se cumpliera la Escritura, dijo: Tengo sed. Había allí una vasija llena de vinagre. Entonces pusieron en un hisopo una esponja empapada en vinagre y se la acercaron a la boca. Cuando Jesús recibió el vinagre, dijo: --¡Consuma-

do es! Y habiendo inclinado la cabeza, entregó el espíritu.".
Juan 19:28-30.

Conclusión:

Más del salmo 69 (punto 20): es supuestamente del rey David, en una de tantas quejas y deseos innombrables que emite a Yahvé en contra de sus enemigos. Ni una palabra de que esté hablando del mesías; todo lo contrario, está hablando de sí mismo.

> Es extraordinaria la nota de la BJ, p. 741: *"El carácter mesiánico del salmo se deduce de las citas que de él hace el NT"*.

Es decir, por el NT (y gracias a él) *se deduce* que el salmo 69 es mesiánico. Así, cualquier autor del NT que ponga citas de alguna parte del AT es que esa parte es mesiánica, y se corresponde necesariamente con los versículos que se pongan en el NT, estén o no de acuerdo los judíos. ¡!

... y del salmo 22: punto 55.

## 65.- LOS VESTIDOS DEL MESÍAS SERÍAN REPARTIDOS Y SE HARÍA SUERTE SOBRE ELLOS

Profecía:

"Reparten entre sí mis vestidos, y sobre mi ropa echan suertes.". Salmo 22:18.

Cumplimiento

"Después de crucificarle, repartieron sus vestidos, echando suertes.". Mateo 27:35.

"Y le crucificaron, y repartieron sus vestiduras, echando suertes sobre ellas para ver qué se llevaría cada uno.". Marcos 15:24.

"Y Jesús decía: --Padre, perdónalos, porque no saben lo que hacen. Y partiendo sus vestidos, echaron suertes.". Lucas 23:34.

"Cuando los soldados crucificaron a Jesús, tomaron los vestidos de él e hicieron cuatro partes, una para cada soldado. Además, tomaron la túnica, pero la túnica no tenía costura; era tejida entera de arriba abajo. Por esto dijeron uno a otro: --No la partamos; más bien echemos suertes sobre ella, para ver de quién será. Esto sucedió para que se cumpliera la Escritura que dice: Partieron entre sí mis vestidos y sobre mis vestiduras echaron suertes. Y así lo hicieron los soldados.". Juan 19:23-24.

Conclusión:

La profecía, aunque no se refiera a las ropas del mesías, coincide con lo que narra Juan. Pero los sinópticos (Mateo, Marcos y Lucas) no hacen distinción, y dicen que echaron suertes de todas las vestiduras.

Uno de los anuncios de una supuesta profecía prototipo de la tergiversación constante de los EC: *Los vestidos del Mesías serían...* anuncia el punto. ¿Dónde dice el Salmo 22 que los vestidos *del mesías* serían...?

El contexto del escrito judío refiere a la época de Ester y el rey Asuero, con las persecuciones dictadas contra los judíos por Amán: se echó a suertes (pur) el día en que el pueblo elegido debía ser exterminado. Ver el libro de Ester en la sección II.2.11, segundo Tomo de *La Biblia ante la Biblia...* Punto 55.

Muy necesitados de equipamiento debían estar los soldados romanos si se repartían las ropas de un flagelado y maltratado, seguro que desgarradas y hechas harapos.

## 66.- No quebrarían sus huesos

Profecía:

"El guardará todos sus huesos; ni uno de ellos será quebrantado.". Salmo 34:20.

Cumplimiento:

"Pero cuando llegaron a Jesús, como le vieron ya muerto, no le quebraron las piernas; pero uno de los soldados le abrió el costado con una lanza, y salió al instante sangre y agua. El que lo ha visto ha dado testimonio, y su testimonio es verdadero. El sabe que dice la verdad, para que vosotros también creáis. Porque estas cosas sucedieron así para que se cumpliese la Escritura que dice: Ninguno de sus huesos será quebrado. También otra Escritura dice: Mirarán al que traspasaron.". Juan 19:33-37.

Conclusión:

El autor del salmo 34 hace una loa de la justicia divina: no se refiere tampoco al mesías. Típico ejemplo de ver profecías donde no las hay.

En otro pasaje (Salmo 42, 11) ocurre lo contrario: los huesos son quebrantados; pero los EC no dicen nada.

## 67.- EL CORAZÓN DEL MESÍAS SE QUEBRARÍA

Profecía:

"Mi corazón fue como cera, derritiéndose en medio de mis entrañas". Salmo 22, 14.

Cumplimiento:

"Pero uno de los soldados le abrió el costado con una lanza, y al instante salió sangre y agua". Juan 19, 34.

> Nota de un EC: "La sangre y agua que emanó de su costado es evidencia, *según creen algunos*, de que el corazón de Jesús había estallado, la aparición de agua y sangre sugiere que ya estaba muerto suficiente tiempo como para que la sangre se separara en sus componentes.".

Conclusión:

No estaría mal si el salmo 22, 14 se refiriese al corazón del mesías en su agonía; lástima que no sea así. Puntos 55, 65.

## 68.- GRITO DE ANGUSTIA, ENCOMENDÁNDOSE A DIOS

*"Clamor de abandono"*, dicen algunas listas.

Profecía:

"(Al músico principal. Sobre Ayélet ha-sájar. Salmo de David) ¡Dios mío, Dios mío! ¿Por qué me has desamparado? ¿Por qué estás tan lejos de mi salvación y de las palabras de mi clamor? Dios mío, clamo de día, y no respondes; clamo de noche, y no hay sosiego para mí.". Salmo 22:1-2.

"En tus manos encomiendo mi espíritu; tú me has redimido, oh Jehovah, Dios de verdad.". Salmo 31:5.

Cumplimiento:

"Entonces Jesús, gritando a gran voz, dijo: --¡Padre, en tus manos encomiendo mi espíritu! Y habiendo dicho esto, expiró.". Lucas 23:46.

"Como a la hora novena Jesús exclamó a gran voz diciendo: --¡Elí, Elí! ¿Lama sabactani? --que significa: Dios mío, Dios mío, ¿por qué me has desamparado?".Mateo27:46.

"Y en la hora novena Jesús exclamó a gran voz, diciendo: --¡Eloi, Eloi! ¿Lama sabactani? --que traducido quiere decir: Dios mío, Dios mío, ¿por qué me has desamparado?". Marcos 15:34.

Conclusión:

Salmo 22: puntos 5 y 55.

Salmo 31: El salmo se llama *Oración en la prueba*, atribuido a David, y como su nombre indica es una loa a la prueba de Yahvé para con su siervo -junto con las clásicas peticiones de venganza-: ¿cómo aplicarlo a Jesús? ¿Yahvé había redimido al mesías?

¿Solución?: extraer de contexto el versículo 5 (en la BJ es el 6) del salmo 31, poner en boca de Jesús las mismas palabras ("en tus manos encomiendo mi espíritu"), y listos. Es el sistema empleado a menudo por los EC para solucionar el problema del mesianismo de Jesús. En la BJ el contexto del salmo dice:

> "En ti, Yahvé, me cobijo, ¡nunca quede defraudado! ¡Líbrame conforme a tu justicia, tiende a mí tu oído, date prisa! Sé mi roca de refugio, alcázar donde me salve; pues tú eres mi peña y mi alcázar, por tu nombre me guías y diriges. Sácame de la red que me han tendido, pues tú eres mi refugio; en tus manos abandono mi vida y me libras, Yahvé Dios fiel. Detestas a los que veneran ídolos, pero yo confío en Yahvé. Me alegraré y celebraré tu amor, pues te has fijado en mi aflicción, conoces las angustias que me ahogan; *no me entregas en manos del enemigo, has puesto mis pies en campo abierto...*", terminando el salmo ocurriendo todo lo contrario de lo que pasó supuestamente con Jesús: "... ¡Bendito Yahvé que me ha brindado maravillas de amor (en plaza fuerte)! ¡Y yo que decía alarmado: "Estoy dejado de tus ojos"! Pero oías la voz de mi plegaria cuando te gritaba auxilio".

En el salmo, el *afligido y justo* David es salvado: ni entrega su espíritu, ni muere.

Leyendo todo el salmo refrendamos que lo que hace el autor, una vez más, es loar a Yahvé porque le ha salvado de sus enemigos: "no me entregas en manos del enemigo", "líbrame de las manos de enemigos que me acosan…", "Yahvé me ha brindado maravillas de amor (*en plaza fuerte*)"…

Por otra parte, los textos del NT puestos como *cumplimiento* no tienen sentido: parecen las quejas de alguien que no sabe lo que está haciendo o que ha perdido el norte, y no de quien ha venido expresamente a dar su vida y lo sabe: punto 71-A.

## 69.- La tierra quedó en tinieblas

Profecía:

"Aquel día, dice Jehová, el Señor, haré que se ponga el sol a mediodía: cubriré de tinieblas la tierra en el día claro. Cambiaré vuestras fiestas en lloro y todos vuestros cantares en lamentaciones; haré que toda cintura vista tela áspera y que se rape toda cabeza. Y volveré la tierra como en llanto por el hijo único, y su final será como día amargo. Ciertamente vienen días, dice Jehová, el Señor, en los cuales enviaré hambre a la tierra, no hambre de pan ni sed de agua, sino de oír la palabra de Jehová. E irán errantes de mar a mar; desde el norte hasta el oriente andarán buscando palabra de Jehová, y no la hallarán.". Amós 8:9-12.

Cumplimiento:

"Desde el mediodía y hasta las tres de la tarde, toda la tierra quedó en oscuridad. El sol dejó de brillar, y el velo del templo se rasgó por la mitad. Jesús gritó con fuerza y dijo: -¡Padre, en tus manos encomiendo mi espíritu! Y al decir esto, murió. Cuando el capitán romano vio lo que había pasado, alabó a Dios, diciendo: De veras, este hombre era inocente. Toda la multitud que estaba presente y que vio lo que había pasado, se fue de allí golpeándose el pecho. Todos los conocidos de Jesús se mantenían a distancia; también las mujeres que lo habían seguido desde Galilea estaban allí mirando.". Lucas 23:44-49.

Conclusión:

Amós se refería al llamado *Día de Yahvé* en el contexto de sus profecías: pero no aconteció ese día con la muerte de Jesús, el Sol volvió a salir y todo continuó... peor de lo que estaba.

Precisamente Amós escribió sobre un *fin de los tiempos* (Nota 4), hecho que la historia demuestra que todavía no ha acontecido y que, por tanto, es inaplicable a Jesús: la profecía no implica sólo un oscurecimiento, sino todo lo que narra el profeta. Aunque se hubiese producido ese oscurecimiento, tampoco es aplicable a Jesús porque el resto de lo que profetizó no se realizó: es absurdo dar ese pasaje como profecía aplicable a Jesús cuando nadie fue errante de mar a mar, ni nadie anduvo buscando palabra de Jehová, ni llegó ese fin de los tiempos, digo, que es lo que anuncia Amós.

De esta manera, los EC nos han demostrado de paso que tampoco el profeta del AT acertó: lo anunciaba para una fecha cercana a su tiempo. Punto 48.

Punto 74.

## 70.- No vería corrupción. Resucitaría de la muerte

Profecía:

"Por tanto, se alegró mi corazón, y se gozó mi lengua. También mi cuerpo descansará en seguridad. Pues no dejarás mi alma en el Seol, ni permitirás que tu santo vea corrupción. Me mostrarás la senda de la vida. En tu presencia hay plenitud de gozo, delicias en tu diestra para siempre.". Salmo 16:9-11.

Cumplimiento:

"Hermanos, os puedo decir confiadamente que nuestro padre David murió y fue sepultado, y su sepulcro está entre nosotros hasta el día de hoy. Siendo, pues, profeta y sabiendo que Dios le había jurado con juramento que se sentaría sobre su trono uno de su descendencia, y viéndolo de antemano, habló de la resurrección de Cristo: que no fue abandonado en el Hades, ni su cuerpo vio corrupción. ¡A este Jesús lo resucitó Dios, de lo cual todos nosotros somos testigos! Así que, exaltado por la diestra de Dios y habiendo recibido del Padre la promesa del Espíritu Santo, ha derramado esto que vosotros veis y oís.". Hechos 2:29-33.

"Por eso dice también en otro lugar: No permitirás que tu Santo vea corrupción. Porque, después de haber servido en su propia generación a la voluntad de Dios, David murió, fue reunido con sus padres y vio corrupción. En cambio, aquel a quien Dios levantó no vio corrupción. Por lo tanto, hermanos, sea conocido de vosotros que por medio de él se os anuncia el perdón de pecados.". Hechos 13:35-37.

Conclusión:

En el salmo 16, David hace alabanza a Yahvé y "es uno de sus salmos más oscuros", dice la BJ, pág. 689.

Parecerá increíble, pero David, o se le aplica, se refiere una vez más a sí mismo y no al mesías; *ni siquiera habla de resurrección*: todo lo contrario. El salmista pide a Yahvé que le libre del Seol, de la muerte, que le muestre la senda de la vida, *porque la muerte le separaría de Yahvé*. Ver punto 74.

## 71.- MUERTE VOLUNTARIA, SU VIDA EN EXPIACIÓN

A) Muerte voluntaria, su vida en expiación
B) Dios proporcionaría un cordero como ofrenda
C) ¿Vino Jesús para algo más, aparte de para expiar pecados?

A)

Profecía:

"Con todo eso, Jehovah quiso quebrantarlo, y le hirió. Cuando se haya puesto su vida como sacrificio por la culpa, verá descendencia. Vivirá por días sin fin, y la voluntad de Jehovah será en su mano prosperada. A causa de la angustia de su alma, verá la luz y quedará satisfecho. Por su conocimiento mi siervo justo justificará a muchos, y cargará con los pecados de ellos.". Isaías 53:10-11.
"Ciertamente él llevó nuestras enfermedades y sufrió nuestros dolores. Nosotros le tuvimos por azotado, como herido por Dios, y afligido. Pero él fue herido por nuestras transgresiones, molido por nuestros pecados. El castigo que nos trajo paz fue sobre él, y por sus heridas fuimos nosotros sanados.". Isaías 53:4-5.

Cumplimiento:

"A éste, *que fue entregado por el predeterminado consejo y el previo conocimiento de Dios*, vosotros matasteis clavándole en una cruz por manos de inicuos.". Hechos 2:23.

"Porque de tal manera amó Dios al mundo, que ha dado a su Hijo unigénito, para que todo aquel que en él cree no se pierda, mas tenga vida eterna.". Juan 3:16.

Conclusión:

Predestinación divina desde la eternidad de todo lo que iba a ocurrir: *entregado por el predeterminado conocimiento de Dios*. En otras palabras: Yahvé no es que supiese lo que iba a ocurrir, sino que fue él el que lo planificó y predeterminó todo, chocando frontalmente con el pretendido *libre albedrío* de las personas: *bíblicamente*, las personas no son libres puesto que están sujetas al plan y predeterminación de Yahvé, aunque ellas no se den o no quieran darse cuenta. En consecuencia, no pueden cambiar lo que planificó y predeterminó.

Vuelve Isaías 53. Veamos esos versículos 10 y 11 correctamente traducidos:

> "Y Hashem quiso quebrantarlo y le enfermó. Si pusiera su ánimo como para sacrificio por la culpa, (entonces) verá descendencia, alargará días; y la voluntad de Hashem en su mano prosperará. Por su vivo esfuerzo verá y quedará satisfecho. En su conocimiento Mi siervo justo hará lo justo para muchos, y los pecados de ellos él tolerará.".

Nada que ver con la traducción cristiana: Yahvé (Hashem) quebrantó y enfermó a Israel, enviándolo al exilio por sus infidelidades.

El siervo sufriente es la nación judía, de cuyos sufrimientos en el exilio Yahvé la compensará. "Los pecados de ellos él tolerará": Israel, "él", el siervo, tolerará los pecados de los que le agredieron, soportando el sufrimiento establecido por Yahvé, pero en absoluto que el mesías cargará con los pecados de los hombres. Punto 58.

El siervo hará lo justo para muchos: Israel será el ejemplo para muchos porque sigue la Ley (la Toráh, más propiamente).

"Pero de este modo Dios cumplió lo que había anunciado por boca de todos los profetas: que su Cristo había de padecer": Act 3, 18.

"De esto todos los profetas dan testimonio: que todo el que cree en él alcanza, por su nombre, el perdón de los pecados": Act 10, 43.

"Los habitantes de Jerusalén y sus jefes cumplieron, sin saberlo, las Escrituras de los profetas que se leen cada sábado... Y cuando hubieron cumplido todo lo que referente a él estaba escrito, le bajaron del madero...": Act 13, 27-29.

"... que había ya prometido por medio de sus profetas en las Escrituras Sagradas, acerca de su Hijo, nacido del linaje de David según la carne": Rm 1, 2-3.

En la BJ no hay ninguna referencia a los tres primeros pasajes, ni comentario adicional alguno, de "todos los profetas" anunciando que el mesías había de padecer, de que por su nombre se obtendría el perdón de los pecados o qué era todo lo que referente a él estaba escrito. Tampoco las Biblias protestantes se atreven a indicar pasajes del AT. Es más, *tampoco lo hacen los EC que presentan estas listas, desaprovechando aportar una evidente prueba que demuestre la legitimidad del cristianismo.*

Tampoco hay comentario ni referencia alguna en la cita: "Y, empezando por Moisés y continuando por todos los profetas, les explicó lo que había sobre él en todas las Escrituras": Lc 24, 27. *Punto 27.*

> Es Pablo, en el pasaje anterior de Rm 1, 2-3, quien va más lejos: la BJ da como correlación la profecía de II Samuel 7. Pero en ella no se lee nada de ningún *Hijo* como mesías, sino de un descendiente biológico, no adoptivo, de David, que sería rey, no carpintero. Además, Pablo demuestra que no sabe que Jesús no fue concebido del linaje de David "según la carne": con toda seguridad, no sabía nada de ningún Espíritu Santo como padre verdadero de Jesús: no lo da a entender en ninguno de sus escritos.
>
> Ver puntos 1, 11, 27, 36.

La voluntariedad del sacrificio de Jesús no se deduce de otros pasajes en los que pide a su *Padre* que pase el cáliz del sacrificio, del sufrimiento, del dolor, de la cruz, aunque después diga que *se haga su voluntad y no la suya* [26] ↓ : es decir, su voluntad no era la del sacrificio, y no parece proceder de alguien que sabe a lo que ha venido, que sabe qué conlleva esa voluntariedad y el propio sacrificio, y sí revela claramente que le entró miedo, temor, incluso antes de empezar los sufrimientos y el propio sacrificio. Ver puntos 20, 68.

La voluntad del hijo era no pasar por la cruz, y la de Yahvé clavarlo en ella, dos voluntades distintas, dos deseos contrapuestos: "Mi doctrina no es mía, sino del que me ha enviado", dijo Jesús según Juan 7, 16.

> "Padre mío, si es posible, que pase de mí esta copa, pero *no sea como yo quiero, sino como quieres tú*": Mt 26, 39. 4, 1.
>
> Probablemente, el mayor despropósito: quien viene voluntariamente, quien sabe a qué ha venido, quien está predestinado por Yahvé

---

[26] Lo cual parece representar irremisiblemente dos voluntades diferentes entre Yahvé y Jesús.

al sufrimiento y la muerte, ¿tiene miedo al sufrimiento y a la muerte? ¿Pide, suplica, que se le libre del sacrificio, sacrificio previsto por él mismo desde la eternidad? ¿A quién ora para ser librado de *esa hora*? ¿A sí mismo? ¿Tiene –o tienen- dos voluntades diferentes?

Jesús, según Jn 12, 27, dice cuando anuncia su muerte: "Ahora mi alma está turbada. Y ¿qué voy a decir? ¡Padre, líbrame de esta hora! *Pero ¡si he llegado a esta hora para esto!*", en una especie de conversación consigo mismo en la que parece que exista una interferencia gracias a la cual el único interlocutor no se entiende, en donde al mismo tiempo quiere y no quiere una misma cosa.

En este pasaje, Jesús anuncia que debe morir para que "el grano de trigo que cae en la tierra dé mucho fruto". Es decir, "sin derramamiento de sangre no hay remisión", como dijo el autor de Hebreos: 9, 22. Pero es contradictorio con el concepto judío: "Amor y lealtad compensan las faltas" (BJ); "Con la misericordia y la verdad se expía el pecado" (VL); "Con misericordia y verdad se corrige el pecado" (RV1995): Proverbios 16, 6; ver también Pr 28, 13. Tal como ya se ha dicho, el judaísmo no espera el sacrificio de nadie por los pecados de los hombres, menos que el sacrificado sea el mesías, y mucho menos Dios.

El derramamiento de la sangre de Jesús para perdón de nuestros pecados no es más que una manera de infundir un sentimiento de culpabilidad entre los adeptos cristianos, ya desde temprana edad, haciendo que se sientan afligidos, abatidos…

culpables: "Jesús murió por tu culpa". Es todo una cadena, bien montada: en ese momento, el líder cristiano ya está en condiciones de pedir, tanto del cerebro como del bolsillo, a sus extasiados feligreses.

Y la manera más apreciada para pedir, entre los evangélicos (pastores, predicadores, líderes, *ministros*), es mediante el diezmo [27], es decir, el despojo de la décima parte del estipendio que sus feligreses se ganan honradamente, ellos se lo llevan a sus bolsillos de manera fraudulenta: mediante la aplicación de una prescripción del AT tergiversada para su beneficio. El mandamiento de la entrega del diezmo iba dirigido sólo a la nación judía, no a los gentiles.

Para pedir ese diezmo, los EC se apoyan principalmente en un pasaje del último de los profetas, Malaquías:

> "Volveos a mí y yo me volveré a vosotros, dice Yahvé Sebaot. –Decís: ¿En qué hemos de volver? –¿Puede un hombre defraudar a Dios? ¡Pues vosotros me defraudáis! –Y encima decís: ¿En qué te hemos defraudado? – En el diezmo y en la ofrenda reservada. Estáis repletos de maldición, pues me defrauda la nación entera. Llevad el diezmo íntegro a la casa del tesoro, para que haya alimento en mi templo; ponedme así a prueba, dice Yahvé Sebaot, y veréis cómo os abro las esclusas del cielo y derramo sobre vosotros la benéfica lluvia hasta que se agote. Os ahuyentaré la voraz langosta para que no acabe con el fruto del suelo y no

---

[27] Diezmo. Tema muy importante que no puede omitirse en un libro como el presente, aunque los EC hayan prescindido aparentemente de él: el contexto del pasaje de Melquisedec, punto 17, refiere al diezmo. Ver *La Biblia ante la Biblia...*, Tomo I, p. 519-520, sobre Dt 14, 22-29; y Mt 23, 23, Tomo V.

queden estériles las viñas campestres, dice Yahvé Sebaot. Todas las naciones os felicitarán entonces, porque seréis una tierra deliciosa": Ml 3, 6-12.

Aparte de otras consideraciones, lo que nos ocupa ahora es que el diezmo lo pedía Yahvé a los judíos, a nadie más; se pedía para depositarlo en el tesoro del Templo, no para iglesias, otros templos, culto, etc., y el Templo aludido sólo se encuentra (se encontraba) en Jerusalén; se destinaba para alimentos de la clase sacerdotal, la cual es hereditaria y única (descendientes de Aarón): no pueden beneficiarse pastores, predicadores, líderes, ministros, sacerdotes... con título-licenciatura conseguido mediante un curso acelerado de teología en una "*Universidad bíblica*" cristiana.

He dicho que "el diezmo lo pedía Yahvé". Bueno, tal vez es una exageración del texto. Tal vez el que lo pedía era el sacerdote por medio del hagiógrafo. *Punto 17.*
También he dicho que "es una cadena bien montada". Pero las cadenas sólo pueden montarse bien cuando se construyen con desinformados: cuando no hay ignorancia, las cadenas se desmontan fácilmente, e incluso ni empiezan a funcionar.

"Después de esto, Jesús andaba por Galilea, y no podía andar por Judea, porque los judíos buscaban matarle": Jn 7, 1.

Otro absurdo: Jesús huye de nuevo, como en los pasajes que siguen. Está predestinado a morir de otra manera y no a manos de la plebe: así que la única manera de eludir la muerte en Judea es no ir a Judea… y, si hubiese ido, ¿le hubiesen matado?

"Entonces tomaron piedras para tirárselas, pero

Jesús se ocultó y salió del Templo": Jn 8, 59.
"Querían de nuevo prenderle, pero se les escapó de las manos": Jn 10, 39.
"Desde este día, decidieron darle muerte. Por eso Jesús no andaba ya en público entre los judíos, sino que se retiró de allí a la región cercana al desierto...": Jn 11, 53-54.
"Todavía estaba hablando, cuando llegó Judas, uno de los Doce, acompañado de un grupo numeroso con espadas y palos, de parte de los sumos sacerdotes y los ancianos del pueblo. El que le iba a entregar les había dado esta señal: «Aquel a quien yo dé un beso, ése es; prendedle.» Y al instante se acercó a Jesús y le dijo: «¡Salve, Rabbí!», y le dio un beso": Mt 26, 47-49.

Al fin Jesús es apresado, pero parece que contra su voluntad: debe ser apresado por una fuerza militar romana según Juan, manifestando otra cosa diferente los sinópticos.

Consecuentemente, el hijo no tenía ninguna intención de ofrecer su vida ni voluntariamente ni en expiación por amor a la humanidad: fue obligado por la voluntad del padre, y se lo llevó "una cohorte romana y los guardias enviados por los sumos sacerdotes y los fariseos, con armas": Jn 18, 3. Una cohorte romana la componían casi 500 soldados... más los guardias de los sacerdotes y fariseos, armados... y Pedro sacó una espada... Saque cada cual sus conclusiones.

Juan ofrece este pasaje:
"Nadie me la quita (la vida); *yo la doy voluntariamente*. Tengo poder

para darla y *poder para recobrarla de nuevo*; esa es la orden que he recibido de mi Padre": Jn 10, 18.

El pasaje, en su primera lectura, parece rompedor, pero la realidad es que trae nuevos problemas para los teólogos porque contradice a los anteriores, y se contradice a sí mismo: Jesús recibe órdenes de Yahvé, las acata, las cumple porque son órdenes. En primer lugar dice que da su vida voluntariamente, pero inmediatamente después, en la misma cita, dice que es una orden que ha recibido de Yahvé. Act 2, 24; 3, 15; Rm 4, 24; I Cor 6, 14; Ef 1, 20; Col 2, 12 y Hb 13, 20 declaran que fue Dios el que resucitó a Jesús y no este a sí mismo, haciendo además una clara distinción entre ambos.

En una de las listas, de alguien considerado como una autoridad por los evangélicos, se llega a decir: "El sufrimiento lo asumió libre y voluntariamente", para inmediatamente después añadir: "Lo hizo por obediencia a Yahvé", y finalmente rematar el tema: "Este sufrimiento habría de traer la paz y la reconciliación con Dios". Es evidente que el EC no entiende lo que ha escrito y, probablemente, espera que tampoco lo entiendan las ovejas a las que dirige el panfleto: ¿libre y voluntariamente, pero obedeciendo a Yahvé? ¿Dónde la paz con ese sacrificio? Todo lo contrario: a partir de él, la Tierra ha sufrido mucho más derramamiento de sangre.

Pero los problemas principales son los siguientes:

> • Si Jesús vino a dar su vida por expiación de los pecados, ¿qué sentido tiene recobrarla, es decir, resucitar y volver a la vida? Este hecho invalida el sacrificio. ¿Caducó la expiación a los tres días? Ver punto 74.
> • Si Dios no puede morir, ¿quién murió en la cruz? Un hombre. Pero los hombres no salvan: Salmo 146, 3; punto 2.

- Si hay un infierno, si hay un castigo, ¿de qué acto expiatorio nos habla el NT?
- El contexto lleva a un absurdo: si Jesús murió por nuestros pecados, señores, pequen y vuelvan a pecar, porque si no pecan ese sacrificio no tendría sentido.
- Es impensable que un judío, que en determinado momento procede a manifestar su profesión de fe en la Ley judía, después lleve un comportamiento totalmente opuesto, transgrediendo esa Ley, enfrentándose al Sanedrín, ofreciéndose como sacrificio expiatorio en una Ley en la que no existe semejante ofrecimiento.

Puntos 51, 55, 68.

B) Algunos EC añaden un punto afín: *"Dios proporcionaría un cordero como ofrenda" (para perdonar los pecados).*

Profecía:

"Abraham respondió; Dios proveerá el cordero para el holocausto.". Génesis 22:8.

Cumplimiento:

"¡Este es el Cordero de Dios, que quita el pecado del mundo!". Juan 1, 29.

Conclusión:

El enunciado y la supuesta profecía de Génesis están sacados de contexto. El pasaje no se refiere en absoluto al mesías: este no debe ser ofrecido en holocausto, ni debe venir a quitar el pecado de nadie.

Lo que sí es cierto es que no hay pasaje hebreo que afirme semejante cosa:

> "Durante siete días no se verá junto a ti levadura, en todo tu territorio, y de la carne que hayas sacrificado la tarde del primer día no deberá quedar nada para la mañana siguiente. No podrás sacrificar la pascua en ninguna de las ciudades que Yahvé tu Dios te da, sino que sólo en el lugar que elegirá Yahvé tu Dios para poner allí la morada de su nombre, sacrificarás la Pascua, por la tarde, a la puesta del sol, hora en que saliste de Egipto. La cocerás y la comerás en el lugar que elija Yahvé tu Dios, y a la mañana siguiente te volverás y marcharás a tus tiendas": Deuteronomio 16, 4-7. Comparar con Éxodo 12, 15, con el que se observan algunas diferencias.

¿Dónde dice el pasaje que la sangre del cordero pascual quitaba pecados? El ofrecimiento de un *cordero* no es una metáfora o un simbolismo: se refiere a un auténtico cordero, a un animal, no a un hombre (y menos a un hombre-Dios) considerado metafóricamente como un cordero o Cordero.

Por otra parte, un cordero es el hijo de una oveja desde su nacimiento hasta su año de vida. Después deja de ser cordero. ¿Tenía Jesús menos de un año cuando fue crucificado?

Y, volviendo a un tema ya expuesto, el sacrificio de un cordero no se debía hacer en el Gólgota.

C);Vino Jesús para algo más, aparte de para expiar pecados? Curiosamente, o no tanto, los EC omiten en sus listas el ápice de las secciones anteriores, A y B, que es por la que vino Jesús, según explican fuera de estas listas: a traer la *Nueva Alianza*, el *Nuevo Pacto*, por medio de ese sacrificio, en sustitución del "Primer Pacto", el convenido por Yahvé con los israelitas, uno de los hechos más abiertos para el debate, por lo que, a causa de su importancia, no lo puedo pasar por alto, por mucho que esos EC lo hayan esquivado.

No estoy incluyendo nada fuera de lugar, al contrario: completo algo importante que *han olvidado*, y lo han hecho de una manera muy inicua porque no es ni más ni menos que el objetivo de ese sacrificio expresado en las secciones A y B de este punto.

El propio Jesús dijeron que lo dijo en la mismísima *Institución de la Eucaristía*, en la llamada *Última cena*: A) expiación de los pecados; B) mediante el sacrificio de un cordero, Jesús; C) para sellar la alianza, que es el objetivo y culminación de los puntos anteriores, graciosamente olvidado por los EC:

> "Tomad, comed, éste es mi cuerpo... porque ésta es mi sangre de la Alianza, que es derramada por muchos para perdón de los pecados": Mateo 26, 26-29.

El lector pensará que sería interesante saber el motivo por el que no incluyen completo este punto en esas listas, omitiendo su cenit sin el cual no se entienden las secciones A y B. Con toda seguridad, una vez termine de leer esta sección C deducirá el motivo.

Vayamos al tema sin más dilaciones: trayendo el NT, por medio de Jesús, algo *nuevo* como dice traer, un *nuevo pacto*, una nueva alianza, que es la base para la llegada del mesías, había de entenderse que el antiguo ya no servía, no era perfecto, de otra manera, como dicen varios pasajes del propio NT, no tendría sentido uno nuevo:

> "Porque si aquella primera alianza fuera perfecta, no se buscaría lugar para una segunda... Al decir alianza nueva, declara caducada la primera y lo antiguo y viejo está a

punto de desaparecer": Hb 8, 7ss; 7, 11ss; Jn 1, 17; 13, 34; II Cor 3, 8, 14; 5, 7; Ga 4, 21; Ef 2, 15; Col 2, 4, 17; Hb 10, 19...

... a pesar de que personajes importantes del NT, entre ellos el propio Jesús, citan en muchas ocasiones "lo antiguo imperfecto" como materia de autoridad.

Jesús: "... porque la salvación viene de los judíos": Jn 4, 22.

Pablo: "Son israelitas; de ellos es la adopción filial, la gloria, las alianzas, la legislación, el culto, las promesas, y los patriarcas": Rm 9, 4-5.

¿En qué se basan los EC para argumentar sobre una Nueva Alianza, es decir, la llegada del mesías, Jesús, que la traería consigo, anulando la primera [28] ? En Jeremías 31, 31-34 ↓ . Ver Tomos III a VI de *La Biblia ante la Biblia*...

La Nueva Alianza. "[31] Van a llegar días –oráculo de Yahvé- en que yo pactaré con la casa de Israel (y con la casa de Judá) una nueva alianza; [32] no como la alianza que pacté con sus padres, cuando los tomé de la mano para sacarlos de Egipto; que ellos rompieron mi alianza, y yo hice estrago en ellos. [33] Sino que ésta será la alianza que yo pacte con la casa de Israel, después de aquellos días: pondré mi Ley en su interior y sobre sus corazones la escribiré, y yo seré su Dios y ellos serán mi pueblo. [34] Ya no tendrán que adoctrinar más

---

[28] No todas las tendencias cristianas creen lo mismo. Con esta discrepancia, añadiendo otras muchas, tenemos el resultado de las miles de congregaciones que existen actualmente, contradiciéndose unas a otras en temas fundamentales para la creencia, y basándose todos en el mismo libro.

> el uno a su prójimo y el otro a su hermano, diciendo "Conoced a Yahvé", pues todos ellos me conocerán, del más chico al más grande –oráculo de Yahvé-, cuando perdone su culpa y de su pecado no vuelva a acordarme".

Versículo 31 (es el 30 en algunas Biblias): "Yahvé pactará una nueva alianza con Israel y Judá": sacado de contexto puede resultar *casi* definitivo si no fuese porque nombra a Israel y a Judá, a nadie más, de ahí el *casi*. ¿Dónde menciona que *Jesús*, o *el mesías*, vino a traer un nuevo pacto que anule el primero? Este le fue dado a Israel también *en exclusividad*:

> "Lo que hemos oído y aprendido, lo que nuestros padres nos contaron, no lo callaremos a sus hijos, a la otra generación lo contaremos: Las glorias de Yahvé y su poder, todas las maravillas que realizó; *el pacto que estableció en Jacob, la ley que promulgó en Israel*. Había mandado a nuestros padres que lo comunicaran a sus hijos, que la generación siguiente lo supiera, los hijos que habían de nacer; que a su vez lo contaran a sus hijos…": Salm 78, 3ss.

Versículos 32-33: no será como la anterior alianza, escrita en piedra, sino que la escribirá en su interior y en sus corazones… y será la Ley, *la misma Ley, y ellos, Israel y Judá, serán su pueblo.* ¿Cómo va a estar, entonces, caducada si la nueva alianza será la misma? ¿Cómo va a darla a los gentiles si nombra exclusivamente a Israel y Judá, *y a nadie más?*

Versículo 34: ya no tendrán que decírsela unos a otros, como antes que estaba escrita en piedra, porque ahora la tendrán todos en sus propios corazones, en el interior de cada uno de los judíos… *de los judíos*. La nueva alianza no se dirige a nadie más, ni la primera, por muchas acrobacias e interpretaciones que hagan los EC.

A pesar de todo, es evidente que si Yahvé tiene que hacer otro pacto es que se equivocó con el primero, aunque sea la misma Ley, aunque sea el mismo pero renovado, aunque se dirija a los mismos destinatarios… lo cambia de sitio: no en tablas de piedra, sino en el interior del creyente, evidenciando que desde el primer momento lo hubiese tenido que poner en el interior y no en piedra.

Si tenemos en cuenta las *leyes noémicas* del punto 33, y la Nota 22, entenderemos mejor el concepto judío, del que se podrá estar de acuerdo o no, pero no se puede negar (o evitar) que dicho concepto es el que es, y no es otro: la nueva alianza no va dirigida a los pueblos gentiles porque estos tienen otras leyes, las noémicas, no la Toráh; esta es propiedad única, exclusiva e intransferible del pueblo elegido, el judío, y nadie tiene ni el derecho ni la obligación de injerirse en ella.

En esa nueva alianza, Yahvé perdonará su culpa, y de su pecado no se acordará: sin el derramamiento de sangre de ninguna víctima propiciatoria, sin la sangre de ningún predestinado a derramarla, como establece el cristianismo.

Como vemos, otra vez los EC tergiversan el sentido de los textos judíos, y en esta ocasión aún con más *mérito* y gravedad porque precisamente la traducción cristiana es bastante fiel al hebreo, y se entiende claramente lo que acabo de explicar cuando se lee todo el contexto. Por esta causa, sospecho, este pasaje de Jeremías no consta en estas listas de los EC, no al menos en las que conozco, escondiendo uno de los pasajes más importantes para demostrar el fraude cristiano, punto que, irremisiblemente, contiene un cambio, quitando y añadiendo cosas: *buenas nuevas*, lo antiguo y viejo está a punto de desaparecer, dicen. Sin embargo:

> "No añadiréis nada a lo que yo os mando, ni quitaréis nada": Dt 4, 2.
> "Cuidaréis de poner en práctica todo esto que os

mando: no añadiréis ni quitaréis nada": Dt 13, 1. Los judíos consideran a sus libros sagrados como inalterables e intransferibles, nadie puede quitar ni añadir nada, porque es un patrimonio dado *al pueblo judío* en el Sinaí (Dt 4, 10-13...), ese pueblo en su conjunto es su custodio y no hombres iluminados que puedan quitar y añadir a su antojo, sean de ese mismo pueblo o de otro.

Nadie está autorizado para alterar ni una tilde, ni, peor, nadie está anunciado para que lo pudiese hacer; al contrario: la Ley es para siempre, el pacto inquebrantable: Salmo 89, 30,37, por ejemplo. Dijeron que lo dijo el mismo Jesús, para más ironía: Mt 5, 17-19. Ver puntos 20, 23, 35 y 54.

Es evidente que los EC no aciertan, que lo tergiversan todo, que no son fieles a los textos judíos, incluso es posible que sea producto de *malas intenciones*, como argumentan algunos EJ, porque es difícil creer que los EC fuesen y sean tan indoctos y no haya *intenciones extrañas* de por medio.

Pero esos desaciertos no convierten en aceptables, admisibles, creíbles o tolerables a los textos hebreos: estos encierran un sin fin de incongruencias difíciles de digerir, muchas veces evitadas e ignoradas por los rabinos y EJ en sus ataques al cristianismo: por medio de sus EJ, rabinos, Talmud [29] ..., nota-

---

[29] Talmud. En realidad hay dos: el de Jerusalén y el palestiniense o de Babilonia. Ver Torah ↑: recopilación de escritos rabínicos a lo largo de varios siglos, en parte (Mishná) supuestamente procedentes de la tradición que transmitió Yahvé a Moisés oralmente. Como sea que después de poner esa tradición por escrito, los sabios y la misma tradición de Israel continuaban, se añadieron interpretaciones de las leyes judías, cuestiones legales, tradiciones, descubrimientos de hechos antes desapercibidos, y leyendas, sobre todo estas últimas de asombrosa fantasía, imaginación e inventiva extremas tanto de temas nimios como primordiales. Como ya he apuntado en otras ocasiones, muchas de ellas rellenando los agujeros

mos cómo el judaísmo trata al cristianismo de todo menos de legítimo, autorizado, apto, etc., como estamos viendo en estas mismas listas, pero ellos tampoco son un bálsamo de credibilidad.

Así pues, ante la avalancha de pasajes *del primer pacto*, los textos judíos, que revelan un Dios cruel, iracundo, vengativo, sanguinario, etc. ↓ (punto 14-B), y también ante el empuje que desde hace más de un siglo ha representado la crítica bíblica, sumándole el avance incuestionable de la ciencia y la propia preocupación humana en cuestionarse cosas que antes no se atrevía a objetar, lo cual va todo combinado, algunos sectores del cristianismo, no sabiendo ya a qué acogerse para continuar con su creencia e intentando desligarse de esa despótica *primera revelación*, llegan a afirmar auténticos disparates. Entre otros, a cual más pintoresco y extravagante, y que en este libro no puedo desarrollar por falta de espacio además de que no es el tema, está el que el Dios de Jesús, el del NT, el de la *nueva alianza*, al que él llamaba "Abba", no es el de

---

de los textos sagrados judíos, dando explicaciones a lo inexplicable, y en donde se encuentran no menos contradicciones que en ellos. Su autoridad está sujeta a la de la Toráh, y es decididamente anticristiano. No sólo el cristianismo está dividido en miles de sectas; también el judaísmo comparte ideas contradictorias en temas importantes, incluidas las cuestiones relacionados con el mesías. Esas interpretaciones talmúdicas no están exentas de discrepancias: dentro mismo del Talmud hay varias "escuelas" con sus opiniones personales, discordantes entre sí, con sus debates incluidos sobre posiciones contrarias. Lo vimos ya desde la primera Nota: no se ponen de acuerdo ni siquiera en si escribir mesías con mayúscula o con minúscula. De tomas maneras, las discrepancias lo son mucho más en el cristianismo: actualmente en el judaísmo existe una línea mayoritaria para todos sus asuntos que coincide en "casi" todo, y sólo algunas facciones minoritarias disienten en algunos puntos. De todas maneras, las recopilaciones rabínicas no terminaron con el Talmud: la tradición continuaba y más *conocimientos* de sabios fueron puestos por escrito: Mishné Toráh (siglo XII), Shuljan Aujen (XVI), Mishná Beruá (XIX), más miles de reglas rabínicas de diferentes épocas.

los judíos: "Jesús enseñó otro Dios, más humano", dicen, "en nada parecido al cruel y arbitrario Yahvé, etc., etc.". Además de un despropósito comprobable con los mismos textos del NT, es falso, también comprobable con los mismos medios.

Veamos qué clase de pacto vino a sustituir el *Hijo amado*:

Atendiendo sólo a este pasaje, señores lectores, un pacto es un acuerdo, un compromiso, un tratado, en donde, normalmente firmándolo, dos o más partes se ponen de acuerdo para algo. El DRAE [30] dice exactamente de *pacto*: "Concierto o tratado entre dos o más partes que se comprometen a cumplir lo estipulado". De *alianza* dice: "1.- Acción de aliarse dos o más naciones, gobiernos o personas. 2.- Pacto o convención". Dentro de la definición de alianza, pues, entra el pacto. Tanto en uno como en la otra se buscan beneficios mutuos; lo que se acuerda en otras circunstancias, no es un pacto.

Y lo que esos textos explican está muy lejos de serlo: es una sumisión de una de las partes a otra, una sumisión de esclavitud y vasallaje, un yugo de la divinidad a un pueblo, una sumisión condicionada, el cual queda sometido a su voluntad bajo amenazas terribles y despóticas si no la obedece, además sin dar una explicación coherente de la causa de ese pacto: de esta manera es imposible hablar de amor, respeto, voluntariedad o agradecimiento, sino de sometimiento, obligación, miedo… ¿qué amor cuando te imponen exigencias no solicitadas, y te amenazan con desastres sin fin si no cumples lo que te ordenan? ¿Qué amor si ni siquiera sabes exactamente por qué te ha tocado a ti la *suerte* de padecerlo?

¿Motivos del pacto, es decir, motivos, razones, para la elección de Israel y no de otro pueblo, o *por qué había de escoger un pueblo*?: en la mayoría de los pasajes en que esco-

---

[30] DRAE. Diccionario de la lengua española, editado por la Real Academia Española.

ge a Israel, no explica el motivo, y algunos EJ manifiestan no saberlo.

> "*Y tú, Israel, siervo mío,* Jacob, a quien elegí, linaje de Abrahán mi amigo; que te así desde los cabos de la tierra, y desde lo más remoto te llamé y te dije: *«Siervo mío eres tú, te elegí y no te rechacé.»...*": Isaías 41, 8ss.

Sólo hay un pasaje en todo el Tanaj que alega unos motivos, a todas luces muy peregrino, increíble, insólito e insuficiente, que más bien parece una especie de evasiva de quien no sabe qué responder:

> "Porque tú eres un pueblo consagrado a Yahvé, tu Dios, es Yahvé quien te ha elegido de entre todos los pueblos de la tierra para que seas el pueblo de su propiedad. *No porque seáis el más numeroso de todos los pueblos se ha prendado Yahvé de vosotros y os ha elegido, pues sois el menos numeroso de todos los pueblos; sino por el amor que os tiene y por guardar el juramento hecho a vuestros padres*": Dt 7, 6-8.
>> Pero la misma revelación también dice: "Pueblo numeroso, gloria de reyes, escasez de gente, ruina de príncipes": Proverbios 14, 28.

He ahí los motivos bíblicos: porque se ha prendado de Israel, le ama y quiere guardar el juramento hecho a sus padres. Pero este juramento encerraba una promesa a ellos, a sus padres, que no recibieron... un juramento que olvidó por cuatrocientos años.

Pero, según los interpretativos e increíblemente inventivos rabinos, hay otros motivos para que Israel pasase a ser el pueblo de Yahvé, en una especie de justificación ante el resto de los pueblos: Yahvé, antes que a Israel, dio a todas las naciones de mundo la oportunidad de escoger la Toráh, se la ofreció a todas y cada una de esas naciones. Pero ninguna la quiso: sólo Israel la aceptó, transformándose así en el pueblo elegido. Sifrei Berajá 343, Pesikta Rabba 21.

Se puede demostrar bíblicamente que no es otra cosa que un invento aunque, ¿hace falta demostrarlo? Muchos pasajes de la Toráh, que ya se han puesto aquí, dicen que Yahvé escogió a Israel, que lo hizo suyo, lo eligió él, es decir, lo contrario de esa burda justificación rabínica ante la clara acepción de personas de Yahvé. ↓

¿En qué consistía ese supuesto pacto? Como acabo de decir, en la sumisión al dios: haz lo que te ordeno, pero tú no puedes ordenarme nada; sírveme, pero yo no te serviré; adórame, pero yo no te adoraré a ti; ámame *sobre todas las cosas*, pero yo no te amaré si no me obedeces; si cumples te recompensaré: me servirás por toda la eternidad (dice el NT), y caso de que no cumplas, morirás, o algo peor. ↓

> "Poned en práctica todos los mandamientos que yo os prescribo hoy, para que viváis, os multipliquéis y lleguéis a tomar posesión de la tierra que Yahvé prometió bajo juramento a vuestros padres": Dt 8, 1.
>
>> "... para que viváis". De otra manera, moriréis: y así ocurre a lo largo de toda la revelación. Venganza de Yahvé con desastres sin fin por las infidelidades de su pueblo, involucrando a otros muchos pueblos.
>>
>> Según el NT, Jesús vino a hacer otro pacto, tampoco solicitado.
>
> "Y si vosotros obedecéis puntualmente mis mandamientos, que yo os prescribo hoy, amando a Yahvé vuestro Dios y sirviéndole con todo vuestro corazón y con toda vuestra

alma, yo daré a vuestra tierra la lluvia a su tiempo, lluvia de otoño y lluvia de primavera, y tú cosecharás tu trigo, tu mosto y tu aceite; yo daré a tu campo hierba para el ganado, y comerás y te hartarás": Dt 11, 13-15.

> ¿Recompensas por obedecerle ciegamente?: recibirán los beneficios del campo, comerán y se hartarán... les ofrece a cambio lo que por derecho les correspondía como seres humanos. Si desobedecen, no habrá lluvia, no habrá siega, no habrá cosecha... y la ira divina se desatará.

"Yahvé te establecerá como el pueblo consagrado a él, como ha jurado, si tu guardas los mandamientos de Yahvé tu Dios y sigues sus caminos. Todos los pueblos de la tierra verán que sobre ti es invocado el nombre de Yahvé y te temerán": Dt 28, 9-10.

> "... si tú guardas los mandamientos, serás el pueblo consagrado", de otra manera, serás castigado con todas las maldiciones descritas a continuación.

Yahvé entrega un documento, la Toráh, como testimonio del pacto; los judíos sólo entregaron su obediencia y servidumbre.

Los tratados de alianza de los pueblos del Antiguo Oriente, dice la BJ, p. 151, terminaban también en bendiciones y maldiciones, como los de la Toráh. Le falta especificar que esos tratados eran anteriores a los descritos en los textos judíos:

> *Bendiciones*: "Si camináis según mis preceptos y guardáis mis mandamientos, poniéndolos en práctica, yo os enviaré las lluvias a su tiempo... yo daré paz a la tierra... os haré fecundos... Perseguiréis a vuestros enemigos, y caerán ante vosotros a filo de espada. Yo me volveré a

vosotros, yo os haré crecer y os multiplicaré, y mantendré con vosotros mi alianza"".": Lv 26, 6ss.
"Y si tú escuchas de verdad la voz de Yahvé, cuidando de practicar todos los mandamientos que yo te prescribo hoy, Yahvé te levantará por encima de todas las naciones de la tierra... Bendito serás en la ciudad... bendito el fruto de tu vientre... a los enemigos que se levanten contra ti, Yahvé los convertirá en vencidos... y te bendecirá en la tierra que Yahvé te da... Yahvé te hará rebosar de bienes... si no te apartas ni a derecha ni a izquierda...": Dt 28, 1-14.
*Maldiciones*: "*Pero, si no me escucháis; si no cumplís todos estos mandamientos; si despreciáis mis preceptos y rechazáis mis normas, no haciendo caso de todos mis mandamientos y rompiendo mi alianza, también yo haré lo mismo con vosotros.* Traeré sobre vosotros el terror, la tisis y la fiebre, que os abrasen los ojos y os consuman la vida. Sembraréis en vano vuestra semilla... soltaré contra vosotros las fieras salvajes, que os privarán de vuestros hijos... comeréis la carne de vuestros hijos y la carne de vuestras hijas...": Lv 26, 14-39.
"... maldito quien no mantenga las palabras de esta Ley, poniéndolas en práctica": Dt 27, 26.
"Pero si desoyes la voz de Yahvé y no cuidas de practicar todos sus mandamientos y sus preceptos, te sobrevendrán y te alcanzarán todas las maldiciones siguientes: Maldito serás en la ciudad y maldito serás en el campo... maldito el fruto de tu vientre y el fruto de tu tierra... Yahvé hará que se te pegue la peste... Yahvé te herirá de tisis, de fiebre de

inflamación, de gangrena, de sequía... hasta tu destrucción... tu cadáver será pasto de todas las aves del cielo y de todas las bestias de la tierra... Yahvé te herirá de úlceras de Egipto, con tumores, con sarna y con tiña, de las que no podrás sanar... Te desposarás con una mujer y otro hombre la hará suya... tus hijos y tus hijas serán entregados a otro pueblo... Yahvé te llevará, a ti y al rey que hayas puesto sobre ti, a una nación que ni tú ni tus padres conocíais... hijos e hijas engendrarás, pero no serán para ti, porque irán al cautiverio. Todos tus árboles y los frutos de tu tierra serán presa de los insectos... Todas estas maldiciones caerán sobre ti, te perseguirán y te alcanzarán hasta destruirte, por no haber escuchado tú la voz de Yahvé... Por no haber servido a Yahvé en la alegría y la dicha... servirás a tus enemigos, los que Yahvé enviará contra ti, con hambre, con sed, con desnudez y con privación de todo... Yahvé levantará contra ti una nación venida de lejos... una nación que no respetará al anciano ni tendrá compasión del muchacho... Te asediará en todas tus ciudades... Comerás el fruto de tu vientre, la carne de tus hijos y de tus hijas que te haya dado Yahvé tu Dios, en el asedio y la angustia a que te reducirá tu enemigo. El hombre más delicado y tierno de entre los tuyos mirará con malos ojos a su hermano, y a la mujer que se acostaba en su seno y a los hijos que le queden, para no compartir con ellos la carne de sus hijos que él se va a comer, pues no le ha quedado ya nada, por el asedio y la angustia a que tu enemigo te reducirá en todas tus ciudades. La más delicada y tierna de las mujeres de tu pueblo, la que no habría osado posar en tierra la planta de su pie, mirará con malos ojos al hombre que se acostaba en su seno, y a su hijo y a su hija, y a la placenta que sale entre sus piernas y a los hijos que dé a luz, pues los comerá a escondidas, por la falta de todo, en el asedio... Si no cuidas de poner en práctica todas las palabras de esta Ley escritas en este libro, temiendo a ese nombre glorioso y temible, a Yahvé tu Dios, Yahvé hará terribles tus plagas... plagas grandes y duraderas, enfermedades perniciosas y tenaces... todas las enfermedades y plagas que no se mencionan en el libro de esta ley, las suscitará Yahvé contra ti, hasta destruirte... Seréis arrancados de la tierra adonde vas a entrar para tomarla en posesión...": Dt 28, 15-68.

Hay más maldiciones, señores lectores; pueden ustedes buscarlas en cualquier Biblia, si tienen suficiente estómago.

El pueblo elegido aceptó el yugo (¿podía hacer otra cosa si de verdad creyó en las amenazas del dios transmitidas por un tal Moisés, que supuestamente habían conocido en Egipto?), sellado con sangre de novillos sacrificados en holocausto para *comunión con Yahvé*: "«Cumpliremos todas las palabras que ha dicho Yahvé... Obedeceremos y haremos todo cuanto ha dicho Yahvé». Entonces Moisés tomó la sangre, roció con ella al pueblo y dijo: «Ésta es la sangre de la Alianza que Yahvé ha hecho con vosotros, de acuerdo con todas estas palabras»": Ex 24, 1ss.

Es indudable, a pesar de todo y sin menospreciar lo anterior, que es otra la principal pregunta que uno se puede hacer: el Dios omnipotente, autosuficiente, que no necesita de nada,

¿exige, necesita, alabanzas, servidumbres, esclavos, propiedades, pueblos consagrados a su majestad, pueblos elegidos, y pactos con humanos que le caen bien porque sí, y además dando migajas o espada al resto?

Pues es evidente que alguien se lo cree. Ver punto 25.

"Concedo mi favor a quien quiero y tengo misericordia con quien quiero": Gn 4, 3-5; 9, 25; 17, 19-21; 21; 25, 23; 27; 29, 15-30; Ex 2, 25; 14, 26-28; 19, 5; 20, 5; 33, 19; Lv 26, 9; Dt 7, 6-8; 10, 17; 32, 8; I Sam 16, 12; I Re 2, 15; To 4, 19; Est 10, 3g; II Mac 5, 19; 6, 14; Salm 33, 12; 103, 10; 138, 6; Ecle 9, 11; Dn 4, 29, 32; Am 3, 2; Jon 4, 11; Mt 10, 5-6; 13, 12; 19, 11; Lc 10, 23-24; Jn 14, 17; 15, 19; 17, 9; Rm 9, 11-13, 15-16; I Cor 11, 3-10... La VL traduce: "Yo hago gracia a quien quiero y misericordia a quien me place".

"Pero a vosotros os tomó Yahvé y os sacó del horno de hierro de Egipto, para que fueseis el pueblo de su heredad, como lo sois hoy": Dt 4, 20.

"Porque tú eres un pueblo consagrado a Yahvé tu Dios; a ti te ha elegido para que seas, de entre todos los pueblos que hay sobre la faz de la tierra, el pueblo de su propiedad": Dt 7, 6.

"... y que él te elevará en honor, renombre y gloria, por encima de todas las naciones que hizo, y que serás un pueblo consagrado a Yahvé tu Dios, como él te ha dicho": Dt 26, 19.

"Cuando el Altísimo repartió las naciones, cuando distribuyó a los hijos de Adán, fijó las fronteras de los pueblos, según el número de los hijos de Dios; mas la porción de Yahvé fue su pueblo, Jacob su parte de heredad": Dt 32, 8.

"¡Feliz la nación cuyo Dios es Yahvé, el pueblo que escogió para sí como heredad!": Salm 33, 12.

"¡Pueblos todos, tocad palmas, aclamad a Dios con gritos de alegría! Porque Yahvé, el Altísimo,

> *es terrible*, el Gran Rey de toda la tierra. *Somete pueblos a nuestro yugo, naciones pone a nuestros pies; él nos elige nuestra heredad*, orgullo de Jacob, su amado...": Salm 47, 2-5.

> "Vete, pueblo mío, entra en tus cámaras y cierra tu puerta tras de ti, escóndete un instante hasta que pase la ira. Porque he ahí a Yahvé que sale de su lugar a castigar la culpa de todos los habitantes de la tierra contra él; descubre la tierra sus manchas de sangre y no tapa ya a sus asesinados;... *He puesto por expiación tuya a Egipto, a Cus y Sebá en tu lugar, dado que eres precioso a mis ojos, eres estimado, y yo te amo. Pondré la humanidad en tu lugar, y los pueblos en pago de tu vida;... de cierto que ellos son mi pueblo*": Is 26, 20-21.

> "... que ira tiene Yahvé contra todas las naciones, y cólera contra todas sus mesnadas. Las ha anatematizado, las ha entregado a la matanza. Sus heridos yacen tirados, de sus cadáveres sube el hedor, y sus montes chorrean sangre": Is 34, 2-3.

> "Pues así dice Yahvé Sebaot... «El que os toca a vosotros toca a la niña de mis ojos»": Zc 2, 12.

El Talmud, a lo largo de los siglos, ha ido inculcando esa preferencia de "Dios" por Israel, y Jerusalén (Ierushalaim). Un ejemplo:

> "Diez medidas de sabiduría descendieron al mundo, nueve de ellas las tomó la tierra de Israel y una el resto del mundo. Diez medidas de belleza descendieron al mundo, nueve de ellas tomó Ierushalaim, y una el resto del mundo.": Kidushin 49b.

Como de todas las informaciones sobre judaísmo, Toráh, Tanaj, etc. que explico en este libro, este texto es de información rabínico-erudita judía fidedigna; no está tomado de algún sitio "sospechoso". Véase Nota 2.

Yahvé elige; Yahvé tiene elegidos, y los elige *porque sí*. Revísense los puntos 5-A, 8, 15, 25 y 54.

## 72.- Sepultado con los ricos

Profecía:

"Se dispuso con los impíos su sepultura, y con los ricos estuvo en su muerte. Aunque nunca hizo violencia, ni hubo engaño en su boca.". Isaías 53:9.

Cumplimiento:

"Entonces crucificaron con él a dos ladrones, uno a la derecha y otro a la izquierda.".Mateo 27:38.

 "Al atardecer, vino un hombre rico de Arimatea llamado José, quien también había sido discípulo de Jesús. Este se presentó a Pilato y pidió el cuerpo de Jesús. Entonces Pilato mandó que se le diese. José tomó el cuerpo, lo envolvió en una sábana limpia y lo puso en su sepulcro nuevo, que había labrado en la peña. Luego hizo rodar una gran piedra a la entrada del sepulcro, y se fue.". Mateo 27:57-60.

Conclusión:

Vuelve Isaías 53: puntos 35, 41, 60.

## 73.- Sepultado tres días y tres noches

Profecía:

"Pero Jehová tenía preparado un gran pez que tragase a Jonás; y estuvo Jonás en el vientre del pez tres días y tres noches.". Jonás 1:17.

"Entonces oró Jonás a Jehová su Dios desde el vientre del pez, y dijo: Invoqué en mi angustia a Jehová, y él me oyó; Desde el seno del Seol clamé, Y mi voz oíste. Me echaste a lo profundo, en medio de los mares, Y me rodeó la corriente; Todas tus ondas y tus olas pasaron sobre mí. Entonces dije: Desechado soy de delante de tus ojos; Mas aún veré tu santo templo. Las aguas me rodearon hasta el alma, Rodeóme el abismo; El alga se enredó a mi cabeza. Descendí a los cimientos de los montes; La tierra echó sus cerrojos sobre mí para siempre; Mas tú sacaste mi vida de la sepultura, oh Jehová Dios mío. Cuando mi alma desfallecía en mí, me acordé de Jehová, Y mi oración llegó hasta ti en tu santo templo.". Jonás 2:1-7.

Cumplimiento:

"Entonces respondieron algunos de los escribas y de los fariseos, diciendo: Maestro, deseamos ver de ti señal. El respondió y les dijo: La generación mala y adúltera demanda señal; pero señal no le será dada, sino la señal del profeta Jonás. Porque como estuvo Jonás en el vientre del gran pez tres días y tres noches, así estará el Hijo del Hombre en el corazón de la tierra tres días y tres noches.". Mateo 12:38-40.

"Al día siguiente, que es después de la preparación, se reunieron los principales sacerdotes y los fariseos ante Pilato, diciendo: Señor, nos acordamos que aquel engañador dijo, viviendo aún: Después de tres días resucitaré. Manda, pues, que se asegure el sepulcro hasta el tercer día, no sea que vengan sus discípulos de noche, y lo hurten, y digan al pueblo: Resucitó de entre los muertos. Y será el postrer error peor que el primero. Y Pilato les dijo: Ahí tenéis una guardia; id, aseguradlo como sabéis. Entonces ellos fueron y aseguraron el sepulcro, sellando la piedra y poniendo la guardia.". Mateo 27:62-66.

Conclusión:

Cualquiera que sea capaz de leer el libro de Jonás podrá comprobar que no hace profecía del mesías. Jon 3, 4 sobre Nínive.

Mateo, una vez más, y aunque no sea el único, aprovecha cualquier frase por disparatada que sea, y la adapta/relaciona con sus propios pasajes para que se cumplan profecías, profecías que no lo son, llevándole a relacionar unas cosas con otras sin ningún sentido. Así, la consecuencia es que en su afán de demostrar que Jesús cumplió profecías, pone mentiras en boca de Jesús: este dio señales, muchos milagros, mientras en el pasaje de Mateo 12 dice que "señal no le será dada". El punto 24 dice que su ministerio incluiría milagros.

Nos encontramos otra vez que para Jesús la narración del AT no es metáfora: cree que verdaderamente Jonás estuvo tres días y tres noches en el vientre de un pez. Véase por la mitad del punto 35.

La BJ, p. 1441, traduce *cetáceo*, y otras Biblias, como la VL, *ballena*, en lugar de pez: pero los cetáceos (ballenas, delfines) no son peces sino mamíferos.

Jesús no estuvo sepultado tres días y tres noches: sólo un día y medio con sus dos noches. Crucificado y muerto un viernes por la tarde (Mt 27, 62; Mc 15, 42; Lc 23, 54; Jn 19, 42), resucitó el domingo cuando amanecía.

Esta supuesta profecía ha hecho correr tinta a raudales, sobre todo entre los fundamentalistas cristianos, con el fin de demostrar que Jesús estuvo muerto tres días con sus tres noches, haciendo valer la profecía (que ni siquiera lo es), inventándose mil salidas sobre cualquier cosa que les pudiera valer de excusa: fiestas judías, alfabeto hebreo, *semanas que tienen más de un sábado*, etc. La BJ, p. 1441, es posible que por esta causa y sabiendo que bíblicamente no estuvo tres días y tres noches enterrado, puso una nota en esta cita de Mateo, probablemente también a modo de excusa: "Esta frase hecha, tomada literalmente de Jonás 2, 1, sólo de manera aproximada se aplica al intervalo entre la muerte y la resurrección de Cristo".

## 74.- Resurrección

Profecía:

"A Jehovah he puesto siempre delante de mí; porque está a mi mano derecha, no seré movido. Por tanto, se alegró mi corazón, y se gozó mi lengua. También mi cuerpo descansará en seguridad. Pues no dejarás mi alma en el Seol, ni permitirás que tu santo vea corrupción.". Salmo 16:8-10.
  "Oh Jehovah, tú has hecho subir mi alma del Seol; me has dado vida para que no descienda a la fosa.". Salmo 30:3.
  "No moriré, sino que viviré, y contaré las obras de Jehovah.". Salmo 118:17. "El nos dará vida después de dos días; al tercer día nos levantará, y viviremos delante de él.". Oseas 6:2.

Cumplimiento:

"Pasado el día de reposo, al amanecer del primer día de la semana, vinieron María Magdalena y la otra María, a ver el sepulcro. Y hubo un gran terremoto; porque un ángel del Señor, descendiendo del cielo y llegando, removió la piedra, y se sentó sobre ella. Su aspecto era como un relámpago, y su vestido blanco como la nieve. Y de miedo de él los guardas temblaron y se quedaron como muertos. Mas el ángel, respondiendo, dijo a las mujeres: No temáis vosotras; porque yo sé que buscáis a Jesús, el que fue crucificado. No está aquí, pues ha resucitado, como dijo. Venid, ved el lugar donde fue puesto el Señor. E id pronto y decid a sus discípulos que ha resucitado de los muertos, y he aquí va delante de vosotros a Galilea; allí le veréis. He aquí, os lo he dicho. Entonces ellas, saliendo del sepulcro con temor y gran gozo, fueron corriendo a dar las nuevas a sus discípulos. Y mientras iban a dar las nuevas a los discípulos, he aquí, Jesús les salió al encuentro, diciendo: ¡Salve! Y ellas, acercándose, abrazaron sus pies, y le adoraron. Entonces Jesús les dijo: No temáis; id, dad las nuevas a mis hermanos, para que vayan a Galilea, y allí me verán.". Mateo 28:1-10.

"Pero él les dijo: --No os asustéis. Buscáis a Jesús de Nazaret, quien fue crucificado. ¡Ha resucitado! No está aquí. He aquí el lugar donde le pusieron.". Marcos 16:6.

"Y les dijo: --Así está escrito, y así fue necesario que el Cristo padeciese y resucitase de los muertos al tercer día.". Lucas 24:46.

"Que fue sepultado y que resucitó al tercer día, conforme a las Escrituras; que apareció a Pedro y después a los doce. Luego apareció a más de quinientos hermanos a la vez, de los cuales muchos viven todavía; y otros ya duermen. Luego apareció a Jacobo, y después a todos los apóstoles. Y al último de todos, como a uno nacido fuera de tiempo, me apareció a mí también.". 1ª Corintios 15:4-8.

"Viéndolo antes, habló de la resurrección de Cristo, que su alma no fue dejada en el Hades, ni su carne vio corrupción. A este Jesús resucitó Dios, de lo cual todos nosotros somos testigos.". Hechos 2:31-32.

Conclusión:

Salmo 16, 5-11: "... Yahvé es la parte de mi herencia y de mi copa, tú aseguras mi suerte: [6: me ha tocado un lote precioso, me encanta mi heredad]. Bendigo a Yahvé, que me conseja; aun de noche me instruye la conciencia; tengo siempre presente a Yahvé, con él a mi derecha no vacilo. Por eso se me alegra el corazón, sienten regocijo mis entrañas, todo mi cuerpo descansa tranquilo; pues no me abandonarás al Seol, no dejarás a tu amigo ver la fosa. Me enseñarás el camino de la vida, me hartarás de gozo en tu presencia, de dicha perpetua a tu derecha".

El versículo 6, *omitido por los EC*, alude a la condición de los levitas. Su parte, designada mediante las imágenes tradicionales de la copa -Salm 11, 6-, y de la cuerda de apeo -Miq 2, 4-5-, es Yahvé: BJ, p. 689.

El salmista -supuestamente David- necesita escapar de la muerte que le separaría de Yahvé -Salmo 6, 6; 49, 16-. Por tanto, es todo lo contrario de la demanda cristiana: el salmista pide no ver la muerte -y no resucitar, consecuentemente-, no hay mesías en ese salmo, ni mucho menos su muerte, y todavía menos su resurrección. Punto 70.

Al final la BJ remata el fraude: "La aplicación mesiánica, *admitida por el judaísmo*, se ha verificado en la resurrección de Cristo". Admitirá la aplicación mesiánica, si acaso, pero, ¿desde cuándo el judaísmo admite *la resurrección de Cristo*?

Es más, y mostrándose de nuevo contrario al judaísmo, el cristianismo insiste en resurrecciones, no sólo la de Jesús, cuando el judaísmo se desentiende de ellas: para este la resurrección es sólo una posibilidad, una idea humana, pero un misterio porque Yahvé no ha tenido a bien conceder su conocimiento: los textos judíos no refieren al tema de la vida después de la muerte, según dicen los EJ.

Sin embargo, varios pasajes del AT narran resurrecciones, y en otras ocasiones los mismos EJ que dicen desconocer si hay o no resurrección, parecen conocer muy bien otros muchos aspectos minuciosos del tema, y de otros: dónde va el alma después de la muerte, qué hace, incluso saben cuántos meses terrestres debe esperar el *espíritu indigno* para gozar del *Más Allá*, cuántas copias de la Torá escribió Moisés, dónde estaba y qué era la Torá *antes de la creación*, y que personajes como *el faraón* [31], Amán [32], Antíoco IV Epífanes (Nota 24), Jesús de Nazaret, Pablo de Tarso, los implicados en la Inquisición antijudía, *Arafat* o Hitler y sus partidarios, todos antijudíos, sufren tormentos eternos sin posibilidad de remisión, etc. La venganza eterna de Yahvé, según su propio pueblo elegido.

Nos topamos aquí otra vez con lo que preciso en el punto 3 y varias Notas (3, 19, 22, 29) sobre las explicaciones rabínicas de sus textos: fantasía a raudales, imaginación pueril, suposiciones, anhelos, deseos, todo indemostrable, además de supersticiones, magia, cábalas, etc.

Salmo 30, 3: Título: *"Acción de gracias después de un peligro de muerte"*: el salmista -supuestamente David- da gracias a Yahvé por haberle librado de la muerte, en absoluto se refiere a que le haya resucitado ni se ve al mesías por ninguna parte.

Salmo 118. El pasaje dice lo contrario: "No moriré...". Sin morir no podía resucitar. Punto 29.

Oseas 6, 2: Oseas hablaba de su tiempo, y en ningún momento hizo profecía alguna sobre el mesías. Además, la expresión "dentro de dos días... al tercer día" expresa un breve lapso de tiempo, y no precisa y exactamente tres días: Am 1, 3.

La resurrección de Jesús (y su mesianismo) es el eje de la creencia cristiana. Pablo llegó a decir: "Y si no resucitó Cristo, vacía es nuestra predicación, vacía también vuestra fe": I

---

[31] Con *"el faraón"*, los EJ aluden al faraón de Egipto que no permitía salir a los israelitas, por lo que Yahvé tuvo que enviar las plagas. Se refieren a él sin usar su nombre porque no se sabe cuál faraón fue, probablemente porque no sea más que una historia inventada. Es lamentable que lo tengan como uno de los personajes más antijudíos, y que no tiene salvación posible: leyendo atentamente el libro de Éxodo, vemos que si no dejaba salir a los israelitas era porque Yahvé mismo lo impedía haciéndole duro el corazón, y en muchas ocasiones, con el fin de poder mandar esas plagas, causar desastres, exterminar a los primogénitos egipcios, y cubrirse de gloria. Consúltese el Tomo I de mi obra *La Biblia ante la Biblia...*, sección I.1.2, Éxodo.

32 Ver libro de Ester en Tomo II de *La Biblia ante la Biblia...*

Corintios 15, 14. La VL y las Biblias protestantes, mayoritariamente, traducen exactamente: "... vana es nuestra predicación, vana es también nuestra fe". Dicho con más claridad: "si no resucitó, *falsa es nuestra creencia*".

La cuestión tiene su trampa: Pablo no hizo lo que ahora los EC con estas listas, sino que para demostrar que su predicación no era vana ni vacía sino legítima, echó mano de algo que no podía demostrar, una resurrección, cuando tenía a su alcance algo que sí hubiese ostentado esa validez sin lugar a dudas: demostrar que Jesús era el auténtico mesías esperado mediante las profecías que hubiese cumplido. Pero no lo hizo y desvió el problema. Y no lo hizo porque no podía hacerlo: a Jerusalén, a los versados en las Escrituras y las profecías, no iba (ver Hechos –Actos– de los Apóstoles) porque sabía que debería demostrar lo que no podía, y era fácil hacerlo: bastaba con plantear las profecías que debe cumplir, las auténticas y únicas, las de los textos judíos aún no manipulados por redactores cristianos, las que conocían el Sanedrín y todos los judíos, las únicas válidas, e ir demostrando una a una que Jesús las cumplió. Fácil, ¿verdad?

Tras ser rechazado por los judíos a causa de su predicación al margen y en contra del Tanaj, urdió una trampa, un despiste, dirigido a los gentiles, a los que desconocían o conocían tergiversadas o incompletas esas Escrituras y profecías. Sólo así la nueva religión subsistió: entre los gentiles, entre los que no sabían, añadiendo filosofía griega y convirtiéndose en el verdadero impulsor del cristianismo, traicionando al judaísmo. No utilizó la prueba porque no la tenía, así que recurrió a la propaganda y la creencia, no aventurándose como hacen estos inconscientes EC.

Pero hagámosle el juego a Pablo y afrontemos la resurrección de Jesús: ante la afirmación de Pablo a los corintios, cabría esperar una absoluta y total concordancia entre las narraciones de esa resurrección, ya que no existe prueba tangible y nos tenemos que fiar de lo que dice un libro. Esto se enseña en las congregaciones cristianas: "los testigos de la resurrección son fidedignos sin duda alguna, concuerdan todos con absoluta armonía", incluso alguno llega a decir que esa resurrección está *absolutamente demostrada*.

Pero las evidencias, bíblicas, por supuesto, dicen todo lo contrario: las contradicciones e incoherencias de tan fundamental hecho y de su contexto, son múltiples e irreconciliables.

Los hechos narrados en el NT de la resurrección de Jesús no proceden de testigos directos, de los que encontraron la tumba vacía: son escritos posteriores en decenas de años, de autores anónimos que cuentan historias que iban de boca en boca y sólo más tarde fueron puestas por escrito por quienes, insisto, no presenciaron nada de lo que cuentan. Ocurre lo mismo que en muchos pasajes del AT: sus autores dejan huellas evidentes de que escriben en un tiempo lejano de los hechos que narran. Un ejemplo lo da Mateo en 28, 15 cuando, contando una historia, la termina diciendo: "Y se corrió esa versión entre los judíos, *hasta el día de hoy*". Sólo escribe *"hasta el día de hoy"* quien lo hace desde un tiempo muy posterior a los hechos que narra, no lo pone alguien que escribe en tiempo de los hechos o cercano a ellos. Hay muchos otros pasajes con ese desliz: Dt 2, 21-23; 4, 20; 10, 8-9, por ejemplo, en unos textos pretendidamente de Moisés, pero escrito mucho después por el profeta Jeremías en tiempo del rey Josías. Más ejemplos: Jos 7, 26; 8, 28; 16, 10; Jue 1, 21; II Sam 18, 18; I Re 9, 21; II Re 17, 34…

En las narraciones evangélicas no hay ningún testigo presencial directo de la resurrección: todos llegan cuando la tumba ya está vacía, lo cual no demuestra que el que estaba muerto en ella hubiese resucitado: lo único que demuestra es que no había nadie dentro. La explicación parecerá innecesaria para algunos lectores, pero se debe dar porque, aunque parezca increíble, los pastores-predicadores en sus *demostraciones* de la resurrección de Jesús echan mano de cualquier medio para llegar a la meta: Jesús ha resucitado porque la tumba estaba vacía, llegan a *argumentar* ante un público propenso a no objetar nada, a pesar de que en Jn 20, 2, María Magdalena no cree que hubiese resucitado sino que alguien se lo llevó. Les dice a Pedro y "al otro discípulo al que Jesús quería": "Se han llevado del sepulcro al Señor, y no sabemos dónde lo han puesto".

- ¿Cuántas mujeres fueron al sepulcro? ¿Para qué fueron? ¿Para ver el sepulcro o para embalsamarle (ungirle)? ¿Ya había amanecido, como dicen los sinópticos, o todavía era de noche, como dice Juan? ¿Cuándo prepararon los aromas? ¿Después del Sabbat, como dice Marcos, o antes, como dice Lucas? ¿María Magdalena iba sola o acompañada? En este último caso, ¿quién la acompañaba?

"Pasado el sábado, al alborear el primer día de la semana, María Magdalena y la otra María *fueron a ver* el sepulcro": Mt 28, 1. Dos mujeres.

"Pasado el sábado, María Magdalena, María la de Santiago y Salomé compraron aromas *para ir a embalsamarle.* Y muy de madrugada, el primer día de la semana, a la salida del sol, van al sepulcro": Mc 16, 1-2. Tres mujeres.

"Las mujeres que habían venido con él desde Galilea fueron detrás y vieron el sepulcro y cómo era colocado su cuerpo. Luego regresaron y prepararon aromas y mirra. Y el sábado descansaron según el precepto. El primer día de la semana, muy de mañana, fueron al sepulcro llevando los aromas que habían preparado... las que referían estas cosas a los apóstoles eran María Magdalena,

Juana y María la de Santiago y las demás que estaban con ellas": Lc 23, 55-56; 24, 1,10. Al menos cinco mujeres.

"El primer día de la semana va María Magdalena de madrugada al sepulcro cuando todavía estaba oscuro": Jn 20, 1. Una mujer.

Hay otras incoherencias, fácilmente explicables si los autores no eran judíos. ¿Para qué llevaban aromas si ya lo habían ungido José de Arimatea y Nicodemo?: Jn 19, 39. Sólo Marcos y Lucas mencionan los aromas. El relato es harto extraño: los judíos tenían suma aversión por los cadáveres, y es arduo creer que unas mujeres irían a ungirle tras estar casi dos días muerto: al cadáver se le ungía antes de sepultarlo, no después. Jesús dijo que el perfume para ungirle ya le había sido puesto por una mujer en casa de Simón el leproso: "Ha hecho lo que ha podido. Se ha anticipado a embalsamar mi cuerpo para la sepultura": Mc 14, 8.

• Sólo Mateo advirtió que hubo un terremoto, como en el fallecimiento: un ángel quitó la piedra. Según Marcos, Lucas y Juan, la piedra ya estaba quitada cuando llegaron las mujeres, mientras que el primero dice que había no un ángel, sino un joven; Lucas que había no un ángel o un joven, sino dos hombres, y Juan que no habían ni un ángel, ni un joven ni dos hombres, sino dos ángeles.

"De pronto se produjo un gran terremoto, pues un ángel del Señor bajó del cielo y, acercándose, hizo rodar la piedra y se sentó encima de ella. Su aspecto era como el relámpago y su vestido blanco como la nieve": Mt 28, 2-3.

"Y levantando los ojos ven que la piedra estaba ya retirada; y eso que era muy grande. Y entrando en el sepulcro vieron a un joven sentado en el lado derecho, vestido con una túnica blanca, y se asustaron": Mc 16, 4-5.

"Pero encontraron que la piedra había sido retirada del sepulcro. Entraron, pero no hallaron el cuerpo del Señor Jesús. No sabían qué pensar de esto, cuando se presentaron ante ellas dos hombres con vestidos resplandecientes": Lc 24, 2-4. Poco después, en Lc 24, 23, se convierten en ángeles.

"... y ve la piedra quitada del sepulcro... y ve dos ángeles de blanco, sentados donde había estado el cuerpo de Jesús": Jn 20, 1,12.

El ángel de Mateo estaba fuera del sepulcro; los personajes de los demás evangelistas estaban dentro. Según Lucas, estaban de pie; según los demás, sentados.

• "... Y ahora id enseguida a decir a sus discípulos: "Ha resucitado de entre los muertos e irá delante de vosotros a Galilea; allí le veréis.' Ya os lo he dicho.": Mt 28, 7. Palabras del ángel de Mateo a María Magdalena y a "la otra María".

El joven de Marcos dice lo mismo, pero a las tres mujeres que según él fueron al sepulcro. Mc 16, 6-7.

Las mujeres de Lucas no reciben orden alguna de los dos hombres que encuentran. Lc 24, 5-7.

La única mujer que va al sepulcro, según Juan, tampoco recibe órdenes de los dos ángeles que encuentra, sino que es el propio Jesús el que la habla sobre su resurrección, siendo la única

versión en donde aparece Jesús en el lugar. Jn 20, 2,13-17.
• Las mujeres, ¿dieron la noticia o no la dieron?
"Ellas partieron a toda prisa del sepulcro, con miedo y gran gozo, y corrieron a dar la noticia a sus discípulos": Mt 28, 8.
"Ellas salieron huyendo del sepulcro, pues un gran temblor y espanto se había apoderado de ellas, y no dijeron nada a nadie porque tenían miedo...": Mc 16, 8.
Sin embargo, las mujeres de Lucas sí dieron la noticia, a pesar de que los dos hombres con vestidos resplandecientes no les dijeron que la dieran: Lc 24, 22.
• ¿Fue alguien más al sepulcro?
Según Lucas 24, 12, Pedro fue al sepulcro después de las mujeres. Pero según el mismo evangelista, en 24, 24, "fueron algunos de los nuestros al sepulcro y lo hallaron tal como las mujeres habían dicho, pero a él no le vieron".
Según Juan 20, 3-10, fueron Pedro y "el otro discípulo a quien Jesús quería".
• ¿A quién se aparece y dirige Jesús en primer lugar?
"En esto, Jesús les salió al encuentro y les dijo: «¡Salve!» Y ellas, acercándose, se asieron de sus pies y le adoraron": Mt 28, 9.

> Primera palabra de Jesús después de resucitado, según Mateo, dirigida a María Magdalena y a la "otra María".
> Jesús se les aparece cerca de la tumba.

"Estando en la mesa los once discípulos, se les apareció y les echó en cara su incredulidad...": Mc 16, 14.

> Según Marcos, se dirigió no a las dos mujeres sino a los apóstoles. Jesús se aparece en ¿Jerusalén?

"¿De qué discutís por el camino?": Lc 24, 17ss.
> Según Lucas, ni a las dos mujeres ni a los apóstoles, sino a dos de los discípulos de Emaús que iban por un camino. No estaba cerca de la tumba pues Emaús está a unos 10 kilómetros de Jerusalén.

"Mujer, ¿por qué lloras? ¿A quién buscas?": Jn 20, 15.
> Según Juan, se dirige sólo a María Magdalena. María no reconoce a Jesús, al contrario de Mateo en donde incluso lo adora; Jesús está al lado de la tumba.

En Mateo las mujeres, una de ellas María Magdalena, tocan los pies de Jesús. Pero Juan dice que Jesús no permitió que María Magdalena le tocara: " Dícele Jesús: "Deja de tocarme, que todavía no he subido al Padre"": Jn 20, 17.
Sin embargo, ocho días después, y cuando todavía no había ascendido al Padre, le dice a Tomás que le tocase: "Luego dice a Tomás: «Acerca aquí tu dedo y mira mis manos; trae tu mano y métela en mi costado, y no seas incrédulo sino creyente.»". Jn 20, 27.
• En el mismo contexto, los autores del NT tampoco se ponen de acuerdo en cuanto al conjunto de las apariciones de Jesús tras la resurrección; cada cual dice cosas diferentes:

Mateo (28, 1-17): María Magdalena, la otra María y finalmente a los once apóstoles: se aparece por dos veces.

Marcos (Mc 16, 9-14): María Magdalena, después a dos discípulos y finalmente a los once: tres apariciones.

Lucas (Lc 24, 15-36): a dos discípulos y por último a los once: dos apariciones.

Juan (Jn 20, 14; 21, 1): María Magdalena, diez discípulos (sin Tomás), después los once juntos, y por último de nuevo a los once: cuatro apariciones.

Pablo (I Cor 15, 5-8): primero a Pedro, después a los "doce" (Pablo no sabía que Judas había muerto), después a "más de quinientos hermanos a la vez", después a Santiago, luego a "todos los apóstoles" y por último a él mismo, a Pablo. Los congregados en Act 1, 15 eran sólo unos 120 hermanos: seis apariciones. ↓

• ¿Dónde habían de ver a Jesús resucitado?

"No temáis. Id, avisad a mis hermanos que vayan a Galilea; allí me verán": Mt 28, 10.

Según Marcos, esas palabras las dice "un joven" en el sepulcro y no Jesús: Mc 16, 7. En Lucas y Hechos de los Apóstoles, les dice a los once discípulos que se queden en Jerusalén, por lo que el encuentro se produjo en esa ciudad (Judea) y no en Galilea: Lc 24, 49; Act 1, 4.

• ¿Dónde se apareció Jesús a los apóstoles? ¿En Galilea, al aire libre, o en una habitación de Jerusalén?

"Por su parte, los once discípulos marcharon a Galilea, al monte que Jesús les había indicado. Y al verlo le adoraron": Mt 28, 16-17.

Jesús no había indicado ningún monte.

"Por último, estando a la mesa los once discípulos, se les apareció": Mc 16, 14.

"Y, levantándose al momento, se volvieron a Jerusalén y encontraron reunidos a los Once... Estaban hablando de estas cosas, cuando él se presentó en medio de ellos": Lc 24, 33-26.

"Al atardecer de aquel día, el primero de la semana, estando cerradas, por miedo a los judíos, las puertas del lugar donde se encontraban los discípulos, se presentó Jesús en medio de ellos... Tomás, uno de los Doce, llamado el Mellizo, no estaba con ellos cuando vino Jesús": Jn 20, 19,24.

Según los sinópticos, en el primer encuentro están los once apóstoles presentes (excepto Judas Iscariote); según Juan también faltaba Tomás.

↑ Pablo, que fue el primero en escribir y tampoco conoció a Jesús personalmente, no sabía nada referente a la muerte de Judas Iscariote y supone que los apóstoles eran todavía 12: "... que se apareció a Cefas y luego a los Doce": I Cor 15, 5. Pablo añade: "después se apareció a más de quinientos hermanos a la vez", de cuya multitud los evangelistas no saben nada.

Pablo no dice nada de la tumba vacía ni de prácticamente ningún otro hecho que cuentan los evangelistas, aunque sí dice algo importante que ellos no mencionan: dice que Jesús fue visible sólo a los que tenían fe en él, a excepción del propio Pablo al cual se le apareció, según Pablo y nadie más, cuando precisamente perseguía a los seguidores de

Jesús y, por tanto, no tenía fe en él.

En este punto, ya que se habla de fe (punto 54; Nota 25), es importante saber que para el judaísmo la fe es secundaria: son las obras las que salvan, las obras confinadas en los mandamientos de Yahvé, en su cumplimiento. Pero para el cristianismo, carente de pruebas contundentes de su creencia, es más relevante la fe (aun cuando existen pasajes contradictorios, como todo el mundo sabe: ¿salvación por fe o por obras?), con ella no hace falta saber, conocer, y así preguntará menos, o nada, y no pondrá en evidencia a pastores, predicadores.

• ¿Quiénes de los apóstoles dudaron o no creyeron? ¿Algunos, sólo Tomás, o todos?

"… *algunos* sin embargo dudaron": Mt 28, 17.

"Ellos, al oír que vivía y que había sido visto por ella, no creyeron": Mc 16, 11,13.

"Pero a ellos todas aquellas palabras les parecían desatinos y no les creían": Lc 24, 11.

"Luego dice a Tomás: «Acerca aquí tu dedo y mira mis manos; trae tu mano y métela en mi costado, y no seas incrédulo sino creyente.»". Jn 20, 27.

En lo único en que coinciden los evangelistas es en que no estaba el cadáver dentro de la tumba.

Existen antes y después de los contextos de la resurrección otras muchas incoherencias y contradicciones, pero no entran estrictamente dentro de la resurrección propiamente dicha, señalando sólo unas pocas en los párrafos anteriores, recordando al lector que la mayor contradicción sobre la resurrección es la propia resurrección, y que su contexto lleva a conclusiones alarmantes:

*Dudaron, no creyeron, les pareció un desatino*, dice el último de los puntos señalados arriba, a pesar de que *según las Escrituras* el mesías debía morir y resucitar (Jn 20, 9), el mismo Jesús así lo había dicho, y él había hecho resurrecciones en su presencia.

A pesar también de que, según Mateo, aunque sólo él, lo que ocurrió ya antes del momento de la muerte de Jesús fuese algo extraordinario: oscuridad sobre toda la tierra a primeras horas de la tarde, el velo del Santuario se rasgó, se produjo un terremoto, se abrieron los sepulcros, y muchos cuerpos de santos (¿cuáles santos?) difuntos resucitaron entrando en Jerusalén apareciéndose a muchos. Tan extraordinario todo que hasta el centurión y sus subordinados, que estaban guardando a Jesús en la cruz, al ver lo que pasaba se llenaron de miedo y dijeron: "Verdaderamente éste era hijo de Dios". Mateo 27, 45ss. Los soldados romanos presentes creyeron, ¿y no los apóstoles?

Hechos ocurridos según Mateo y nadie más, en efecto, pero nadie más en ninguna parte: ni en las escrituras cristianas ni fuera de ellas, cuando acontecimientos semejantes debían haber producido hasta el peregrinaje del mismo Tiberio en persona al lugar de los hechos.

¿Invento? Naturalmente, y un invento al que se puede catalogar de absurdo y contradictorio con el judaísmo... incluyendo una de las sinrazones más importantes de todo el NT: que esas resurrecciones de santos no identificados se produjesen antes de la del propio Jesús, lo cual invalida las enseñanzas del mismo Pablo: "Porque, habiendo venido por un hombre la muerte (Adán), también por un hombre viene la resurrección de los muertos": I Corintios 15, 21. Ver también Romanos 5, 12ss.

Puntos 69, 70.

## 75.- Ascensión al cielo

Profecía:

"Subiste a lo alto". Salmo 68, 18.

Cumplimiento:

"Viéndolo ellos, fue alzado, y le recibió una nube que le ocultó de sus ojos". Hechos 1, 9.

Conclusión:

Salmo 68: ese salmo habla de Israel, de las *hazañas* de Yahvé y de su morada, en lo alto del monte Sinaí, con fuerte dosis de mitología y de esclavitud: Yahvé se queda a morar en un monte, como otros muchos dioses paganos, y recibe cautivos y tributo en hombres: "... ¡Monte divino, el monte de Basán! ¡Monte escarpado, el monte de Basán! ¿Por qué miráis celosos, montes escarpados, al monte que Dios escogió por mansión? ¡En él morará Yahvé para siempre! Los carros de Dios son miles de millares; el Señor ha venido del Sinaí al santuario. Subiste a la altura conduciendo cautivos, *recibiste tributo en hombres* y en rebeldes, para quedarte en tu mansión, Yahvé Dios".

Uno de los fraudes más espectaculares, basado en una simple cita de cuatro palabras sacada de contexto.

## 76.- Sentado a la derecha de Dios

Profecía:

"Jehovah dijo a mi señor: "Siéntate a mi diestra, hasta que ponga a tus enemigos como estrado de tus pies.".. Salmo 110:1.

Cumplimiento:

"Él es el resplandor de su gloria y la expresión exacta de su naturaleza, quien sustenta todas las cosas con la palabra de su poder. Y cuando había hecho la purificación de nuestros pecados, se sentó a la diestra de la Majestad en las alturas.". Hebreos 1:3.

Conclusión:

El salmo 110 se refiere a un héroe de Yahvé, a un guerrero -al propio David- y no al mesías, ni por supuesto a Jesús: "... Lo ha jurado Yahvé y no va a retractarse: «Tú eres por siempre sacerdote, según el orden de Melquisedec». El Señor está a tu derecha, quebrantará a los reyes el día de su cólera; sentencia a las naciones, amontona cadáveres, quebranta cabezas a lo ancho de la tierra", contexto hábilmente pasado por alto por los EC. Punto 17.

# Epílogo

Más de un lector habrá encontrado superfluo, banal, redundante, trivial el contenido de muchos de esos 76 puntos y sus variantes, pero es lo que los EC alcanzan a vislumbrar de su mesías. Pero, sobre todo, se extrañará de que ni una de esas profecías, las que lo son, se pueda relacionar con Jesús, siendo pocas auténticamente mesiánicas.

¿Cómo es posible? ¿Cómo se puede explicar tanto fraude? ¿Dónde están, pues, las auténticas profecías mesiánicas, las que se refieren al verdadero mesías? Respuesta: sólo unas pocas de las más importantes que debe cumplir ineludiblemente el mesías en una única llegada las han puesto en sus listas, pero tergiversadas, mal traducidas de los textos judíos, y con cumplimientos inaceptables, indemostrables, o demostrables sus incumplimientos, etc.

Lo de las auténticas profecías mesiánicas, aun cuando esté evidentemente relacionado con el tema de este libro, es otra historia. No obstante, la respuesta se encuentra en el libro puesto que, en vista de que los eminentes eruditos cristianos no las han puesto convenientemente, las he puesto yo, aunque no todas, y si el lector ha estado atento sabrá encontrarlas puesto que algunas saltan a la vista, quedando aún otra pregunta que no desearía dejar en el tintero, o en el teclado: si estas profecías no las cumplió, si no cumplió ni una de las que debe cumplir el verdadero mesías, y no tiene que cumplir otras sino esas, entonces, ¿qué es lo que cumplió?

# ÍNDICE

Prólogo — 8

Introducción — 16

1.- Nacido de simiente de mujer — 19

2.- Nacido de una virgen — 27

3.- Nació en Belén de Judea — 32

4.- El tiempo de llegada — 38

5.- Personajes vinieron a adorarle — 51

6.- Muerte de inocentes — 55

7.- El Mesías llamado a salir de Egipto — 57

8.- Simiente (hijo) de Abrahán, Isaac y Jacob — 58

9.- Hijo de Dios (Hijo amado) — 63

10.- El Mesías sería descendiente de Boaz y Ruth — 68

11.- De la casa de David,
de la línea de Isaí/Jesé -el padre de David- — 80

12.- El Mesías sería descendiente de Zorobabel — 84

13.- Sería rey — 99

| | |
|---|---|
| 14.- El Mesías sería llamado Señor | 107 |
| 15.- El Mesías seria un profeta | 115 |
| 16.- El Mesías sería un profeta semejante a Moisés | 118 |
| 17.- El Mesías sería sacerdote semejante a Melquisedec | 123 |
| 18.- Sería juez | 131 |
| 19.- Sería ungido por el Espíritu Santo | 133 |
| 20.- Tendría gran celo por todo lo relativo a Dios | 136 |
| 21.- Sería precedido por un mensajero | 141 |
| 22.- Ministraría en Galilea | 143 |
| 23.- Viviría en Nazaret, conocido como "nazareno" | 146 |
| 24.- El ministerio del Mesías incluiría milagros | 149 |
| 25.- El Mesías enseñaría en parábolas | 155 |
| 26.- Sería predicador y libertador | 159 |
| 27.- En el AT se habla de Jesús | 161 |
| 28.- Tendría favor delante de Dios y de los hombres | 163 |
| 29.- Piedra de tropiezo de los líderes judíos | 165 |
| 30.- Bendito el que viene en el hombre de Yahvé | 168 |

| | |
|---|---|
| 31.- Muchos entenderán | 169 |
| 32.- ¿Quién ha creído? | 171 |
| 33.- Luz de los gentiles | 173 |
| 34.- Siervo justo y manso, sin ostentación, con humildad | 179 |
| 35.- Con ternura y compasión | 182 |
| 36.- El Mesías sería pobre | 197 |
| 37.- Preexistente | 200 |
| 38.- Principal piedra angular | 202 |
| 39.- Entrada en el Templo | 204 |
| 40.- Rechazado por sus hermanos | 206 |
| 41.- Sin engaño | 207 |
| 42.- Traicionado por un amigo | 208 |
| 43.- Traicionado por 30 monedas de plata | 211 |
| 44.- Su precio dado por el campo del alfarero | 213 |
| 45.- Tome otro el oficio de Judas | 214 |
| 46.- Dijo que resucitaría, como el AT decía que había resurrección | 216 |
| 47.- Sería rechazado por su propio pueblo y por los gentiles | 219 |
| 48.- Sería abandonado por sus seguidores/discípulos | 223 |
| 49.- Soportó reproches | 225 |

| | |
|---|---|
| 50.- Odiado sin motivo | 226 |
| 51.- Acusado falsamente | 227 |
| 52.- Se mantuvo en silencio ante la acusación | 230 |
| 53.- Insultado, golpeado y escupido | 233 |
| 54.- Herido y azotado; cargó con nuestros pecados | 236 |
| 55.- Sería objeto de burla | 241 |
| 56.- Crucificado | 243 |
| 57.- Su costado herido por una lanza | 245 |
| 58.- Oraría por los transgresores | 249 |
| 59.- Sus manos y sus pies serían perforados | 250 |
| 60.- Moriría junto a malhechores | 252 |
| 61.- Los amigos del Mesías estarían observando de lejos | 254 |
| 62.- La gente menearía la cabeza ante Jesús | 255 |
| 63.- La gente miraría a Jesús | 256 |
| 64.- Tendría sed y le ofrecieron hiel y vinagre | 257 |
| 65.- Los vestidos del Mesías serían repartidos y se haría suerte sobre ellos | 259 |
| 66.- No quebrarían sus huesos | 261 |
| 67.- El corazón del Mesías se quebraría | 262 |

| | |
|---|---:|
| 68.- Grito de angustia, encomendándose a Dios | 263 |
| 69.- La tierra quedó en tinieblas | 266 |
| 70.- No vería corrupción. Resucitaría de la muerte | 268 |
| 71.- Muerte voluntaria, su vida en expiación | 270 |
| 72.- Sepultado con los ricos | 297 |
| 73.- Sepultado tres días y tres noches | 298 |
| 74.- Resurrección | 301 |
| 75.- Ascensión al cielo | 316 |
| 76.- Sentado a la derecha de Dios | 317 |
| Epílogo | 318 |

# Editorial LibrosEnRed

**LibrosEnRed** es la Editorial Digital más completa en idioma español. Desde junio de 2000 trabajamos en la edición y venta de libros digitales e impresos bajo demanda.

Nuestra misión es facilitar a todos los autores la **edición** de sus obras y ofrecer a los lectores acceso rápido y económico a libros de todo tipo.

Editamos novelas, cuentos, poesías, tesis, investigaciones, manuales, monografías y toda variedad de contenidos. Brindamos la posibilidad de **comercializar** las obras desde Internet para millones de potenciales lectores. De este modo, intentamos fortalecer la difusión de los autores que escriben en español.

Nuestro sistema de atribución de regalías permite que los autores **obtengan una ganancia 300% o 400% mayor** a la que reciben en el circuito tradicional.

Ingrese a www.librosenred.com y conozca nuestro catálogo, compuesto por cientos de títulos clásicos y de autores contemporáneos.

www.ingramcontent.com/pod-product-compliance
Lightning Source LLC
Chambersburg PA
CBHW021753230426
43669CB00006B/72